Pieke Biermann · Der Asphalt unter Berlin

Pieke Biermann

Der Asphalt unter Berlin

Kriminalreportagen aus der Metropole

PENDRAGON

Inhalt

Vorwort

Hardware

In einer großen Stadt wie Berlin passiert viel Kriminelles. In ihr leben viele Menschen – und Menschen tun Menschen nun mal nicht nur Nettes an. Das ist nicht schön, aber real. Kriminalität – vom schweren Verbrechen bis zum kleinen Vergehen – gehört zur Gesellschaft. Sie prägen sich gegenseitig und sind bezeichnend füreinander.

Die Kriminalität einer Stadt geht in Statistiken ein, sie geht als einzelne Meldung durch die Medien – manchmal riesengroß aufgemacht, oft sensationalistisch ausgeweidet und verzerrt. Die meisten Straftaten enden allerdings in einem Dreizeiler oder werden gar nicht öffentlich. Und dann gibt es noch die regelmäßigen Wellen von Kriminalitätshysterie à la „Berlin, Hauptstadt des Verbrechens".

Kriminalität wird von Menschen gemacht, und sie macht etwas mit Menschen – mit den Opfern, Angehörigen, Zeugen, mit den Tätern und Komplizen und mit denen, die von Berufs wegen damit umgehen: Polizisten, Feuerwehrleuten, Rechtsmedizinern, Juristen, Ärzten, Psychologen, Seelsorgern. Kriminalität macht Arbeit in jedem Sinn, und sie schafft Arbeitsplätze, die wiederum zum größten Teil von der Gesellschaft bezahlt werden und an denen Menschen arbeiten. Manche Delikte brechen regelrecht ein ins Leben und stülpen es um, bei anderen werden Menschen zu „Helden des Alltags", an wieder anderen gehen sie kaputt. Auch gestandene Profis sind dagegen nicht gefeit. Sie sind alle „endliche Menschlein hienieden" und haben ihre Geschichte(n). Von denen ist kaum je öffentlich die Rede. Platz für die ganze menschliche Dimension einer Tat gibt es allenfalls bei großen, besonders spektakulären Fällen, den *causes célèbres*. Die alltägliche Kriminalität bleibt gesichts- und geschichtslos, abstrakt. Aber genau sie erzählt von der politischen, sozialen, kulturellen Wirklichkeit, nicht die *causes célèbres*.

Browser

Der öffentliche Blick auf Kriminalität ist ein Tunnelblick. Man kann ihn sich, grob verknappt gesagt, vorstellen wie eine Doppelröhre – die eine Röhre ist die Dritte Gewalt, die andere die Vierte Gewalt. Also Justiz und Presse. Beide arbeiten täterzentriert.

Im rechtsstaatlichen Gerichtsverfahren muss die Schuld des Täters zweifelsfrei nachgewiesen werden. Dazu gehört einerseits, dass die anklagende Staatsanwaltschaft (und damit die Polizei) immer auch ermittelt, was *gegen* den Tatverdacht sprechen könnte, und andererseits, dass den Lebensumständen und Befindlichkeiten des Täters jeder nötige Raum gegeben wird. Das ist oft unerträglich für die Opfer. Sie kommen nur am Rande vor, als Material für die Wahrheitsfindung. Aber es ist dennoch gut so.

Die freie Presse operiert auf einem immer rigoroseren Markt. Dessen oberstes Gesetz, verschärft durch die Allgegenwart digitaler Informationsströme, heißt: Sei der Erste mit dem attraktivsten Angebot! Die Vierte Gewalt heute ist auch nicht mehr „die Presse", sondern verschiedene Medien, aber der Druck trifft alle Redaktionen – Print, Radio, Fernsehen,

Online. Unterschiedliche Qualität hängt nicht vom Medium ab, sondern einerseits von der Zeit, die es sich leistet, seine Journalisten eine Nachricht recherchieren und formulieren zu lassen, und andererseits von dem, was seine Kundschaft (mutmaßlich) attraktiv findet. So wie der Verriss eines Kunstwerks leichter ist als das Lob, so sind, wenn's um Kriminelles geht, Täter die leichtere Übung: „Böses" zieht immer, Negativschlagzeilen sind sexier, Bilder schnell zu haben, die Stories mindestens vor-recherchiert (von der Polizei) oder sogar ausermittelt (bei Prozessberichten). Das ist womöglich noch unerträglicher für die Opfer. Sie kommen auch hier nur am Rande vor, in gewissen Medien als Material für die Profitmaximierung. Und das ist gar nicht gut so.

Es prägt nämlich nicht nur den privaten Blick auf Kriminalität – so kommt es zum Beispiel, dass alte Menschen am seltensten Opfer von Jugendgewalt werden, sich aber ständig davon bedroht fühlen –, auch seriöse Medienmacher sind gegen den verengten Blick nicht gefeit. Denn nach dem Prinzip *bad news is good news* arbeitet selbst die edelste journalistische Disziplin: *investigative journalism.* Der Jagdinstinkt, der lange Atem beim Pirschen, Sorgfalt, Engagement und Intensität der Investigation sind – unbewusst und sicher ungewollt – auf eine Dimension fixiert: Wo ist der Dreck, der verborgen war oder bleiben soll? Das Negative ist das erregende Skandalon. Das Positive langweilt. Obendrein kommt der Ruf danach meistens aus ideologisch suspekten Kreisen. „Wo bleibt das Positive, Herr Kästner?" Herr Kästner hat seinerzeit lakonisch gekontert: „Ja, wo bleibt es denn?"

Diese Kriminalreportagen funktionieren genau andersrum. Enthüllungen zu Taten und Tätern sucht man hier vergeblich. Es geht um all die anderen, die beteiligt sind an der Sorte sozialer Interaktion, die wir Kriminalität nennen. Diese Reportagen sind auf die anderen Dimensionen fixiert: Wo sind die Überlebensbrocken, die auch in die gesellschaftliche *narration* gehören, aber kaum je einfließen dürfen? Wo in all dem erlebten Schrecklichen steckt das Humane, das aus dem lähmenden Schrecken und zurück ins Leben führen kann? Sie investigieren nach dem Prinzip Hoffnung.

Tools

Die 28 hier zusammengestellten Reportagen entstanden zwischen Juni 2003 und März 2008. Sie erschienen in dieser Prosafassung im „Tagesspiegel", ich habe sie nur aktualisiert, wo nötig. Die Stücke liefen gleichzeitig als O-Ton-Reportagen im RBB-Inforadio. Die Idee dazu stammt von meinem geschätzten Kollegen und Freund, dem „Tagesspiegel"-Redakteur Helmut Schümann. Er elektrisierte Anfang 2003 zuerst mich und dann den damaligen Lokalchef Markus Hesselmann mit dem Vorschlag, eine Serie zu starten, in der mit literarischen Mitteln „die Geschichte hinter der Polizeiticker-Meldung" erzählt wird. Der Funke sprang – ebenso fast zufällig – über auf den damaligen Programmchef des RBB-Inforadios Andreas Wertz, und so erschien zuerst an jedem dritten Sonnabend im Monat, später alle vier Wochen ein Stück gegenwärtige Berliner Kriminalgeschichte gleichzeitig in zwei verschiedenen Medien. Das war für beide und auch für mich ein Experiment. Dass Zeitung und Radio es gewagt und durchgehalten haben, hat drei kostbare und unabdingbare Voraussetzungen geschaffen: Zeit, Platz und einen langen Atem.

Dass trotzdem nicht „die Geschichte hinter der Polizeiticker-Meldung“ daraus geworden ist, hat mit der Realität zu tun. In einer Ticker-Meldung steht eine Tat. Solange die nicht juristisch aufgearbeitet ist, mag kaum jemand Beteiligtes dazu viel sagen und Polizisten zum Beispiel dürften gar nicht. Die aber gehören mitten rein in die Geschichten, und zwar gerade solche Polizisten, die *nicht* in der Öffentlichkeit stehen, sondern dicht dran waren, involviert in den Fall und seine Emotionen. Ihre Arbeit, ihr Umgang damit sind das Interessante. Auch das war für beide Seiten ein Experiment: Für die Polizisten, mitsamt ihrem Beamtendeutsch auch ihre notorische (und leider auch begründete) Pressescheu abzustreifen und auf Augenhöhe mit „dieser komischen Schriftstellerin“ zu operieren, und für mich, die Balance zwischen Vertraulichkeit und Distanz zu halten und das Erfahrene gleichzeitig in Prosa und Radio-Dramaturgie zu übersetzen. Dass es überhaupt möglich war, verdankt sich einem dritten Zufall in Gestalt des Polizeipräsidenten Dieter Glietsch. Er war seinerzeit ziemlich frisch im Amt und schien im Gegensatz zu seinem Vorgänger entschlossen, seine Behörde öffentlichkeitsfreundlicher, transparenter und bürgernäher zu machen. Ich bat um ein Gespräch, stellte mich und das Serien-Projekt vor und fragte, ob das mit seiner Behörde überhaupt realisierbar sei. Es war. Und ist bis heute. Auch wenn noch immer nicht alle in der Behörde finden, dass „mehr Gesellschaft in die Polizei und mehr Polizei in die Gesellschaft“ gehört.

Die Menschen in diesen Reportagen tragen nicht alle ihre richtigen Namen, manche sind sogar nicht nur mit Pseudonymen, sondern auch mit kleinen Legenden unerkennbar gemacht. Sie wollten es so. Es ist zu ihrem Schutz. Deshalb steht auch nicht unbedingt dabei, ob ein Name echt oder erfunden ist. Alle, die in den Geschichten vorkommen, haben sie gelesen, bevor ich sie irgendjemand anderem gegeben habe. Alle hatten mir Dinge anvertraut, die irgendwie gefährlich sein konnten, und *sie* sollten die Kontrolle darüber haben, was davon an die Öffentlichkeit darf. Denn es ist ihr Leben, es sind ihre Geschichten.

Ich möchte mich von ganzem Herzen bei allen, auch den hier nicht extra genannten, bedanken – für ihren Mut, für ihr Vertrauen, für ihren kritischen Blick, für die Chance, sie mit meinen Mitteln zur öffentlichen *narration* dazuzufügen. Von solchen Geschichten lebt die Stadt, sie sind ihr Asphalt, in ihnen schlägt ihr Herz, aus ihnen blitzt ihr (Zeit-)Geist.

It's the economy, stupid!

Geld, Gier, Gewalt
Firmen-Bestatter
bankraub.com

Kriminalität hat ihre eigene Ökonomie. Das ist inzwischen bekannt und setzt nicht zuletzt zahllose Statistik- und Kriminalexperten in Lohn und Brot. Dass Kriminalität und Ökonomie miteinander verstrickt sind, hat sich ebenso herumgesprochen. Manche sagen: unentwirrbar verstrickt, zumal immer auch noch die Politik ins Spiel kommt. Andere erklären schlicht Ökonomie selbst zu Kriminalität, „Markt" zum Synonym für Gewalt und „Wirtschaft" zur Fortsetzung von Krieg und Politik mit andern Mitteln.

Darum geht es hier *nicht*. Es geht auch nicht um das, was in unseren Medien in der Rubrik Wirtschaftskriminalität abgehandelt wird und unsere Bilder prägt: Nadelstreifen, Luxusleben, Offshore-Konten oder kontinentale Geldwaschanlagen mit soliden Banknamen. Solche Bilder tun nicht weh. Sie sind so schön weit entfernt von unseren normalen kleinen Leben.

Ökonomie hat ihre eigene Kriminalität. Zumal immer auch noch die Politik ins Spiel kommt. Diese Republik hat sich im letzten Vierteljahrhundert – der Fall der Mauer hat die Dynamik nur beschleunigt – einen neuen *modus operandi* verordnet. Er heißt, kurz gesagt: Gewinne privatisieren, Kosten sozialisieren.

Die drei folgenden Geschichten erzählen von der alltäglichen Wirtschaftskriminalität, die weh tut. Sie trifft die normalen „kleinen Leute" unmittelbar und zerstört oft brutal ihr normales Leben.

Geld, Gier, Gewalt

Pünktlich um acht Uhr früh schließt Bianca Schmidt den Laden auf. Es ist ein Drogeriemarkt an einer belebten Einkaufsstraße. Jede Menge andere Geschäfte, Laufkundschaft, Auto- und Busverkehr. Um kurz nach acht kommt ein Kunde, kauft etwas, geht wieder. Um viertel nach acht steht sie vorn an der Kasse, kontrolliert, sortiert, erledigt Papierkram. Plötzlich Geräusche. Getrampel. Sie reißt den Kopf hoch, sieht, wie jemand die Tür von draußen zuzieht und davor stehen bleibt. Vor ihr steht ein zweiter und brüllt: „Das is'n Überfall!" Sie fängt an zu schreien. „Dann hat er mich in den Schwitzkasten genommen und gebrüllt, ich soll ruhig sein, und Geld her, schnell-schnell! Großes Geld!"

Der Typ ist jung, hell gekleidet, hat ein Tuch vor dem Mund und eine Pistole in der Hand. Die hält er ihr mal an den Kopf, mal in den Rücken. Er schubst und schleift sie durch den Laden bis vor eine Tür, hinter der er den Tresor vermutet, und brüllt wieder. „Aufschließen! Sonst passiert dir was!" Bianca Schmidt ist kein verhuschter Teenie, sie ist die Chefin des Ladens, in dem sie meistens allein arbeitet. Eine gestandene Frau, Mutter eines Teenagers. Aber sie ist so geschockt, dass sie den Schlüssel nicht gleich richtig ins Schloss kriegt. Der Typ droht wieder. „Und ich hatte nur den einen Gedanken im Kopf: O Gott, du hast ein Kind zu versorgen!" Endlich ist der Tresor offen, der Typ schnappt das Geld und verschwindet mitsamt dem anderen, der vor der Tür Schmiere gestanden hat.

„Ich saß erstmal zwei, drei Sekunden auf dem Tresor und hab das sacken lassen. Dann bin ich nach vorn gerannt und hab den Laden abgeschlossen." Sie ruft die 110 an. „Ich hab geheult wie ein Schlosshund, ich war richtig – ja, kopflos."

Der Polizist in der Funkzentrale muss nur hören, von wo aus sie anruft, um sofort zu schalten. Bei der 110 kennt man solche Anrufe aus den Filialen von Discountern gut. Er versucht sie zu beruhigen. Sagt, sie müsse keine Angst mehr haben, die Kollegen kommen gleich. Sie fasst sich ein bisschen, ruft den Bezirksleiter an, ihren Chef. Und dann ihren Lebensgefährten. Mit ihm telefoniert sie solange, bis die Polizei eintrifft. Von ihrem Handy aus. Auf ihre Kosten. Vom Ladentelefon aus sind „Privatgespräche" nicht möglich. Das steht auch hinten im Büro, nicht vorn im Laden. Bianca Schmidt ist so außer sich, dass die Funkstreifenbeamten einen Rettungswagen alarmieren und sie ins Krankenhaus fahren lassen.

Der Laden, den Bianca Schmidt leitet, gehört zu einer der Ketten, die der Volksmund „Billigheimer" nennt. Sie verkaufen alles, von Abschminktüchern bis Zwiebeln, von Windeln bis Hundekuchen. Im großen Stil, aber kleinteilig. Personalnotstand ist hier oft der Normalfall. Die Filialen sind die meiste Zeit mit einer einzigen Verkäuferin besetzt. Jeden zweiten Tag werden solche Läden allein in Berlin überfallen. Und das sind nur die Fälle, die bekannt werden. „Es gibt eine hohe Dunkelziffer", weiß Achim Neumann, in Berlin verantwortlich für den Fachbereich Handel bei ver.di. „Auch weil die Art und Weise, wie die Unternehmen damit umgehen, nicht gerade eine Motivation ist." Dafür, den Überfall bei der Polizei anzuzeigen und der Berufsgenossenschaft zu melden. Dafür, sich die nötige Auszeit zu nehmen. „Da heißt es oft: Okay, heute hast du frei, aber morgen bist du bitteschön wieder bei der Arbeit!"

Menschen, die an solchen Arbeitsplätzen ihr Geld verdienen müssen, leben gefährlich. Es sind fast zu hundert Prozent Frauen. Oft alleinerziehende Mütter, oft in Teilzeit.

Dabei gäbe es Möglichkeiten, die Gefahr für sie zumindest zu verringern. Eberhard Schönberg, dem Berliner Landeschef der Gewerkschaft der Polizei, fallen sofort etliche ein. Kein Wunder – Polizei wie Gewerkschaft versuchen seit Jahren, die Billigheimer-Besitzer von Prävention zum Schutz vor Kriminalität zu überzeugen. „Es gibt so viel, von der einfachen Sirene draußen bis zum stillen Alarmknopf, der direkt mit der Polizei oder mit einem Wachunternehmen verbunden ist“, zählt er auf. „Es gibt Videoüberwachung, die zumindest einen Teil der Täter abschrecken würde. Es gibt die Möglichkeit, das Geld so zu verwahren, dass man jedenfalls nicht schnell drankommt.“ Systeme wie den Tresor im Tresor oder Cash-Boxen, die nur durch zwei Leute geöffnet werden können. Dass sich so etwas in interessierten Kreisen herumspricht und die Sache unattraktiv macht, hat sich vor einigen Jahren bei den Geldinstituten gezeigt. Die Zahl der Banküberfälle ging deutlich zurück, nachdem neue Sicherungssysteme eingeführt waren. Genauer gesagt, die Räuber verlagerten ihr Interesse auf kleine, personalschwache Zweigstellen ohne die neuen Sicherungssysteme. „Täter, die Discounterfilialen überfallen, sind zwar bunt gemischt, aber sie versuchen immer, das geringste Risiko einzugehen“, fasst Schönberg zusammen. „Sie sagen uns bei Vernehmungen auch klipp und klar, sie haben sich diesen und diesen Discounter ausgesucht, weil dort nur *ein* Mensch im Laden ist, weil sie da schnell ans Geld kommen und unerkannt verschwinden können.“

Zurzeit läuft vor dem Berliner Kriminalgericht wieder einmal ein Prozess gegen mehrere Täter, die in fünf Monaten 27 Drogeriefilialen ausgeraubt haben. Die Verlockung, sich Geld mit Gewalt zu beschaffen, wird in naher Zukunft vermutlich kaum von selbst nachlassen. Achim Neumann geht sogar davon aus, „dass das Problem sich verschärft. Wenn man auf die Straßen und Plätze in Deutschland geht, sieht man es doch. Immer mehr Schichten der Bevölkerung verarmen, weil sie arbeitslos werden und auf Sozialhilfeniveau runterfallen. Besonders junge Menschen haben kaum eine Perspektive, aber gleichzeitig gibt es so einen gesellschaftlichen Druck, dass schon Kinder teure Markenklamotten haben müssen, weil sie sonst in der Schule vielleicht verprügelt werden. Da ist der schnelle Euro gefragt!"

Kriminalität und Ökonomie sind eng miteinander verknüpft. Das ist nicht neu. Neu ist nur die immer ungerechtere Verteilung von Kosten und Gewinnen. Unternehmer investieren zu wenig in die Sicherheit ihrer Mitarbeiter und machen damit Gewinn. Die Kosten tragen die Opfer der vermeidbaren Überfälle persönlich – und immer wieder zahlen sie mit ihrem Leben. In Berlin zuletzt im Dezember 2005, als die Verkäuferin einer Drogeriefiliale bei einem Raubüberfall erstochen wurde. Für ihre Familie und ihre Kolleginnen hat das Leben seitdem einen tiefen Riss. Eberhard Schönberg weist noch auf weitere Folgekosten hin, die auch zur Ökonomie der Kriminalität gehören: „Die Opfer von Überfällen sind traumatisiert, sie sind Wochen, manchmal Monate lang krank. Die Kosten dafür zahlt die Allgemeinheit – die Sozialversicherungsträger, die Krankenversicherungen, also wir alle, die da einzahlen."

Raubüberfälle sind keine Kavaliersdelikte, sie sind Gewalttaten. Wenn sie bewaffnet passieren, und das tun sie immer häufiger, sind sie Verbrechen. Doris Rieder ist schon zweimal Opfer eines Gewaltverbrechens geworden. Das erste Mal ist Jahre her. Sie hat nur noch nebelhafte Fetzen davon im Bewusstsein. Aber als es das zweite Mal passiert, bricht der ganze Schrecken des ersten Mals wieder auf. Sie ist Verkäuferin in einer kleinen Filiale am Stadtrand. Mutterseelenallein wie immer. „Das waren drei, die sind reingekommen, einer hatte eine Pistole, ein anderer ein Messer – und alle dunkel, mit Skimützen." Der mit der Pistole herrscht sie an, sie solle nach hinten gehen und den Tresor aufschließen. „Die haben das Geld genommen und tschüs, weg waren sie. Das ging ganz schnell, zwei Minuten vielleicht."

Nach dem ersten Überfall war sie nach draußen gelaufen und hatte gewartet, bis der Mann vom Wachdienst kam, den die Firma damals noch beschäftigte. „Beim zweiten Mal war ich total fertig. Da kannst du nicht mehr denken. Da ist nix mehr. Du bist einfach nur froh, dass du noch lebst!" Doris Rieder, alleinerziehende Mutter von drei Kindern, von denen zwei noch von ihrem Einkommen abhängig sind, ist schmal und blass. Das Erlebte hat Spuren in ihrem Gesicht hinterlassen, ihre Hände zittern beim Erzählen. Dabei lacht sie eigentlich viel lieber. So wie Bianca Schmidt auch. Die beiden können giggeln und gackern wie Backfische, wenn sie sich nicht erinnern müssen. Nichts wäre schöner, als die Bilder, die Gerüche, die Geräusche vergessen zu können. Am liebsten würden sie nie wieder ihre Geschichte erzählen müssen. Aber sie müssen, finden sie. Sie wollen das. Weil es anderen helfen kann. Und dadurch vielleicht wiederum ihnen hilft. Denn sie haben beide noch einige Jahre Arbeitsleben vor sich.

Bianca Schmidt und Doris Rieder heißen in Wirklichkeit anders, auch einige Details sind verändert, um sie zu schützen. Nicht vor der Rache der Räuber, die werden nur selten erwischt. Geschützt werden müssen sie vor ihrem Arbeitgeber. Denn die Furcht davor, dass ihnen plötzlich jemand ein Messer an den Hals, eine Pistole an die Schläfe hält, ist nur eine Eisbergspitze in einem ganzen Klima der Angst, das in einigen der Billigheimer-Ketten herrscht und auf dem die Gewinnmargen beruhen. Bei jeder Kleinigkeit gibt es eine Abmahnung oder wird gleich mit Kündigung gedroht. Es gibt demütigende Taschenkontrollen und Schikanen aller Art, die den einen Zweck haben: Die Frauen kleinzumachen. Wie eng ein zerstörtes Selbstwertgefühl und ständige Existenzangst verwoben sein können mit der Wahrscheinlichkeit, Opfer zu werden, das hat die kriminalistische Viktimologie bei Sexualstraftaten erforscht. Ob und wie weit das vielleicht auch für Raubüberfälle auf Billigheimer-Filialen gilt, weiß bisher niemand.

Auf Unterstützung danach von der Firma haben Bianca Schmidt und Doris Rieder vergebens gehofft. „Bei mir kam ja dann gleich der Bezirksleiter, und der hat so auf mich eingeredet", erzählt Bianca Schmidt, „dass die Polizisten ihm gesagt haben: Jetzt lassen Sie doch die arme Frau mal in Ruhe und halten Sie den Mund!" Dass sie sich nicht beim Hausarzt, sondern bei einem Unfallarzt krankschreiben lassen muss, erklärt der Chef ihr jedoch nicht. Das erfährt sie von der Psychologin, zu der sie auf den Rat einer Kollegin hin geht. Die Kollegin war selbst überfallen worden und hat noch einen wertvollen Tipp: „Sag gleich am Telefon, von welcher Firma du kommst, dann kriegst du sofort einen Termin!" Auch Doris Rieder erlebt bei ihrem Hausarzt, dass der Discounter, dessen Waren sie tagtäglich unter die Leute bringt, einen guten schlechten Ruf hat: „Der hat mich erstmal sofort zwei Wochen krankgeschrieben", erinnert sie sich.

Bianca Schmidt und Doris Rieder wachen immer noch manche Nacht schweißgebadet auf, weil sie die Typen, in deren Gewalt sie waren, plötzlich vor sich sehen. Doris Rieder schreckt bei jedem, der eine Skimütze aufhat, zusammen, Bianca Schmidt bei jedem Trampeln. Beide haben monatelang mit psychologischer Hilfe ganz basale Dinge wieder lernen müssen: Dunkelheit auszuhalten, im Winter Bus zu fahren, wenn Leute Skimützen aufhaben, oder einfach ihre Filialen zu betreten, sich drinnen aufzuhalten, Stunde für Stunde, und dann da wieder zu arbeiten. „Die erste Woche allein im Laden war die Hölle", sagt Bianca Schmidt. „Aber mir blieb ja nichts anderes übrig." Nicht mal eine andere Filiale hat sie übernehmen dürfen. Doris Rieder hat sich gar nicht erst um einen Ortswechsel bemüht. Ihr würde nur helfen, „wenn ich genau wüsste: Da könnte ich nicht überfallen werden."

Keine der beiden mag darüber nachdenken, was wäre, wenn es wieder passiert. Oder wenn diesmal jemand zusticht. Überfälle sind rentenversicherungstechnisch Arbeitsunfälle und werden sortiert in die Rubrik „Gewaltanwendung durch Menschen". Diese Rubrik, hat die Berufsgenossenschaft für den Einzelhandel ermittelt, ist inzwischen der dritthäufigste Grund für Unfallrenten.

Februar 2006

Firmen-Bestatter

Auch wenn das *business-speak* angelsächselt und Englisch und Deutsch gemeinsame Wurzeln haben: *Undertaker* sind nicht Unternehmer. Sondern, bei Shakespeares Hamlet zum Beispiel, Totengräber. Oder auch, in Cosa Nostras Kinderjahren, Bestattungsfirmen mit sauberer Verflechtung legaler und krimineller Geschäfte und Särgen mit doppeltem Boden, in denen sich auch andere Leichen entsorgen lassen. Trotzdem nennt eine bestimmte Spezies von Unternehmern sich in schöner Offenheit selbst Firmen-Bestatter. Plattmacher. Leute von heute, die Firmen übernehmen, um sie zu bestatten.

Die spezifische deutsche Karriere vom Unternehmer zum Übernehmer nimmt in „Wendezeiten“ Fahrt auf und betrifft das gesamte „Unternehmen DDR“. Das Prinzip: Sanierung durch Privatisierung macht manchen Übernehmer zum Absahnierer, getreu dem Rezept der geistig-moralischen Wende der frühen achtziger Jahre: „Gewinne privatisieren, Verluste sozialisieren“. Für Cleverles ist von da kein weiter Weg zum Bestatten und die plattzumachende Firma egal. Es muss kein volkseigenes Kombinat sein. Es geht auch, zum Beispiel, mit Heidelberger Handwerksbetrieben. Hauptsache der Laden eignet sich für eine „fruchtlose Insolvenz“. Insolvenz klingt auch viel schicker als Bankrott.

Zwischen 1993 und 2003 hat sich die Zahl der Pleiten in Deutschland fast verdreifacht: von gut 15.000 auf knapp 40.000. Hinter der Hälfte, schätzen juristische und kriminalistische Experten, stecken Straftaten – Bankrottdelikte, Betrug. Die Zahl der Gerichtsverfahren und Verurteilungen liegt allerdings bisher im Nanobereich. Wirtschaftskriminalität ist kompliziert, ihre Aufklärung kleinteilig, mühselig und zeitaufwendig. Weshalb der Deutsche Richterbund seit

Jahren vergeblich mehr Stellen für Staatsanwälte fordert, die all die Pleiten genauer durchleuchten.

„Das Phänomen krimineller Firmenübernahmen hat sich Mitte der neunziger Jahre herauskristallisiert, bundesweit, mit Schwerpunkt hier in Berlin", beschreibt Kriminaloberrat Jörg Dessin. Bei ersten Ermittlungen stoßen die Beamten des Berliner Landeskriminalamts auf so detaillierte Unterlagen, dass sie im September 1997 eine fünfköpfige Ermittlungsgruppe gründen, die „EG Platt". Dann zeichnet KOR Dessin – mit erfundenen Namen und Orten – das Szenario nach, mit dem sich ein maroder Betrieb bestatten lässt.

Zum Beispiel die „Tischlerei Weber GmbH in Heidelberg". Zwölf Mitarbeiter, noch abzuzahlende Maschinen, angeschlossen eine Parkettschleifer- und eine Malerfirma sowie ein Holzlieferant, alle mit offenen Rechnungen. Geschäftsführer Weber kann weder seine Lieferanten noch seine Angestellten bezahlen und müsste gemäß GmbH-Recht innerhalb von drei Wochen nach Feststellung der Überschuldung Insolvenzantrag stellen. „Nach unseren Erfahrungen", sagt Dessin, „liegt in fast hundert Prozent der Fälle Insolvenzverschleppung vor, dem Altverantwortlichen steht das Wasser bis zum Hals, die Gerichtsvollzieher rennen ihm die Bude ein. Er ist in einer Zwangssituation."

Die macht sich eine „Firma Sorgenfrei" zunutze. Sie annonciert in seriösen Zeitungen und bietet die geniale Lösung. „Sprich: den Firmenaufkauf. Es wird dann sehr schnell Kontakt hergestellt." Herr Weber fährt nach Berlin, trifft den Sorgenfrei-Chef Müller und verkauft seine Firma für einen symbolischen Euro an einen Herrn Meier. Der bekommt dafür zwei-, dreihundert Euro, ist Sozialhilfeempfänger und hat null kaufmännische Kompetenz. Trotzdem beziehungsweise eben deshalb macht ihn Herr Schulze, der

Sorgenfrei-Notar, zum handelsregisterlich eingetragenen neuen Geschäftsführer der GmbH Weber. Für die Meiers und Schulzes eine schöne regelmäßige Einnahmequelle. Für die Müllers sowieso, denn die Webers löhnen kräftig, um ihre Firma loszuwerden. „Das fängt bei 5000 Euro an und ist nach oben offen“, sagt Dessin. „In der Regel werden zehn bis zwanzig Prozent der Überschuldungssumme verlangt.“ In bar und schwarz. Betrügerischer Bankrott, Steuervermeidung, Sozialhilfebetrug auf Deutsch. Alltäglich und flächendeckend.

Es lohnt sich auch für Weber: Es erspart ihm den Eintrag als Bankrotteur – im Zentralregister, bei der Schufa, bei Auskunfteien. Er kann also tatsächlich sorgen-, weil schuldenfrei die nächste Firma aufmachen. In Berlin sind allein bis zum Jahr 2000 zwischen ein- und zweitausend Firmen auf diese Weise plattgemacht worden, schätzt Dessin. Der strafrechtlich relevante Schaden liegt „mal spekulativ hochgerechnet“ bei einer halben Milliarde Euro. Aber das ist nicht der einzige, nicht mal der größte. „Volkswirtschaftlich steckt viel mehr dahinter: Gläubiger, Lieferanten, Zuarbeiterfirmen bleiben auf ihren Forderungen sitzen. Dadurch ergeben sich Anschlusskonkurse. Bei Handwerksbetrieben hängt oft die Existenz dran, wenn eine hohe Rechnung nicht bezahlt wird.“ Läppische 50.000, zum Beispiel – und das sind drei Nullen weniger als jene 50 Millionen „Peanuts“ des Deutsche-Bank-Chefs Kopper. Auch die hatten seinerzeit kleine und mittlere Betriebe ruiniert, nicht Banken.

Jörg Dessin, 38 und stellvertretender Leiter des LKA-Dezernats 32 für „Wirtschafts- und Wettbewerbsdelikte“, kam nach der Fachhochschulausbildung und dem üblichen Durchlauf durch verschiedene Kripo-Dienststellen 1989 in dieses Ressort und blieb dabei. Für ihn ist der scheinbar so öde, knochentrockene Wirtschaftsstoff zurzeit spannender als Tötungsdelikte. „Hier sind Tat und Täter bekannt, alles kommt auf den Nachweis an." Und seine Täter sind ausgebufft. Sie meinen, über dem Gesetz zu stehen, und munitionieren sich mit teuren Anwälten. Für Dessin kein Grund zur Resignation, sondern eher ein Motivationsfaktor: „Dem zeig ich's mal, dass er eben nicht schlauer ist als alle andern." Schließlich geht es bei dieser Art Serientätern, von denen so selten öffentlich die Rede ist, um mehr als „nur" riesige materielle Schäden. „Das Perfide ist", sagt Dessin, „dass so oft so viele Hoffnungen geweckt werden. Der Altbesitzer hat ja ein notarielles Schreiben, dass jemand die Firma gekauft hat, zwecks Sanierung." Aber die Hoffnungen werden bitter enttäuscht. „In der Regel erfolgt dann nur noch sofort eine Sitzverlegung, zum Beispiel nach Berlin. Und da ist maximal noch eine Briefkastenfirma."

Schulden können nicht eingetrieben werden, der „neue Geschäftsführer" hat partout keine zustellfähige Adresse. An den Firmen-Bestatter „Sorgenfrei" kommt man nicht dran, der sitzt selbst im Ausland. Und die zwölf Mitarbeiter der Weber GmbH aus Heidelberg? Die sitzen auf dem Trockenen. Sie haben zwar Anspruch auf Insolvenzgeld, den ausstehenden Lohn der letzten drei Monate, aber kein zuständiges Arbeitsamt. Das Heidelberger sagt: Bei uns ist die Firma ja gar nicht mehr. Das Berliner sagt: Die hat hier ihren Sitz wohl angemeldet, aber bisher keine geschäftliche Tätigkeit entfaltet. Und Arbeitslosengeld? Gibt's erst wenn die Firma aus den Registern gelöscht ist. Selbst kündigen? Bringt eine Sperrfrist beim Arbeitsamt. Bleibt die Klage – nur: „Die kostet erstmal", sagt Dessin. „Es gab Versuche von Gewerkschaften, das zu vertreten, aber die sind fast alle im Sande verlaufen, weil die neuen Geschäftsführer so schwer greifbar sind."

Privatisierte Milliardengewinne, sozialisierte Kosten, die auch privat lasten. Dabei ist noch lange nicht alles kriminell, was so stinkt. Auch ganz legale Geschäfte produzieren massenhaft ähnliche Opfer, volkswirtschaftliche und individuelle. Bettina Kuhlke ist Diplomingenieurin, spezialisiert auf Großbaustellen, verheiratet mit einem arbeitslosen Maurer, zwei erwachsene Töchter, von denen eine Azubi ist und noch zu Hause wohnt. Seit Anfang 2004 ist auch Bettina Kuhlke arbeitslos. Das Szenario – ebenfalls mit veränderten Namen – geht so:

Das Kombinat Wohnungsbau Berlin (KWBB) hatte „zu Ostzeiten" über 11.000 Beschäftigte, einen recht modernen Maschinenpark vor allem aus Finnland und die halbe ehemalige „Hauptstadt der DDR" gebaut. „Alles, was Richtung Ahrensfelde an Marzahn entstanden ist, Hellersdorf, Kaulsdorf, Hohenschönhausen, Alt-Glienicke", erzählt sie lachend. Frau Kuhlke ist kein „Jammer-Ossi", obwohl sie mehr Grund dazu hätte als abgewickelte NVA-Generäle oder linientreue Kulturschaffende. Frau Kuhlke hat lieber Galgenhumor entwickelt. „In der ersten Zeit hat's mir mächtig viel schlaflose Nächte gemacht, doch", räumt sie ein, „aber ich bin wahrscheinlich gut im Verdrängen. Mach auch meine Witzchen drüber."

1990 wird das KWBB von der Treuhand übernommen, 1991 an einen großen westdeutschen Baukonzern übergeben. Da sind von den ursprünglich 11.000 Mitarbeitern noch 6.000 übrig. Weitere 2.000 sollen noch weg. Was folgt, ist systematisches, wenn auch chaotisch anmutendes Zerlegen, Neugründen und Ausweiden. Stets mitfinanziert von der Bundesanstalt für Arbeit. „Wir haben", erzählt Micha Schneider, seit 29 Jahren im Betrieb, seit vierzehn Jahren Betriebsrat, zuletzt Betonbauer und Einschaler bei der x-ten Neu-Firma TMBau GmbH, „seit 1990 im Grunde nur abgebaut, ausgegliedert, abgewickelt. Und Jahr für Jahr Sozialpläne gemacht." Dann gerät der westdeutsche Traditionskonzern in die Krise. Höchste politische Kreise machen sich stark für die Rettung. 1996 verzichten die Beschäftigten auf Lohnerhöhung und leisten gratis eine sogenannte Sanierungsstunde pro Tag, deren Lohn-Gegenwert „bei Gesundung der Firma oder einer Entlassung vor 2007" voll ausbezahlt werden soll. Schneiders rechtlicher Anspruch daraus und aus der Abfindung liegt inzwischen bei 30.000 Euro, denn entlassen ist auch er jetzt. Der von Bettina Kuhlke, die über zwanzig Jahre seit dem Studium in derselben Firma ist, liegt bei 25.000. Aber wann das Geld kommt, wie viel und von wem, weiß niemand. Es wird auf jahrelanges Prozessieren mit Hilfe der IG Bau hinauslaufen.

Frau Kuhlke und Herr Schneider sind nur zwei von den Ende 2003 noch verbliebenen 300 Mitarbeitern. Und Schneider hat zwar kein selbst bewohnbar gemachtes Häuschen abzuzahlen, aber er ist alleinerziehender Vater. Er hat für seinen Sohn erst gerade eben endlich eine Lehrstelle gefunden. Als Koch. In Österreich.

Die Plattmacherei geht erst richtig los, als der Westkonzern 2001 doch pleite macht und von einem süddeutschen Konglomerat aufgekauft wird. „In den letzten Jahren hat man dann angefangen, in Verbindung mit der Bundesanstalt für Arbeit Auffanggesellschaften zu gründen, wo die Leute ‚weiterqualifiziert' werden sollten", sagt Micha Schneider. Anfang 2003 erwischt es Bettina Kuhlke. Dass ihre Unter-Firma Construct GmbH insolvent sei, hört sie am Telefon von einem Kunden. Und *ihr* Betriebsrat spielt auch das Erpressungsspiel der neuen Besitzer mit: Entweder ihr unterschreibt den „dreiseitigen Aufhebungsvertrag", kriegt sechs Monate lang achtzig Prozent eures Lohns sicher weiter, vom Arbeitsamt gefördert, werdet qualifiziert für den freien Arbeitsmarkt und vermittelt. Oder – die Firma meldet Insolvenz an, und ob sich da was für euch rausholen lässt, ist fraglich. Die Anlagen sind ja mittlerweile fast komplett ausgekernt, und einem nackten Mann kann man bekanntlich nicht in die Tasche fassen.

Frau Kuhlke und die Construct unterschreiben zähneknirschend, Herr Schneider und die TMBau nicht. Der Aufhebungsvertrag hat mehr als drei Papierseiten, er heißt dreiseitig, weil ihn drei Parteien schließen – der Arbeitnehmer, der Neubesitzer und eine vom Arbeitsamt bezuschusste Auffanggesellschaft. Genau besehen nützt das Geld aus der Sozialversicherung, dieses Ergebnis der vielgescholtenen „hohen Lohnnebenkosten", also Unternehmern, die Arbeitsplätze gerade nicht erhalten oder gar schaffen, sondern vernichten.

Zur sinnvollen Qualifizierung jedenfalls nützt es in diesem Fall null. „War die reine Beschäftigungstherapie", lacht Bettina Kuhlke und schüttelt den Kopf. „Wir mussten lernen, wie sehen Bewerbungsunterlagen aus? Das war noch in Ordnung, das war ja für uns Neuland. Aber dann gab's so Spielchen – im Team was bauen, 'ne Präsentation machen, vorher 'n Plan erstellen – nannte sich ‚Management-Training'!" Unbedingt brauchbar für eine gelernte Planwirtschaftlerin, die auch schon „westlich gebaut" hat – Reihenhaussiedlungen, Kinos, das Beisheim-Center. Zu lernen gab's noch etwas Englisch, etwas Computer, und in der zweiten Hälfte des halben Jahres beschränken sich die Berater nur noch darauf, „Annoncen anzupinnen und zu markieren: Hier, bewerben Sie sich mal da. Ich weiß wirklich niemanden aus unserer Truppe, der durch die einen Job gefunden hat."

Micha Schneider nimmt „die ganze seelische Belastung" so mit, dass er ein halbes Jahr lang knapp am Magengeschwür vorbeischrammt. „Da hängen doch Schicksale dran, Familien. Und wenn man sieht, wie Leute sich das von denen, die hier gearbeitet haben, mitgeschaffene Kapital unter den Nagel reißen und die andern in die Sozialhilfe fallen – also, das ist schon ziemlich traurig."

Nein, er hat nichts gegen Marktwirtschaft. Er ist auch kein Betonkopf, der in jedem Eigentümer den Ausbeuter wittert. Micha Schneider ist ein Interessenausgleicher, er kann gar nicht anders. Einer wie er sieht genau, wie durch solches „Wirtschaften" viel mehr kaputt geht als materielle Werte. Produktivkräfte wie Handwerkerehre, Erfahrung, das, was westlich-modern *corporate identity* heißt: Man fühlt sich in seiner Firma zusammengehörig, man arbeitet gern da und ist stolz auf das, was man schafft. Wut und Hass gestatten sich weder er noch Bettina Kuhlke, obwohl es ihnen an die Existenz geht, genau so wie den zwölf Mitarbeitern und den Zulieferfirmen der Weber GmbH in Heidelberg.

Eine gruselige Vorstellung, dass in diesem Land vielleicht nur deshalb nicht öfter jemand, wie in den USA, mit einer Knarre in der Hand Amok läuft, weil es strenge Waffengesetze hat. An fehlenden Auslösern kann es kaum liegen. *Modern times* eben. Und die haben nun mal keinen „archimedischen Punkt" mehr, von dem aus sich die Welt in ihre Angeln zurückheben ließe. Aber die Grauzonen, das unentwirrbare Gebräu aus Kriminellem und Legalem, werden einfach immer größer. Oft auch die Summen, um die es geht. Jörg Dessin und seine Kollegen zum Beispiel arbeiten inzwischen seit Jahren am „Fall Berliner Bankgesellschaft".

Mai 2004

bankraub.com

Sommerferien nach Globetrotterart. Naja – soweit das geht für eine Familie mit zwei kleinen Kindern. Zoë und Nina sind sechs und acht, und die Eltern auch nicht mehr in dem Alter, in dem man sich per Anhalter durch die Geografie treiben lässt und an Stränden und Rasthaustischen pennt. Campingplatz mit Infrastruktur muss schon sein. Und ab und zu auch mal ne Nacht im Hotel. Vier Wochen Zusammensein ohne Termine. Im Auto entlang den Mittelmeerküsten von Frankreich und Italien. Und durch die Schweiz zurück nach Haus. Bei Stuttgart hat Matthias Penzel eine Lesung. Er war Musikjournalist, hat auch selbst gespielt und Konzerte organisiert und ist heute Schriftsteller. Eine Jörg-Fauser-Biografie (zusammen mit Ambros Waibel), ein Roman über eine Rockband, Arbeit am nächsten, aus der Welt der Formel Eins.

Olivia Schofield ist Engländerin und die Frau, in die Matthias „seit mehr als zwanzig Jahren verschossen ist". Von Beruf Produktionsassistentin beim Fernsehen, zurzeit ohne Job. In England haben sie über zehn Jahre gelebt, bevor sie 2000 nach Berlin zogen. Sie sind rumgekommen in der Welt, ohne Kinder und mit. Moderne, mobile Menschen des Digitalzeitalters. Und Frankreich und Italien sind leicht bereisbar – dieselbe Währung, Bankautomaten, die einem für eine deutsche EC-Karte Bargeld geben, Geschäfte, in denen man damit bezahlen kann. „Die vierstellige Glückszahl eingeben", frozzelt Matthias, „und zack – Zahlung erfolgt."

Gut, manchmal klappt's auch nicht. Da in diesem Supermarkt in Italien, das war schon blöd. Da haben die an der Kasse erst seine Karte durch das Lesegerät gezogen und ihn die PIN eintippen lassen – ohne Erfolg. Dann haben sie dasselbe mit Olivias Zweitkarte gemacht – wieder ohne Erfolg. „Und die reden alle auf Italienisch und bimmeln, und dann kommt 'n Manager", erinnert sich Matthias, „und du hast den Einkaufswagen voll und hinter dir ne Riesenschlange – da zahlst du schnell *cash.*"

Aber das ist beiden erst viel später wieder eingefallen. Wo das war, wissen sie bis heute nicht – man hat ja keinen Beleg über eine Transaktion, es hat keine stattgefunden. Im Urlaub, während der fröhlichen Familienwochen zwischen Campingplätzen und Städten und Stränden mit Delphinen, die vor allem Zoë und Nina in Bann ziehen, da „denkt man sich nichts weiter." Auch weil beide ihre PIN auswendig wissen und die Karten nie aus den Augen lassen. Sie denken sich auch nichts, als gegen Ende der Italien-Zeit die Geldautomaten nichts rausrücken. „Da stand in schlechtem Deutsch irgendwas mit Toleranz und überschritten", beschreibt Matthias, und Olivia lacht: „Ich dachte erst, deine Toleranz ist überschritten." Wegen der schönen italienischen Schuhe, die sie gekauft hatte. Nein, leer kann das Konto trotzdem nicht sein. „Und mit Karte bezahlen ging ja weiter, überall."

Auch an der Tankstelle in der Schweiz. Da decken sie sich noch mit etwas Essen und Trinken ein. „Wir gucken in Deutschland, dass wir Geld abheben." Matthias Penzel setzt seine „Mädels" in Stuttgart in den Zug. Auch die Bahn akzeptiert die EC-Karte problemlos. Die aus allen Taschen zusammengekramten letzten 7,80 Euro gibt er ihnen mit. Auf dem Bahnhof ist ein Automat. Da will er Geld ziehen. Fehlanzeige! Er läuft zur Bank gegenüber. Wieder nichts. Jetzt kommt leise Unruhe auf. Wie soll er denn sein Essen und sein Bier bezahlen nach der Lesung? Das Honorar gibt's nicht *cash.* Es gelingt ihm, sich zwanzig

Euro zu leihen. „War'n bisschen schwierig", grinst der geborene Mainzer.

Und immer noch denkt er nichts Böses, als er wieder zu Hause ist, sein Konto im Computer aufruft und dem schwierigen Schwaben die zwanzig Euro überweisen will. „Da seh ich so 'ne Zeile, 103 Euro abgebucht, in Wien. Hm – vielleicht haben wir irgendwo Schuhe gekauft, und die wickeln das über Wien ab? Und ich scrolle so runter und sehe, da sind nochmal 103 Euro und nochmal, und dann ein paar Mal 203!" Insgesamt achtmal, innerhalb von 36 Stunden. Teilweise im Minutentakt. Und immer an Geldautomaten von kleineren oder privaten Wiener Banken. Zusammen 1.100 Euro plus Gebühren. Danach nichts mehr. Aber halt, davor! 300 Euro plus Gebühr an einem Automaten in – Nizza? In Nizza hatte die Familie sich getroffen, Matthias mit dem Auto aus Berlin und Olivia, Zoë und Nina aus England kommend. Aber als da diese 300 Euro gezogen wurden, waren sie längst in Italien.

Über 1.400 Euro vom Konto geräumt, ohne dass man die leiseste Ahnung hat – „das hat sich angefühlt wie ein Wohnungseinbruch. Das ist 'ne Invasion in deinen eigenen Bereich, auch wenn der sowas Abstraktes ist wie ein Konto!" Allmählich taucht in Penzels Kopf das Wort „kriminell" auf. Jemand räumt ihm irgendwo das Konto leer! Und zwar in seinem wirklichen Leben. Nicht fiktiv wie in der Kurzgeschichte, die er vor Jahren geschrieben hatte: „www.bankraub.com". Da kriegt der Ich-Erzähler ganze Programme von der Festplatte getilgt und seine Konten ausspioniert. Cyber-Crime. Eine Wachstumsbranche, genau wie Internetsicherheit. Super-Stoff für illusionslose Erzähler. In den USA zum Beispiel betreiben große Firmen ihre Call-Center inzwischen mit Insassen von Zuchthäusern. Auch Banken.

Das gibt die tollsten Plots. Weiß eigentlich irgendwer, wie das in Europa ist?

Es ist morgens um acht, zwei Tage nach der Rückkehr. Olivia bringt Zoë und Nina zur Schule. Matthias ruft seine Bank an. Eine Hotline. Für soundsoviel Euro pro Minute und mit einem Menü, das man komplett durchhören muss, bevor man an ein Lebewesen gerät. „Da war eine Frau dran, der hab ich entgegengebrüllt: Mein Konto wird ausgeraubt!“ Was die nicht sehr zu beeindrucken scheint. „Die klang wirklich so, als ob da jemand in so'nem Billigjob zu Hause am Bügelbrett sitzt und nebenbei so'n bisschen Beratung macht! Aber die konnte sofort in mein Konto reingucken!“

Er wird ausgefragt. Hat er seine Karte noch? Ja klar. Ist die Zweitkarte auch noch da? Er glaubt ja, ruft aber lieber mal Olivia an. Die fällt fast um, weil er auch ihr erklärt, er werde gerade ausgeraubt. Sekundenlang wähnt sie ihn unterm Bett versteckt und in der Wohnung Einbrecher. Ja, doch, sie hat ihre Karte. „Und ich war so froh, dass es nur unser Geld war und nicht Matthias' Leben in Gefahr!“

Dass er Anzeige erstatten muss, sagen ihm Freunde, nicht seine Bank. Die Dame vom Hotline-Bügelbrett empfiehlt nur: Karten sperren. Den Rest holt die Nachforschungsstelle seiner Bank nach, etwa eine Woche später. Per Post. Da ist er längst bei der Polizei gewesen.

Die Anzeige erstattet er auf dem Abschnitt. Als er wissen möchte, ob sowas öfter vorkommt und wie das überhaupt passieren kann, „da hebt der Beamte die Hände wie zur Verteidigung und sagt: ‚Also, Internet – ist alles viel zu gefährlich. Da guck ich gar nicht rein!‘“ Zwei Wochen später sitzt Penzel bei der Kripo seiner örtlichen Direktion. Die Kommissarin dort ist zwar vertrauter mit der digitalen Welt, sie kennt sich auch mit kopierten Karten aus, die natürliche

Neugier eines Geschädigten, ein bisschen genauer zu erfahren, was ihm passiert ist, mag allerdings auch sie nicht wirklich befriedigen. Aber zum Glück gibt es das Internet und auskunftsbereite Fachleute.

Aller Wahrscheinlichkeit nach hat jemand die eine oder beide Karten zum Penzelschen Familienkonto kopiert. Das geht, obwohl Debitkarten – wie EC-Karten im Unterschied zu Kreditkarten im Fachjargon heißen – mehrere eingebaute Sicherungen haben: einen Magnetstreifen, auf dem alle Daten gespeichert sind, ein „moduliertes Merkmal" (MM) und eine persönliche Identifikationsnummer (PIN), die nur der Besitzer kennen sollte. Der Magnetstreifen lässt sich mit jedem Lesegerät, zum Beispiel an Ladenkassen, lesen. Solche Lesegeräte sind zwar teuer, aber auf dem digitalen Schwarzmarkt leicht zu haben und zu manipulieren. Mit ihnen kann man Karten-Dubletten herstellen und mit denen wiederum problemlos in Geschäften einkaufen, die Debitkarten nur mit Unterschrift, aber ohne PIN-Eingabe akzeptieren. Das tun immer noch einige Händler, obwohl es ihr Risiko ist. Die Verbindung Karte-Unterschrift-Zahlung funktioniert wie das Lastschriftverfahren: Der Karteninhaber kann es stornieren, und der Händler kann dann zusehen, wie er an sein Geld kommt. Bei Zahlung mit PIN-Eingabe dagegen steht das Kreditinstitut der Karte dafür gerade. Alle großen Discountketten arbeiten inzwischen mit PIN-Verfahren.

Aber auch PINs kann man knacken. Durch Ausspähen, durch illegal aus dem Internet gefischte Bankdaten, durch manipulierte Lesegeräte, bei denen der Kunde die PIN eintippt und seltsamerweise doch nur eine Fehlermeldung erhält. Mit einer Dublette plus PIN kann man nicht nur einkaufen auf Kosten des Karteninhabers, man kann auch Bargeld ziehen. Allerdings nicht an deutschen Bankautomaten. Dafür sorgt seit 1979 auf allen deutschen Debitkarten das MM, „eine in den Kartenkörper eingebrachte, geheime maschinenlesbare Substanz". Mit ihm korrespondiert die „MM-Box" an allen deutschen Geldautomaten, die Dubletten sofort erkennt und verweigert. Das Penzelsche Konto war in Frankreich und Österreich geplündert worden.

Betrug mit den anderen, den Kreditkarten, macht in Deutschland zwei Drittel der bekanntgewordenen Internetkriminalität aus. Ermittelt und im Februar 2005 veröffentlicht hat das Peter Toxler, einer der renommiertesten Experten für Internetsicherheit, aufgrund der Informationen von Strafverfolgungsbehörden mehrerer europäischer Länder und eigener Recherchen und im Auftrag von MCAFEE, dem weltweit führende Anbieter von „Internet Security". In Berlin hat sich der Betrug mit Karte-PIN-Transaktionen seit 2003 um fast ein Drittel erhöht und das Datenausspähen vervierfacht, sagt die Kriminalstatistik 2004.

Und das soll künftig unmöglich werden. „Sparkassen und Landesbanken haben seit 2003 neue, international kompatible Chips auf den EC-Karten", erklärt Michaela Roth, die stellvertretende Pressesprecherin des DEUTSCHEN SPARKASSEN- UND GIROVERBANDS. Mehr als zweiundzwanzig Millionen mit dem neuen EMV-Chip sind seitdem auf dem Markt. „Insgesamt haben wir 47 Millionen EC-Karten. Der Austausch läuft sukzessiv weiter." Der EMV-Chip ersetzt den Magnetstreifen und ist – bisher zumindest – nicht zu knacken oder zu kopieren.

In Frankreich, wo er schon in den 90er Jahren eingeführt wurde, sind die Missbrauchsraten deutlich zurückgegangen. EMV steht für EUROPAY, MASTERCARD und VISA, einen Verbund mehrerer weltweit operierender Unternehmen.

Nur – leider nicht aller. Wenn allerdings der EMV-Chip in Europa Standard wird und alle, Bankautomaten wie Händler, EMV-fähige Terminals haben, ist zumindest schon mal *die* Sicherheitslücke geschlossen, die das Penzelsche Konto ausgedünnt hat.

Der Schaden durch solche illegalen Transaktionen mit Karte und PIN muss von der Bank getragen werden. Nicht dass die knapp 1.500 Euro, die seit Anfang August fehlen, sechs Wochen später schon auf Penzels Konto wären. Aber kommen werden sie. Ein kleiner Trost in Zeiten neuartiger, schwer durchschaubarer und noch schwerer nachweisbarer Eigentumskriminalität, bei der „die traditionellen Werkzeuge Gewalt und Einschüchterung getauscht werden gegen die Hightechwaffen des 21. Jahrhunderts“, wie der McAfee-Report warnt. Es ist Organisierte Kriminalität, die keine geografischen Barrieren kennt. Und auch, wenn es heute immer noch leichter ist, jemandem das Portemonnaie zu klauen als das Konto zu räumen, weil elektronische Transaktionen immer Spuren hinterlassen – die Schadenssumme bei einem geglücktem Bankraub ist entschieden höher als bei einem Handtaschenraub. Die britische Kriminalpolizei hat erst jüngst einen Plan vereitelt, mit dem 300 Millionen Euro aus einer Bank illegal auf zehn verschiedene internationale Konten transferiert werden sollten. Bonnie & Clyde im Cyberspace. „Wichtig ist, dass die Hürden möglichst hoch sind und man immer einen Sicherheitsvorsprung hat vor Betrügern“, sagt Michaela Roth. Der ewige Wettlauf zwischen denen, die Lücken entdecken und nutzen, und denen, die sie schnell schließen müssen. Hase & Igel im virtuellen Raum.

September 2005

Gewaltopfer

35 lange rote Rosen
Lebenslänglich
Der Tote im Schacht
Mord mit Ansage

Als Atheist glaube ich nicht an das ewige Leben
oder an irgendein karmisches Recycling.
Töten ist die totale Zerstörung: das Ernsteste, was es gibt.

David Cronenberg im Tagesspiegel-Interview von Jan Schulz-Ojala

Gewalt ist entgegen allem Marketinggesäusel der Fiction-Industrie nicht sexy. Und anders als im ästhetischen Spiel lässt sich Mord im wirklichen Leben auch kaum je als schöne Kunst betrachten. Jede gewaltsame Tötung hat etwas entsetzlich Materielles, sogar untröstlich Banales, das aller Metaphysik und Transzendenz spottet.

Wenn ein Mensch gewaltsam aus dem Leben gerissen wird, gibt es oft nur einen Täter, aber niemals nur ein Opfer. Manche Morde werfen ihre Schatten lange voraus und machen das Leben vor dem Tod zu einem einzigen Angst-Raum. Manche ziehen jeden Sauerstoff aus dem Leben danach für Angehörige, zufällige Zeugen, Helfer, Profis. Aber manchmal liegt der Funken Hoffnung, der uns weitermachen lässt, im Trost durch ganz banale, materielle kleine Erfolge.

35 lange rote Rosen

„Warn schöner Tach jewesen", sagt Herr Lenk schulterzuckend. Was soll er groß sagen? War alles wie immer gewesen an jenem 17. September 1999. Normal. Und plötzlich bricht solche Gewalt in seine Welt ein.

Herrn Lenks Welt ist ein kleiner Kiez gleich östlich vom Bersarinplatz. Aus dem Lädchen auf der Rigaer Straße, in dem Ricardo Lenk aushilft, kann man die Zellestraße hoch sehen. Hier wohnen einige der Stammkunden, für die er von morgens sechs bis abends acht feilbietet, was man so braucht, bevor man zur Arbeit fährt. Beziehungsweise – das ist in diesem Teil von Friedrichshain häufiger – wenn man *keine* Arbeit hat. Zigaretten, Alkohol, Zeitungen, ein paar Lebensmittel. Ach ja, und Schnökerkram für die Kinder, natürlich.

Ganz oben in einer Platte in der Zellestraße wohnt Ingrid Walter mit ihrem Sohn. Timmi ist im August sechs geworden. Mittags hat er noch vorm Lädchen in der Sonne gesessen und Eis gegessen, und Ingrid hat Geburtstagsrunden Büchsenbier für ihre Kiezfreunde geschmissen. War ja vor zwei Tagen 35 geworden. Und hatte ausnahmsweise mal *keinen* Krach mit ihrem neuen Freund gehabt, Roland. Im Gegenteil, geturtelt und geknutscht hatten die gehabt! Dann hat Ingrid noch ein paar Büchsen Bier gekauft, und alle drei sind zu ihr geschlendert.

Plötzlich kurz vor fünf steht „der Robbi" allein wieder im Laden und sieht wüst aus. Er brauche eine Flasche Whisky. Jetzt sei sowieso alles egal. Er habe „die Olle umgelegt". „Wir ham den hier alle erst jar nich für voll jenomm", sagt Ricardo Lenk, heute 36 und auch arbeitslos. „Ick hab dem den Whisky sojar noch verkooft!" Obwohl Roland Lerch Blut an der Hose hat und vor den andern noch deutlicher wird: „Die Waltern is tot. Die hat mich wieder belöffelt. Ick hab ihr die Kehle durchjeschnitten und 'n Bauch aufjeschlitzt." Dann geht er mit *Johnny Walker* die Rigaer hinunter in seine eigene Wohnung.

Ab da überschlagen sich Ereignisse, in denen niemand der kleinen Runde geübt ist. Ein paar rennen die Zellestraße hoch: Blaulicht. Einer sieht die Feuerwehr vor Ingrids Wohnung auf die Polizei warten und tritt kurzerhand die Tür ein. Kann doch sein, dass die noch *lebt*!

Ingrid Walter lebt nicht mehr. Ihr Leichnam klemmt zwischen Sessel, Couchtisch und Bettcouch. Auf ihrem Oberkörper sind 35 lange rote Rosen mit den Blüten Richtung Kopf drapiert. Für den ersten Blick verbergen sie zwei tiefe Bauchstiche, einen Schnitt am Hals und Würgemale. Die massiven Verletzungen im Gesicht, das verbogene Brotmesser auf dem Sessel und das viel Blut überall überdecken sie nicht.

Aber was ist eigentlich mit Timmi?

Die Ereignisse überschlagen sich an diesem schönen Septemberfreitag auch für Leute, die immer damit rechnen müssen. Im Polizeiabschnitt 61 in der Friedenstraße ist gleich Schichtwechsel. Zwölfstundenschichten. Von sechs bis sechs. Ab etwa fünf Uhr herrscht immer Gewusel. Die Frühschicht bereitet die Übergabe vor, die Spätschicht kommt vom Dienstsport, duscht und legt allmählich Uniform an. Der neue Wachleiter checkt die Streifenwagen-Teams, damit sein Laden spätestens um Punkt sechs läuft und er sich auch umziehen kann. Normalerweise. Heute kommt kurz vor halb sechs die Meldung: mögliches Tötungsdelikt Zelle/Ecke Bänsch. Bei sowas muss der Wachleiter selbst mit raus und den Einsatz leiten, solange bis die Kripo aus der örtlichen Direktion eintrifft. Die Kollegen von „VB I" – VB steht für Verbrechensbekämpfung und ist die kriminalpolizeiliche

„Sofortbearbeitung" – übernehmen dann, bis die Mordkommissare vom überörtlichen, also berlinweit ermittelnden LKA da sind. Und so gerät Wachleiter Frank Thiele, damals 36 und Polizeikommissar, in ein groteskes Dilemma: Soll er ohne Uniform raus? Soll er den Laden aufhalten, weil ein Schutzpolizist *eigentlich* nicht ohne Uniform tätig sein darf? Darf so etwas bei einem Tötungsdelikt eine Rolle spielen? Gott sei Dank sind die andern schon korrekt gekleidet – der gleichaltrige Polizeihauptmeister Frank Baecker und die beiden „Jungschen", Polizeikommissar Steffen Haubold, gerade zurück von der Fachhochschule, und Polizeimeister Stephan Buchecker. Gute Leute, alle drei, weiß Thiele. Schutzwesten haben sie zum Glück auch schon an.

Vor Ort erfahren sie rasch, dass es einen dringend Tatverdächtigen gibt. Und dass Herr Lenk nicht nur weiß, wie der heißt – er weiß auch, wo der wohnt. Könnte der Idealfall werden: eine schnelle Festnahme.

Bei VB I dynamisieren sich die Ereignisse zur selben Zeit. Carmen Ihlenfeld ist eine Stunde früher in der Direktion 6 in der Wedekindstraße. Die 34jährige Kriminalkommissarin muss noch mit ihrem Schichtleiter reden. Der ist nämlich auch ihr Mann. Und er hat gleich Feierabend und fährt nach Hause, zu den Kindern. Kollegin Danny *müsste* ebenfalls noch nicht so früh da sein, und als Team eingeteilt sind die beiden auch nicht. „Aber der Einsatz lief an, mein Mann kuckt mich an – würdet ihr fahren?" Carmen Ihlenfeld schüttelt die blonden Locken, als ob ihr die Frage heute noch absurd vorkommt. „Na – logisch!"

Vor Ort erfahren die beiden Kripo-Kommissarinnen, es gibt ein Kind, und das soll auch noch Tatzeuge sein. „Mir war klar: Da muss ich dran. Ich mach die Arbeit schon 'n paar Jahre, ich hab selber Kinder – ich *weiß*, das Erste, was Kinder erzählen, ist ihr *eigener* Eindruck." Carmen Ihlenfeld geht sofort um die Ecke in die Bänschstraße, wo die Schwester der Toten lebt und Timmi sein soll.

Der Rigaer Kiez ist ein Kleine-Leute-Kiez. Kaum Bäume. Kaum Farbe. Die Altbauten mit Einschüssen und Graffiti, die Neubauten „Platte". Was hier nicht Natur ist, ist noch Plaste, nicht Plastik. Hier ist Roland Lerch 1957 geboren. Zu Eltern und Schwester bricht er früh jeden Kontakt ab, eine Ehe hält nicht lange, den Sohn ignoriert er ebenso wie eine frühere uneheliche Tochter. Er lernt Zimmermann, geht statt zur NVA zur Bereitschaftspolizei und hat fortan wechselnde Jobs. Fährt mal Kohlen, baut mal Maschinen, Gerüste, Särge, schafft mal auf dem Bau. Er verdient nicht schlecht, aber er ist auch Quartalssäufer, seit der Lehre. Ricardo Lenk kennt ihn als guten Kunden, „aber der war nie aggressiv, selbst wenn er stinkbesoffen war. *Sie* war eher der Typ, der bei'n paar Bierchen zuviel ausflippt", sagt er nüchtern.

Ingrid Walter ist seit zwei Jahren „in ABM", bei einer Behindertenorganisation, kommt morgens und nachmittags bei Herrn Lenk vorbei, meist auf einen Kaffee, und führt ein aufgeräumtes Leben in einer aufgeräumten Zweiraumwohnung. Das Kinderzimmer voll Spielzeug, keine Schulden.

Etwa im Juni 1999 treffen Ingrid und Roland im Lädchen aufeinander. Er ist eben verurteilt worden wegen Verletzung der Unterhaltspflicht und sucht eine Frau. Sie hatte bisher wenig Glück mit Männern. Von Timmis Vater lebt sie lange getrennt, eine andere Beziehung ging brutal zu Ende: Ihr Freund, ein Polizist, schoss sich mit der Dienstwaffe in den Kopf, während sie mit Timmi im Nebenzimmer schlief. Vielleicht erklärt das den rüden Ton, wenn sie etwas getrunken hat. Ingrid Walter wird schnell ausfallend. Dann können alle sie „mal am Arsch lecken, die Penner, die

Fotzen." Auch „der Robbi". Der vor allem. Für eine „frische Beziehung", findet Herr Lenk heute, „hatten die sich einklich zuviel jestritten. Aber sonst – janz normal." Das ganz normale Hü und Hott – mal siebter Himmel, mal will sie ihn loswerden. Weil er säuft, weil er keine Arbeit sucht, weil er ihr auf der Tasche liegt, Einmal, im Juli, haut er ihr dafür einen Schneidezahn raus. Aber normalerweise schnappt er, wenn sie ihn mal wieder „belöffelt", seine Sachen und verzieht sich in seine Zweiraumwohnung. An ihrem Geburtstag genauso. Da hatte er Ricardo extra noch hundert Mark gegeben, damit der 35 extra langstielige rote Rosen besorgt. Und die lässt die einfach links liegen! Genauso wie die CDs für zweihundert Mark!

Als Carmen Ihlenfeld mit Timmi allein ist, sagt er: „‚Ich weiß, dass meine Mama tot ist.' Das war sein Erstes. Und dann ist alles aus ihm rausgesprudelt. Dass sie sich geschlagen haben. Dass ‚der Robbi' – so hat er ihn immer genannt – die Mutti gewürgt hat und zweimal mit dem Messer in den Bauch gestochen und den Hals aufgeschnitten. ‚Die Mutti sah eklig aus', hat er gesagt. Ihm ist übel geworden. Er hätte fast gebrochen."

Timmi war aus dem Kinderzimmer gerannt gekommen, als er seine Mutter schreien hören hatte. Und er war da stehen geblieben, obwohl „der Robbi" das Brotmesser in der Hand hatte und drohte, er sei der nächste. Er wollte doch „die Mutti beschützen", erklärt er der Kommissarin mit den offenen blauen Augen, die ihn einfach auf dem Schoß wiegt, mit ihm schweigt, ihn nicht ausfragt.

Der Plattenbau in der Liebigstraße ist schäbiger als der in der Zellestraße. Er liegt auf der Hinterseite der Frankfurter Allee, die früher mal Stalinallee hieß. Die Haustür ist zugeschlossen, als Thiele, der jetzt wenigstens seine Schutzweste anhat, und seine drei korrekt Uniformierten ankommen. Roland Lerch scheint sich also auf Polizei eingerichtet zu haben – sollen sie nicht *doch* lieber ein Spezialeinsatzkommando anfordern? Eigensicherung ist Dienstvorschrift, und für bewaffnete Täter ist nun mal das SEK zuständig. Das könnte aber frühestens in vierzig Minuten da sein. Und die speziell ausgebildeten Zivis der Direktion sind auch alle selbst gerade in Einsätzen. So beschließen die Schupos nach Besprechungen mit den Kripos: Wir probieren die Festnahme.

Die Haustür kracht beim ersten Tritt auf. „Zwei Treppen“, dirigiert Ricardo Lenk, den sie zwecks Identifizierung im Schlepptau haben. Die Wohnungstür ist auch kein Problem. Aber was ist dahinter? Ist Lerch bewaffnet? Womit? Gegen ein Messer reichen die Westen wohl, aber wenn er eine Feuerwaffe hat? Wie ist er drauf? Volltrunken? Ausgerastet? Thiele lässt Baecker die Tür eintreten und die beiden „Jungschen“ Feuerschutz geben, bevor er als erster reingeht. „Ich hatte die Verantwortung.“ Punkt. Den Rest der Angelegenheit beschreiben alle als eine Art eingesprungenen Houdini rückwärts: Thiele steckt im Flug seine Pistole weg und wirft sich auf Lerch, Buchecker wirft sich hinterher und beide werfen Lerch, der sich zu aller Erleichterung nicht übermäßig wehrt, bäuchlings aufs Sofa und legen ihm Handfesseln an. Danach sorgt Baecker, obwohl das eigentlich nicht zu seiner Arbeitsplatzbeschreibung gehört, auch noch für perfekte saubere Spurensicherung: Ordnet *zwei* Blutproben bei Lerch an – wegen des „Nachtrunks“. Lässt ihm die Hände abkleben, eine Tüte drüber schieben und ihm die Turnschuhe mit der blut-verschmierten Profilsohle ausziehen, deren Abdruck – was sie allerdings noch nicht wissen können – auf Ingrids Gesicht ist. Und schließlich versiegelt er die Wohnung für die Kripo.

Nach Gewalttaten, bei denen man mit Schockzuständen von Zeugen oder Angehörigen rechnen muss, werden heute immer auch Betreuer alarmiert. Meistens sind das Notfallseelsorger der beiden christlichen Konfessionen. Diese „NFS" leisten seit 1995 gut organisiert „Erste Hilfe für die Seele, an allen Menschen unabhängig von ihrer religiösen Bindung."

„Sie schickt der Himmel!", stöhnt Thiele auf, noch bevor sich Jörg Kluge, damals 47, ein ganz und gar „ziviler" Typ, als Pfarrer vorgestellt hat. KK' in Ihlenfeld dagegen guckt ihn zuerst verblüfft hat – irgendwie hatte sie eine Frau erwartet. Aber Pfarrer Kluge hat die Teddys dabei, die bei Kindern so beliebt sind. Mit Feuerwehr- oder Polizeiuniform. Die sind weich, die kann man knuddeln, die können Knoten lösen. Timmi will den Feuerwehr-Teddy, weil – naja – der andere, da denkt er sofort an Muttis Freund, der sich erschossen hat. Pfarrer Kluge erklärt auch Timmis Verwandten, was noch kommen kann. Dass Timmi vielleicht nicht schlafen kann in nächster Zeit. Oder einnässt. Oder *flashbacks* hat und sich unnormal benimmt. Und dass sie dann auf keinen Fall schimpfen dürfen.

Das akuteste Problem ist aber: Wie kriegt man den Kleinen *unbemerkt* aus der Wohnung seiner Tante, vor der die Reporter hin- und herflitzen und Fernsehkameras aufgebaut sind? Und von da zu seinem Vater? „*Das* war wirklich 'n kleines Husarenstück", geben Thiele und Ihlenfeld augenzwinkernd zu. Nicht dass sie generell was gegen „die Presse" haben. Im Gegenteil. Thiele war später selbst Polizeipressesprecher und einer ihrer begnadetsten. Aber in dieser Situation hat der Schutz des Kindes absoluten Vorrang. Punkt. Also organisieren sie einen Wagen der Direktions-Zivis und schaffen Timmi exakt in dem Augenblick weg, als der Leichnam seiner Mutter um die Ecke aus dem Haus getragen wird und sich alle Medienleute darauf stürzen.

„Ich bin heute noch stolz!“, sagt Carmen Ihlenfeld. Thiele geht es ebenso. „Ja – der ganze Einsatz, auch die Zusammenarbeit zwischen Kripo und Schupo, das hat geklappt wie am Schnürchen.“ Er war natürlich besonders froh, dass die Festnahme so glatt lief. Sie haben alles richtig gemacht. Und genau dieser ruhige, professionelle Stolz lässt Platz für die tragischen Seiten. Carmen Ihlenfeld erinnert sich bis heute an fast jedes Detail und denkt immer, wenn sie an der Zelle/Ecke Bänschstraße vorbeifährt: „Hier war das.“ Frank Thiele lässt Timmi noch immer nicht los, der kleine Junge, der mit sechs Jahren schon zwei gewaltsame Tode miterleben musste. „Zehn ist er jetzt. Und Vollwaise. Sein Vater ist inzwischen auch gestorben.“

Alle Hinterbliebenen haben „teuer bezahlt“ für Roland Lerchs Tat. Der selbst hat neun Jahre abzusitzen, für die Tötung von Ingrid Walter und die Tötungsdrohung gegenüber Timmi. Ricardo Lenk hat den Eindruck, dass er sich mit seiner Tat nicht groß auseinandersetzt. Er besucht ihn hin und wieder im Gefängnis. Warum weiß er eigentlich auch nicht. Der hatte ihn halt gebeten gehabt. „Ich bin so veranlagt. Vielleicht zu gutmütig?“ Seit jenem Tag jedenfalls, sagt er, achtet er mehr auf die Leute. Das Pärchen von gegenüber zum Beispiel, „wat ooch mit Tassen und Tellern schmeißt, wenn se jesoffen ham.“ Denn dieser an sich so schöne Tag, der war hinterher – „also, 'n Scheißtach war das! Da wird ei'm denn plötzlich bewusst, wie verjänglich doch det Leben is, so manchmal. War ja nich vorauszusehen, dass da so 'ne Tragödie draus wird. Schon 'n bisschen komisch allet.“

Juni 2003

Lebenslänglich

Der 2. März 1996 ist ein Sonnabend und lausig kalt wie der ganze Winter. Der Himmel verhangen, die Luft klamm vom Nordwind und schwer vom Winterdreck. Aber für Zsanett ist es ein schöner Tag.

Zsanett Schreckenberg hat einen Brief bekommen, der ihr Leben endlich auf die Reihe bringen wird. Sie kann noch im März mit der Ausbildung anfangen. Bei der Hunde-Rettungsstelle. Ein Traum! Der Stress mit den Eltern ist auch vorbei, seit sie achtzehn ist und ihr das Jugendamt eine kleine eigene Wohnung in Wedding besorgt hat, wo sie in Ruhe mit ihren zwei Hunden leben kann, nicht weit von ihrer besten Freundin Nicole. Sie ist frisch verliebt in Dirk. Und neulich hat sie sich ein neues Image verpasst: Ab mit den langen braunen Haaren, ein paar kecke blonde Strähnen in den Bubikopf – cool. OK, das Blond ist ein bisschen zu sehr ins Orangige gerutscht. Aber die Stiefel, die sie mit Nicole zusammen gekauft hat, sind geil. Und der rot-violette Pullover auch. Es geht bergauf. Mit diesem Lebensgefühl verlässt sie morgens Dirks Bett, fährt zu ihren Hunden, telefoniert mit den Eltern, über die Lehrstelle, über ihren kaputten Fernseher, und abends will die Clique sich treffen. Das Leben ist schön. Endlich.

Aber noch vor dem Sonntag ist es zu Ende.

Sonntag ist der letzte normale Tag in Barbara Kochs Leben. Montag ist sie mit ihrer Tochter verabredet. Seit Zsanetts Auszug verstehen sie sich wieder wie ganz früher, telefonieren oft, treffen sich mindestens einmal die Woche. Erst Sonnabend, da hatte Franko Zsanett einen Fernseher angeschlossen. Franko Koch ist Barbaras zweiter Mann, Zsanetts Stiefvater. Als kleine Familie sind sie zusammen aus der

DDR ausgereist, im Juli 1989, kurz bevor die Mauer aufgeht. Kurz vor Weihnachten bekommen sie „eine wunderschöne Wohnung in Reinickendorf". Franko findet eine Stelle als Dreher, Barbara in einer Zigarettenfabrik. Zsanett ist zwölf.

Barbara Koch ist eine große schlanke Mittvierzigerin mit braunen Locken. Eine herzliche und temperamentvolle Frau. Sie spricht das weiche, warme Sächsisch, bei dem einem sofort Michael Ballack einfällt. Sie lacht gern. Aber es geht immer noch nicht wieder oft. Seit dem März vor acht Jahren liegt eine düstere Wolke auf ihr. Aus dem Nichts schießen ihr Details und Fragen in den Kopf und klumpen sich so zusammen, dass ihr der eigene Körper nicht mehr gehorcht und ihr alles im Hals stecken bleibt. Oder die Angst rollt wie eine Welle über sie hinweg, „eine ganz kranke Angst". Sie hat alles noch minutiös im Kopf. „Zsanett kam nicht. Und sie rief ooch nicht an." Das ist nicht ihre Art. Barbara ruft bei ihr an. Niemand nimmt ab. Auch Franko versucht es. Den ganzen Montag, den ganzen Dienstag, immer wieder. „Und auf einmal wor besetzt!"

Franko Koch ist drei Jahre älter als seine Frau. Ein liebevoller, leiser Mann mit braunem Meckischnitt. Zu hager für seine Größe, aber bodenständig und zupackend. Sie haben beide trotz allem etwas Kraftvolles, Vitales. „Da war man natürlich erstmal beruhigt", beschreibt er den Anfang der psychischen Achterbahn. „Zsanett hat ja gern und stundenlang telefoniert."

„Aber dann waren's bloß die Hunde! Die hatten den Hörer abgerissen!"

„Ja", nickt Franko. „Die haben da gewütet, die waren ja zwei Tage lang allein in der Wohnung."

Erfahren tun sie das allerdings erst Mittwoch. Dienstagabend halten sie es nicht mehr aus. Zsanett würde nie nie nie ihre Hunde vernachlässigen. Sie gehen zu ihrem Polizeiabschnitt. „Das war ganz schlimm, der Beamte da hat bloß komische Bemerkungen gemacht“, erzählt Barbara. „Erst als ich ihm das mit den Hunden erklärt hab“, sagt Franko, „hat der sich breitschlagen lassen, eine Vermisstenanzeige aufzunehmen.“

Franko wird selbst aktiv. Mittwoch nimmt er ein Foto von Zsanett mit zur Arbeit, retuschiert die Frisur zurecht – es gibt noch kein Bild vom neuen Haarschnitt – und bastelt eine Suchmeldung. Die verteilt er in Zsanetts Wohngegend. Und dann meldet sich Nicole bei Barbara. Ein paar aus der Clique hatten gleich Sonnabend nachts die Polizei angerufen, weil Zsanett nicht gekommen war und auch nicht angerufen hatte. Die Eltern wollten sie erstmal nicht unnötig aufregen. Aber jetzt hält es auch Nicole nicht mehr aus. Von ihr erfährt Barbara etwas Schockierendes, von dem sie nichts ahnt: Zsanett hat angeschafft. So ab und zu. Wenn sie Geld brauchte. Für die Hunde vor allem. Ein Rottweiler und ein Staffordshire fressen ohne Ende, und Hundefutter und Tierarztkosten gehören nicht zum Warenkorb der Sozialhilfe.

Tiere sind Zsanetts Leben. Früher wollte sie zu den Polizeireitern, dazu hätte sie allerdings in der Schule etwas weniger faul sein müssen, sagt Barbara Koch, „denn dumm war sie nicht.“ Zsanett hat aber nach dem Hauptschulabschluss keinen Bock mehr, und Disziplin und Durchbeißen ist was für alte Leute. „Bloß, man kann doch nicht immer mit dem Kopf durch die Wand.“ Als Kind hätte Zsanett am liebsten einen ganzen Zoo zu Hause gehabt. Barbara nicht. Also war der kleine Dickkopf mal abgehauen. Aber nach drei Tagen reumütig wieder da gewesen. Man tut seinen

Eltern nicht so weh. Sind ja eigentlich lieb. Nerven halt. Ist normal.

„Wieso ist sie nicht zu uns gekommen, wenn sie Geld brauchte?" grübelt Barbara Koch immer noch. „Ich hab ja früher ooch dies und das ausprobiert, aber auf so'ne Idee – ich wär Zeitungen austragen gegangen oder putzen."

Nicole erzählt Barbara von der Kurfürstenstraße und dass Zsanett sich hinterher immer schmutzig fühlte und stundenlang duschen musste. Eine richtige Professionelle mit Handwerkerstolz wäre sie wohl nie geworden. Sie ist nicht mal drogensüchtig genug, um auf einem Junkie-Strich enden zu müssen. Sie ist einfach ein eigensinniges wildes Kind. Leider keins von reichen Leuten. Ihren anarchischen Drang hat niemand als Zeichen außergewöhnlicher Begabung genommen und besonders gefördert. Für die ungezähmten Kinder kleiner Leute hat unsere reiche Gesellschaft nur ein paar Institutionen zur Schadensbegrenzung übrig. Und auch die werden immer weniger.

Franko Koch fährt zur Kurfürstenstraße, fragt sich bei den Mädels dort durch, klappert Diskos und Puffs ab, will sogar selbst einen Job als Türsteher annehmen. „Wir hatten ja immer noch Hoffnung, dass sie vielleicht gewaltsam festgehalten wird, bei irgendeinem Freier oder wegen Schulden." Von verschwundenen jungen Frauen aus der Kurfürstenstraße war in letzter Zeit doch öfter mal die Rede. „Jeden Abend war ich da. Bis wir dann erfuhren, dass wir nun nicht mehr zu suchen brauchen."

Gut drei Wochen dauert die bange Hoffnung. Kurz vor Ostern meldet sich die 5. Mordkommission. Ingo Kexel, damals Kriminaloberkommissar, ist seit 1994 vor allem mit dem Mordfall Sabrina Graf beschäftigt. Von ihr waren Kopf und Organteile auf Autobahnraststätten außerhalb Berlins gefunden worden. Aber auch „Aktenzeichen XY“ bringt die Ermittlungen nicht weiter. Und von der Kurfürstenstraße sind noch drei junge Frauen entweder verschwunden oder man findet Leichenteile von ihnen.

Am 26. März 1996 rufen Ärzte des Kreuzberger KRANKENHAUSES AM URBAN die Polizei. Eine junge Frau liegt mit lebensgefährlichen Hammer- und Messerverletzungen auf der Rettungsstelle. Die 3. Mordkommission hat an dem Tag Bereitschaft und fährt sofort hin. Auch Ramona kommt vom Junkie-Strich. Und sie kennt sogar den vollständigen Namen des Mannes, der sie fast umgebracht hat, und weiß ungefähr, wo er wohnt. Er ist Hautarzt im Steglitzer KLINIKUM BENJAMIN FRANKLIN. Die 5. Mordkommission wird dazugezogen. Das Apartment im gediegenen Schmargendorf sieht aus, als hätte jemand es sehr schnell „säubern“ wollen. Aber die Tatortbearbeiter sind auch sehr schnell und finden hinter der Stereoanlage sieben Polaroidfotos. Und eine Kamera, in der noch ein Film steckt. Sie lassen ihn entwickeln. „Auf zwei Bildern war dieselbe Frau wie auf den Polaroids“, schildert Kexel, inzwischen stellvertretender Leiter der 2. Mordkommission, „in ungewöhnlichen Positionen, mit verdecktem Gesicht.“

Sie vermuten, dass es Bilder einer Toten sind, ermitteln auf der Kurfürstenstraße, befragen die Rechtsmediziner, was es mit den deutlich erkennbaren grünen Verfärbungen auf dem entblößten Bauch der Frau und den roten Rändern an ihren Nagelbetten auf sich hat, und stoßen in der Vermisstenstelle des Landeskriminalamts auf die Anzeige der Kochs. „Wir hatten schnell den Verdacht, die Frau auf den Fotos könnte die vermisste Zsanett sein“, fasst Gerd Hasse zusammen. Er ist einer der „alten Hasen“ unter den Berliner Mordkommissaren und seit Mai 2000 Leiter der OFA, der

LKA-Dienststelle für Operative Fallanalysen – im Volksmund fälschlich „Profiling“ genannt. Damals war er Chef der 5. Mordkommission, und dass die OFA, die er in ihrer bundesweit gültigen Form mit erfunden hat, auch im Land Berlin so schnell und effektiv installiert wurde, ist für ihn das Ergebnis eines „schleichenden und logischen Prozesses“, dessen Auslöser die Ermittlungen um die jungen Frauen von der Kurfürstenstraße waren. Die Fälle sind bis heute nicht vollständig aufgeklärt und abgeschlossen, und sie treiben Hasse wie auch Kexel bis heute um. „Diese Ermittlungen waren auch besonders tragisch“, sagt Hasse leise, „und besonders anrührend.“

Sie müssen den Kochs die Horrorfotos zur Identifizierung vorlegen. Barbara erkennt ihr Kind sofort. Der Bubikopf mit den zu orangigen Strähnen, die Stiefel, der rot-violette Pullover, den sie ursprünglich für Franko gekauft hatte ... Franko nicht. „Ich hab immer wieder gesagt: ‚Nee, das *isse* nicht!‘“ erzählt er. „War wahrscheinlich so ’ne Sperre – was nicht sein darf, das ist auch nicht.“ Sie werden vernommen, müssen sich Fingerabdrücke abnehmen lassen. Die Spurensicherer kleben ihre halbe Wohnung ab. Die von Zsanett auch. Routine. Schwer zu ertragen. Noch immer weiß niemand genau, was mit Zsanett ist. Aber diese Kripos, sagt Barbara warm, „die waren sehr angenehm, behutsam, es tat gut, mit ihnen zu reden.“

Bald danach stehen Hasse und Kexel wieder bei ihnen vor der Tür. Diesmal müssen sie die Todesnachricht überbringen. Für Kexel „das Belastendste, was eine Mordkommission zu tun hat. Das war sehr bewegend. Man versucht natürlich, die Angehörigen zu betreuen, aufzubauen – und sowie man das Gefühl hat, jetzt haben sie sich wieder ein bisschen gefangen, muss man leider auch wieder Fragen stellen. Eine ganz schwierige Gratwanderung." Bei der sie gleichzeitig professionelle Distanz wahren müssen. Sie haben die Pflicht, *alles* zu ermitteln – auch und gerade das, was einen Täter entlasten kann.

Für die Kochs bricht die ganze gewohnte Welt weg. Zsanett ist *ermordet* worden. Was für ein Wort. Warum Zsanett. Warum macht einer sowas. Und es wird alles immer schlimmer. Kaum ist der Hautarzt verhaftet, geht ein Medienrummel los, der nicht nur für die Kochs an schwere Körperverletzung grenzt. Barbara traut sich kaum noch aus der Wohnung, nachdem ein paar Mal plötzlich Typen aus Gebüschen vorm Haus gesprungen waren und ihr ein Foto von Zsanett unter die Nase gehalten hatten: „Kennen Sie die?" Andere versuchen, die Kinder von Zsanetts Nachbarn auszuquetschen. Drei-, viermal klingeln Presseleute Sturm an Kochs Wohnungstür. „Halbe Stunden lang", erzählt Franko. „Sonnabends und sonntags morgens." Barbara und Franko verabreden Klingelzeichen mit ihren Freunden. Sie reden kein Wort mit Medienleuten. Aber die entsetzlichen Einzelheiten dessen, was Zsanett passiert sein muss, schreien aus allen Medien. Wochenlang. Berlin hat plötzlich einen kriminalistischen Super-Star, den „Hannibal Lecter von Schmargendorf". Und im November, als der Prozess gegen den Hautarzt wegen Mordes in einem und Mordversuchs in drei Fällen beginnt, geht das Bombardement erst richtig los.

Barbara Koch ist zu dem Zeitpunkt schon vollkommen arbeitsunfähig, in psychiatrischer Behandlung, wird von Angstattacken und Depressionsschüben geschüttelt. Franko hat für sich eine Doppelstrategie entwickelt: Er ballert sich systematisch mit Arbeit zu. Macht eine Fortbildung, neben der Arbeit. „Ich bin morgens fünf auf Arbeit und abends halb zehn nach Hause und war so müde, dass ich an nichts mehr denken musste", sagt er. „Mich hat's nur immer vor den Wochenenden gegrault." Er weiß, Barbara *kann* das nicht, sie muss *reden*. Reden und immer wieder reden. Das wiederum kann *er* nicht. Er ist, sagt er selbst, „der Schweigsame, der Verdränger – ja." Aber er sitzt fast den ganzen Prozess durch und hört sich alles an, in der Hoffnung, irgendwann zu verstehen, warum dieser blasse, bornierte Mensch da vorn auf der Anklagebank das alles getan hat. Wie kann man ein Mädchen erdrosseln und hinterher behaupten, das sei ein Spiel gewesen, „Gassigehen". Wie kann man eine Tote in eine Babybadewanne drapieren, damit sie aussieht wie lebendig, eine Bierflasche in der Hand? Wie kann man auf sie urinieren und das auch noch fotografieren? Wie kann man den geschundenen Körper zersägen und irgendwo auf den Müll schmeißen? *Auf den Müll!*

Für Barbara übersetzt sich das Nicht-Begreifenkönnen in Schuldgefühle und Selbstbestrafung. „Man fragt sich als Mutter sofort: Haste dies falsch gemacht, haste das falsch gemacht?", sagt sie. „Kindererziehung ist doch das Allerschwierigste, jedes Kind ist 'ne eigene Persönlichkeit."

„Wie kann ich das und das genießen, wenn Zsanett das nicht mehr kann", zitiert Franko sie, „das hab ich das ganze erste Jahr immer wieder von Barbara zu hören gekriegt."

Es ist auch nicht vorbei, als der Hautarzt im August 1997 nach einem endlos scheinenden Prozess zu lebenslänglicher Haft verurteilt wird. Zwar kann Barbara inzwischen die Selbstzerfleischung manchmal in Aggression umwandeln. Dann tritt sie die Couch und brüllt sich die Wut aus dem Leib. Hört ja niemand. Die Kochs wohnen schon lange nicht mehr in Reinickendorf, sondern Jottweedee in einem Häuschen mit Garten. Der Garten hilft auch. Sehr sogar. Pflanzen betüddeln, zusehen, wie sie wachsen, „das macht richtig den Kopf frei“, sagt sie. Aber noch bricht viel zu oft plötzlich alles über ihr zusammen. Sie will das nicht. Es geht ihr auf die Nerven. Dann schimpft sie mit sich. „Schluss jetzt! Das soll aufhören!“

Aber es hört nicht auf. Vielleicht lebenslänglich nicht. Das letzte, was Barbara und Franko Koch von Zsanett sehen durften, sind Bilder einer geschändeten Toten. Sie hatten bis heute keine Chance, unter diese Bilder einen Punkt zu setzen, Abschied zu nehmen von ihrem Kind und es zu begraben. Zsanetts Leiche wurde nie gefunden.

Oktober 2004

Der Tote im Schacht

„Der Leichnam war, soweit erkennbar, skelettiert. Er war bekleidet, wobei keine näheren Angaben zur Bekleidung gemacht werden konnten. Zwischen unterer Metallsprosse und rechtem Mauervorsprung klemmte ein Schuh, ein zweiter befand sich zwischen dem vorderen Mauervorsprung und der linken Mauerseite. Der Leichnam war mit Staub bedeckt. Altersschätzung oder Geschlechtsangabe waren nicht möglich. Eine nähere Besichtigung beziehungsweise Identifizierung von möglicherweise mitgeführten Dokumenten war nicht möglich, da der Leichnam kaum zu erreichen war und das Eintreffen des Gerichtsmediziners abgewartet werden sollte."

So endet vorläufig, im Bericht der Kripo-Beamten der Direktion 4, die den Berliner Südwesten bearbeitet, eine Geschichte, die ohne dieses Ende nicht erzählt würde. Der Tote, der kurz darauf identifiziert ist, war „Fritze", geboren am 8. Mai 1933, vor Urzeiten aus dem hessischen Hanau nach Berlin geraten. Das heißt, nach Neukölln. Fritze gehört zu den „kleinen Leuten", die höchstens durch einen ungewöhnlichen Tod Aussicht auf eine Polizeimeldung und zwei, drei kleine Artikel haben. Sonst – „im Leben nich!"

Dabei war Fritz Schulz eine „Kiezlegende". Oder zumindest eine „KOMA-Legende". Das KOMA ist eine Tag- und Nachtkneipe. „Sonnenallee Ecke Ederstraße – is'n extra Kiez hier!" sagt der kleine Peter stolz, bevor er sein Bier austrinkt. „New Kölln City heißtet – intern. Wir sind hier zu Hause." Und Fritze war das auch. „Er hat hier seine Freunde und seine Familie gehabt!" bestätigt der große Peter. „Und hier *jelebt.*" Gewohnt auch, drei Häuser weiter. Fast am Ende der Sonnenallee, kurz vor den S-Bahn-Gleisen. Früher war hier auch fast das Ende von West-Berlin. Seit 1994 prangt hinter den Gleisen „Europas größter Convention, Entertainment und Hotel-Complex", wie sich das Hotel ESTREL in bescheidenem Deutsch selbst bewirbt. Ein Glas- und Glitzer-Koloß, der in die Gegend paßt wie die Titanic auf den Wannsee. Einmal im Jahr allerdings lädt Frank Zander genau dahin Obdachlose ein – zum Gänsebraten.

„Fritze war keen Spritti!", beharrt der große Peter. Jedenfalls nicht in dem Sinn, dass einer sich vollaufen lässt, grölt und raustorkelt. „Er hat jemütlich sein Bierchen jetrunken oder zwee, wie alle andern ooch. Und abjequatscht und lustig!" Er wischt sich den Kopf trocken, schiebt das Basecap wieder drüber und verschwindet auf dem Klo. Es ist heiß vor der KOMA-Theke, aber nicht ganz so heiß wie draußen. Manu zapft die nächste Runde. „'N ganz lieber, ruhijer Gast war dette. Hat Karten gespielt oder gewürfelt, über alte Zeiten gesprochen. 'N Spaßmacher. Manchmal ooch in sich jekehrt." Manu trägt sportlich-bauchfrei, ist aschblond und schlank und ein bißchen die „Seele vom KOMA". Dazu gehört auch, dass sie hin und wieder mal einem Gast auf die Schulter hauen und ihn mit Feldwebelstimme nach Hause schicken muss. Auch das kann Manu. Bei Fritze war das nie nötig. „Fritze hat ooch immer gleich bezahlt!"

Und weil sie und Fritze am selben Tag Geburtstag haben, wollten sie eigentlich den 8. Mai 2002 feiern. *Ihren* vierzigsten. „'N Salat, bisschen was zum Knabbern hinstellen, jemütlich beisamm' sitzen wollten wir. So. Und Fritze kam nich!"

„Irmchen – ich kann mir nischt mehr merken", sagt Fritze am 7. Mai 2002 zu Irma Jakob. Sie ist seit dreißig Jahren seine engste Freundin, in seinem Alter und wohnt um die Ecke. Irmchen sorgt für Fritze, vor allem seit seinem

Unfall im Sommer 1987. Da war er angetütert vor ein Auto gelaufen und hatte sechs Wochen lang im Kreuzberger URBAN-KRANKENHAUS gelegen. Beckenringfraktur. Seitdem hatte er eine Metallfixierung an der Lendenwirbelsäule, ständig Schmerzen und immer ein Sortiment Tabletten zur Hand. Jetzt bringt Irmchen ihn wieder ins Urban. „Im Zustand der Verwirrtheit", notieren die Ärzte. Er „fabuliert und ist orientierungslos." Diagnose: Lactat-Acidose. Übersäuerung. Eine Stoffwechselentgleisung. Typisch für Alkoholkranke, die nicht den besten Ernährungszustand haben. Im Urban kennen sie sich aus mit solchen Patienten. Es hat die größte Notaufnahme Europas, und die ist spezialisiert auf die medizinischen Bedürfnisse der „kleinen Leute" mit all ihren Sucht- und Armutserkrankungen. *Dirty medicine* hieß das früher – im Unterschied zur Hightech-Apparatemedizin. Früher in den 80er und 90er Jahren, als Medizinpolitiker noch wissen wollten, dass Medizin auch soziales Handeln ist. Noch früher hat im Urban Dr. Döblin, Alfred, praktiziert, der „Asphaltarzt" und Schriftsteller, dessen „Asphaltliteratur" 1933 auf den Nazi-Scheiterhaufen brannte und erst später als Weltliteratur begriffen wurde.

Fritz Schulz ist „'n kleenet dürret Männchen", sagt der kleine Peter. Die Urban-Ärzte stellen fest, dass er mit seinen 69 Jahren mindestens einen Herzinfarkt und viele kleine Hirninfarkte hinter sich hat, außerdem Hirnatrophie, Diabetes und Arteriosklerose, und all das schon lange. Nach zwei Tagen Kochsalz-Infusionen kann Fritze wieder laufen und weiß wieder, wer und wo er ist. Es gibt keinen Grund, ihn im Krankenhaus zu behalten. Im Urban bietet man solchen Patienten Anschlußzeit in einer anderen Klinik an. „Zur weiteren Verbesserung des Krankheitsbildes." Durch Bewegungsübungen vielleicht oder Medikamente, damit sie wieder richtig auf die Beine kommen. Und Fritze lässt sich verlegen in „ein kleines Krankenhaus am Rande der Stadt". So möchte es genannt werden. Ein konfessionelles Krankenhaus, das auf „aufmerksame und menschliche Betreuung" hält, inmitten einer gepflegten, grünen Villengegend im Südwesten Berlins. Hier trifft man beim Einparken adrette alte Damen, die ihr Auto nie auf der Straße abstellen würden. Nur mal ganz kurz anhalten, zum Ausladen, und gleich wieder wegfahren. „Ach, die Straße ist mir viel zu schmutzig für den Wagen." Der Schmutz, den *sie* meinen, ist Lindensaft. Nach Neukölln würden sie sicher im Taxi fahren. Wenn überhaupt.

„Er hat jesacht: Hol mich hier raus! Er is ja ooch gleich am ersten Tag jeflitzt", schimpft Irmchen. „Aber da haben se 'ne wieder einjefangen." Irmchen schwankt zwischen Schimpfkanonaden und stummer Niedergeschlagenheit. Auch sie ist trinkfest, aber äußerlich proper. Hellblonde, für ihr Alter erstaunlich dichte schöne Locken, die Füße in weißen Söckchen und gesunden Sandalen, auf dem weißen Shirt eine lange Goldkette, an den Händen Ringe.

Am 12. Mai 2002 ist Fritze wieder mal weg. Abends um halb acht stellt die Schwester sein Fehlen fest, auf null Uhr drei ist die Vermisstenanzeige im Polizeiabschnitt 46 datiert. Die Suche im Haus bleibt erfolglos. Die Anzeige geht routinemäßig zur Kriminalpolizei der Direktion 4 und später zum berlinweit zuständigen LKA 124, der Vermisstenstelle. „Wir haben eine Geschäftsanweisung", erläutert Klaus Hornschuch, der stellvertretende Leiter, „und nach der verbleiben sogenannte Erwachsenenvorgänge die ersten zehn Tage in der örtlichen Direktion. Denn die Kollegen kennen, auf Deutsch gesagt, ihren Kiez besser als wir." Man setzt auf Ortsnähe zwischen Gesuchtem und Suchenden, und das hat

Räson. Es sei denn, ein Vermisster wird zufällig planetenweit von seinem eigenen Kiez entfernt vermisst gemeldet. „Erfahrungsgemäß tauchen Vermisste auch meistens innerhalb von zehn Tagen wieder auf oder können ermittelt werden." Hornschuch hat viel Erfahrung. Er ist seit zwölf Jahren bei der Vermisstenstelle. Rund 8000 Fälle bearbeiten sie dort jährlich. Im Jahr 2002 gehörten dazu knapp 1300 Kinder und knapp 3000 Jugendliche. Die Aufklärungsrate ist hoch: 98,99 Prozent. Bei Kindern fast 100. „Es ist ganz ganz selten, dass wir mal wirklich nicht weiterkommen", sagt der 53-jährige Kriminalhauptkommissar. Es klingt nicht triumphalistisch. Denn sie arbeiten „mit Herzblut", und die raren Fälle, die an den hundert Prozent fehlen, tun richtig weh. Bei Kindern und Jugendlichen werden die Beamten sofort kriminalistisch aktiv, denn die haben ein Schutzbedürfnis. Bei Erwachsenen kommt es drauf an, ob man von einem Tötungsdelikt ausgehen muss. Sonst gilt Artikel 11 des Grundgesetzes, der die Freizügigkeit des Aufenthaltsorts garantiert. Ein hohes Gut. „Ein Erwachsener *muss* sich nicht von irgendjemandem verabschieden. Wenn er nicht möchte, dass sein nächster Angehöriger weiß, wo er sich hinbegibt, dann ist das sein gutes Recht. Und wir haben als Polizei nicht das Recht, ohne seine Einwilligung den ermittelten Wohnort an die Anzeigenden weiterzugeben." Darüber gibt es mit Hornschuch nichts zu diskutieren. Problematisch finden er und seine Kollegen dagegen manche Datenschutzregeln, zum Beispiel solche, die ihnen verbieten, über Handydaten an entlaufene Kids ranzukommen, anhand von Kontobewegungen zu prüfen, ob und wo ein Vermisster womöglich Geld abgehoben hat, oder mithilfe der ohnehin installierten Kameras an Bankautomaten festzustellen, ob es der Gesuchte selbst war, er also noch lebt.

Im LKA 124 werden alle Vorgänge immer wieder regelmäßig vorgenommen; dort bleiben sie auch, bis jemand – tot oder lebendig – wieder auftaucht, notfalls dreißig Jahre lang. Denn die Vermisstenstelle bearbeitet auch unbekannte Tote und unbekannte hilflose Personen.

Fritz Schulz taucht nicht wieder auf. Im KOMA rechnen sie mit dem Schlimmsten. Irmchen, für die schon ein Trip von New Kölln City ins gediegene Lichterfelde eine Art Marsexpedition ist, beschreibt ihr Leben nach dem 12. Mai 2002 mit einem Wort: „Grausam! Aber Fritze war ehmt bloß 'ne kleene Nummer. Intressiert doch keen'."

Die Klappe hat erstaunlicherweise auch niemanden interessiert. Sie liegt unter einer Treppenschräge, eine Etage unter dem Erdgeschoss des Bettenhauses jener Klinik mit der aufmerksamen Betreuung, nahe dem Fahrstuhl und dem Materiallager. Sie ist aus schwerem Metall, 80 mal 86 Zentimeter groß, hat innen und außen eine Klinke und ein Zylinderschloß und fällt selbsttätig zu. Eigentlich muss sie immer verschlossen sein, und das ist sie auch, als der Bezirksschornsteinfeger am 24. Februar 2003 die jährliche Routinereinigung vornimmt und überprüfen will, ob sich am Boden des Schornsteins, im Revisionsschacht, zuviel Ruß gesammelt hat. Der Schacht geht hinter der Klappe 94 Zentimeter in die Tiefe und endet in einer kleinen Fläche von 95 mal 128 Zentimeter. An der linken Wand sind zwei Rußklappen, an der vorderen und der rechten Wand sind Mauervorsprünge. Die Lampe ist kaputt. Als der Krankenhaustechniker die Tür aufschließt, sieht der Schornsteinfeger auf dem Absatz eine Pillenschachtel. Er leuchtet mit der Taschenlampe hinein und macht eine grausige Entdeckung. Unten am Boden ist ein menschliches Skelett mit langen Haaren zu erkennen. Eine Tote. Er verständigt sofort das ärztliche Personal. Nicht dass ihn der Fund umhaut. „Als Schornsteinfeger ist man gewohnt, in Unrat zu wühlen", winkt er ab, „dunkle Keller, Dreck, tote Ratten und Katzen. Das ist unser Alltag." Eine echte Leiche im Keller sieht er allerdings zum ersten Mal.

Kriminaloberkommissar Oliver Nachtweide gehört zu VB I, dem Sofortbearbeitungsteam der Direktion 4, das zu dem „unbekannten Leichnam" gerufen wird. Auch er vermutet zunächst eine Frau, wegen der langen Haare. Erst die später erkennbare „chromfarbene Metallschraube im Lendenwirbelbereich" wird die Klinikleute darauf bringen, dass es ihr eigener, seit fast zehn Monaten verschwundener Patient ist. „Das A und O bei unbekannten Toten", erklärt der 29-jährige KOK, „ist ja erstmal die Identifizierung, und da kamen wir nicht weiter." Der skelettierte Leichnam hat nicht nur keine Papiere an sich, man kommt auch kaum an ihn heran, ohne Spuren zu vernichten oder neue zu legen. Es ist Winter, alle tragen dicke Kleidung, und im Schacht ist es warm. Nachtweide kann nur durch halb akrobatischen Einsatz – „in einer Hand eine Taschenlampe, in der andern die Kamera" –, ein paar „möglichst detaillierte Lichtbilder fertigen", bevor die Knochen des „kleinen dürren Männchens" einzeln von Feuerwehrleuten mit Atemschutzmasken nach oben geholt und vom Rechtsmediziner besehen werden. Die zweite wichtige Frage ist noch offen: Wie ist er in diesen Schacht gekommen?

Die Kripobeamten steigen aufs Dach und stellen fest, dass es keine anderen Zugänge gibt. Auch auf Fremdverschulden gibt es keinerlei Hinweis. „Für uns blieb als Vermutung, dass die Klappe offen gewesen sein muß", fasst Nachtweide zusammen. „Natürlich spielt man gedanklich Szenarien durch. Was genau ist da passiert? Und dann kommt man unweigerlich zu dem Punkt: Wenn er da aus Versehen reingefallen ist, dann muss er fürchterlich gelitten haben die letzten Stunden, vielleicht Tage vor seinem Tod."

An Suizid mag auch der Schornsteinfeger nicht glauben. „Vielleicht war der alte Mann taddelig, ist an diese Klappe gekommen, die vielleicht gerade mal kurz *nicht* zugeschlossen war, und ist reingekullert und in Panik geraten. Da unten ist es ja stockfinster."

Selbstmord vermutet eigentlich nur die Krankenhausleiterin. Ihr ist auch wichtig zu betonen, dass die Medikamente, die bei dem Toten gefunden wurden, nicht aus ihrem Haus stammen und dass die Klappe seitdem außen keine Klinke mehr, sondern einen Knauf hat. Ihr Haus hat zur Beerdigung einen Kranz geschickt. „Dass Fritze würdig unter de Erde kommt, dafür hat alleine Irmchen jesorcht!", protestiert der große Peter. „Und wir haben alle jesammelt", ergänzt Manu, „und ihr det Geld jegeben, dass er 'n schönen Kranz kricht, zum Andenken." Sie beerdigen Fritze alle gemeinsam im März. Im eiskalten Schneesturm.

Zum Klinik-Kranz fällt allen hier im KOMA nur ein Kommentar ein: „Schlechtet Jewissen!" Aber dass Fritze sich umgebracht haben soll, das finden sie in New Kölln City total gaga. „Det war 'n *Lebe*mensch!" sagt Manu leise. „Er hat zwar nich ville jehabt, aber er wollte leben." Fritze, da ist der große Peter sicher, „wenn der sich umbringen hätte wollen, denn hätt' sich *hier* totjesoffen. Nirngswoanders!"

Was genau passiert mit Fritze, lässt sich wohl nicht mehr eindeutig klären. Ebensowenig wie die Frage, die auch immer wieder durchs KOMA geistert: „Hat'n da zehn Monate lang keen Mensch wat *jerochen*?"

August 2003

Mord mit Ansage

Ein milder Montagmorgen im Oktober 2004. Kurz nach acht. Der dickste Berufsverkehr vorbei. Die Straßen belebt. Zwei Frauen unter der S-Bahnbrücke Greifswalder Straße. Probleme besprechend. Planend. Plaudernd. Eine der beiden schiebt eine Kinderkarre. Eigentlich ist Hatice schon zu alt für die Karre. Aber „Tietschie" hat ihren eigenen dreijährigen Kopf. Sie möchte auch jeden Morgen, nachdem sie alle zusammen ihre sechsjährige Schwester Lena zur Schule gebracht haben, ein Croissant. Vom Bäcker schräg gegenüber dem türkischen Imbiss. Man kann von da auch den Wohnblock schon sehen, wo die Oma wohnt. Und wo seit kurzem auch ihr Zuhause ist, ihrs und Lenies und das von Mama. Wo sie sicher sind.

Beim Bäcker stöhnt die jüngere der beiden Frauen plötzlich auf. „Um Gotteswillen, Mutti – der steht drüben im Imbiss! Wir können hier jetzt nicht raus!" Die ältere Frau sagt: „Gut, dann warten wir hier und rufen die Polizei." Die 52-jährige Karin K. hat äußerlich gar nichts von „Muttertier". Eher etwas von „Bohème", ein bisschen Juliette Gréco und Jazzkeller, mit ihren schönen dunklen Augen und dunklen Haaren. Sie ist auch nicht groß und kräftig. Aber sie wird zur Löwin, wenn jemand ihr an die Familie geht. Und die 24-jährige Steffi, ihr Nesthäkchen, hat gerade endlich geschafft, aus ihrer mörderischen Ehe auszubrechen. Hilfe anzunehmen. Die Trennungsphase ist die gefährlichste für Frauen. Achtzehnmal, schätzt Karin, haben sie wegen Mahmut die Polizei gerufen und Anzeige erstattet. Seit Anfang August hat er es schriftlich und amtlich: Er darf sich Steffi und den Kindern nicht mehr nähern. Er lauert ihnen trotzdem auf. Er ruft auch immer wieder an und stößt Morddrohungen aus. Erst vor ein paar Tagen hatte er wieder bei Karin angerufen und gesagt, es werde fünf Tote geben: „Du als erste!“ Danach komme Steffi, deren beste Freundin und dann die beiden kleinen Mädchen. Steffi hatte ihr das Handy aus der Hand gerissen und hineingebrüllt: „Lass mich endlich in Ruhe, ich hab keine Angst mehr vor dir!“ Und dann hatte noch der Dönerladenbesitzer von Mahmuts letzten Job gesagt, sie sollen den ja nicht auf die leichte Schulter nehmen. Als hätten sie das je getan!

„Ach nee, schon gut“, sagt Steffi, bevor Karin die 110 gewählt hat, „der geht Richtung S-Bahn.“ Die Angstklammer lockert sich. Und Tietschie will unbedingt ein Bounty. Die Kleine, hat soviel durchgemacht, denkt Karin. „Dann holen wir ihr schnell ’n Bounty.“ Drüben im Imbiss.

Halb neun. Normaler Betrieb. Ein paar Gäste, ein Mann an einem der Tische hinter einer Zeitung. Ein blinkender Spielautomat. Der Mann hinter dem Tresen ist Türke, das Holzmobiliar mit den schrägen, industriell gedrechselten Beinen deutsch, das Speiseangebot ebenso ethnisch gemischt. Ein Kleine-Leute-Laden in einem Kleine-Leute-Viertel im nördlichen Prenzlauer Berg. Weit weg von den neuen Yuppie-Ecken, wo die Touristen unbedingt hin müssen.

Plötzlich ist er da. Zieht ein langes Messer, beidseitig geschliffen. Ein Dönermesser vielleicht. Geht auf Steffi los und sticht zu. Immer wieder. Karin wirft ihre Tasche nach ihm, stürzt sich auf ihn, zerrt an ihm. Nichts hilft. Er sticht weiter auf die junge Frau ein, die in ihrem Blut am Boden liegt, neben der Kinderkarre mit ihrer kleinen Tochter. Dann rammt er Karin das lange Messer mehrmals in Brust und Bauch. Um Haaresbreite an Lungenspitzen und Leber vorbei. Karin spürt keinen Schmerz und sieht nicht, dass sie blutüberströmt ist. Sie ist wie schockgefrostet. Hat nur zwei brennende Gedanken: Tietschie! Lenie! Sie will Hatice aus der Karre nehmen und zu Lenas Schule rennen.

„Sie hat gar nicht begriffen, dass die Polizei längst da und Lena in Sicherheit war", erinnert sich Tina Jerbi. „Sie hatte tief drinnen kein Vertrauen mehr, dass die Polizei ihr helfen kann." Tina Jerbi ist Polizeioberkommissarin und seit Juni 2003 Opferschutzbeauftragte der Polizeidirektion 1 (Berlin-Nord). Sie betreut Opfer von Raubüberfällen, Vergewaltigung, Tötungen und dem Terror, der sich hinter dem Begriff „häusliche Gewalt" verbirgt. Karin K. wollte gern, dass sie dabei ist an diesem trüben Dezembertag, bei unserem Gespräch in ihrem blitzblanken, hellen Wohnzimmer, in dem der Oktobermontag so unerklärlich fern ist und so ungreifbar nah. Greifbar sind die langen Narben auf Brust und Bauch. Greifbar ist Tietschie, die immer mal aus dem Kinderzimmer hereinkommt, wo Lenie malt, und sich vergewissert, dass Karin noch da ist. Die Mädchen leben jetzt bei Karin. Sie ist jetzt Oma und Mama gleichzeitig. Tina Jerbi hat auch Steffi gut gekannt, aus einer langen Leidensgeschichte. Seit 1998 war sie mit Mahmut verheiratet, seitdem hatte er die „hG-Statistik" gefüllt. Steffi durfte nie arbeiten gehen und am besten niemanden treffen. Nicht ihre beste Freundin, nicht ihre Familie, nicht mal ihre eigene Mutter. Wenn er sie dabei erwischte, schlug er brutal zu. „Er hat auch hier die Scheiben schon zerschlagen", sagt Karin, „und einmal hat er mit 'nem Riesenmesser ihre Couch zerschlitzt, den neuen Fernseher kaputtgemacht und das ganze Cassettendeck rausgerissen. Vor den Augen der Kinder!" Das gesteht ihr Steffi aber erst viel später. Auch dass er dabei gedroht hat: „Ich schneid dir den Kopf ab und häng ihn deiner Mutter an die Tür!"

Karin und die Freundin holen wieder mal die Polizei

und Steffi und die Kinder raus. Für die Nacht bleibe Mahmut ja erstmal in Gewahrsam, versucht einer der Beamten zu beruhigen. Karin dreht fast durch: „Wie – und danach? Den wollen sie nochmal rauslassen?“ Der Polizist zuckt frustriert die Schultern. Wenn es nach ihm ginge ... Aber das entscheidet der Haftrichter. Und der befindet am nächsten Morgen, es bestehe keine Fluchtgefahr, erfahren die Frauen.

Also geht der Terror weiter. Zieht Steffi mal kurz in eines der Frauenhäuser, bis er eines Tages auch da auftaucht. Glaubt doch nochmal seinen Beteuerungen, sie zu behandeln wie eine Königin. Sieht zu, wie er das Geld, das er manchmal in Dönerbuden verdient, verzockt. Registriert ohnmächtig, wie Hatice einmal auf ihn einschlägt, weil er sie geschlagen hat, wie Lena nicht mehr mit nach Hause will, wie sie alle nicht mal jeden Tag zu essen haben.

Solche und ähnliche Terrorszenarien wurden der Berliner Polizei im Jahr 2003 weit über zehntausendmal bekannt. Die Statistik für 2004 wird ähnlich hoch. Das muss nicht heißen, dass die Taten zugenommen haben. Es kann auch heißen, dass die Opfer sich öfter aus dem riesigen Dunkelfeld herauswagen und Anzeige gegen ihre Peiniger zu erstatten. Denn für Gewaltopfer hat sich in den letzten zehn Jahren manches verbessert. Es gibt heute nicht mehr nur das sehr viel ältere Netzwerk aus Notrufen und Krisenberatungen, die aus der Frauenbewegung hervorgegangen sind und sich mit neueren Initiativen verzahnt haben. Es gibt seit 1994 BIG e.V., die „Berliner Interventionszentrale gegen häusliche Gewalt“. Sie hat als bundesweit erstes Projekt alle an einen Tisch gebracht, die sich mit dem Problem beschäftigen oder das tun sollten – vor allem auch staatliche Stellen. Ziel war, in Berlin eine Art Zentrale für Information aufzubauen, mit einer einzigen Telefonnummer, die möglichst rund um die Uhr besetzt ist und Not und Angebot sofort vermittelt. Von Anfang an waren auch Polizistinnen und Polizisten dabei aktiv. Polizei ist fast immer zuerst an einem Tatort, und auch viele Polizisten hatten Bildungsbedarf in Sachen Sensibilität gegenüber Opfern und Sicherheit gegenüber Taten und Tätern. Auch Polizeibeamte – Frauen wie Männer – haben bis vor ein paar Jahren eine Wohnung mit einem blökenden Mann und einer verängstigten Frau hilflos wieder verlassen, bloß weil die Frau geflüstert hatte, die grünen und blauen Flecken stammen vom Schrank, gegen den sie aus Versehen gelaufen sei. „Familienstreit", hieß es. „Können wir nichts machen."

Seit Januar 2002 können sie. Seitdem ist bundesweit das Gewaltschutzgesetz in Kraft, mit dem Täter sofort aus der Wohnung gewiesen werden können. Im Februar 2003 wurde das Berliner Allgemeine Gesetz zum Schutz der öffentlichen Sicherheit und Ordnung (ASOG) um den § 29a erweitert, der einem Täter sofort bis zu 14 Tagen das Betreten der gemeinsamen Wohnung verbieten kann. Zeit für die Opfer, zur Ruhe zu kommen und nachzudenken, wie es weitergehen soll. Zeit für Behördengänge, Anträge, Aufräumen von Familie und Finanzen.

Und seit 1999 gibt es die BIG-Hotline. Dort laufen – täglich zwischen neun Uhr morgens und Mitternacht – etwa 6000 Hilferufe pro Jahr ein. „Zur Hälfte sind's betroffene Frauen und zur anderen Hälfte Nachbarn, Freunde, Leute, die wissen wollen, wie sie sich verhalten sollen, wenn sie wieder Schreie aus der Wohnung nebenan hören", sagt Irma Leisle von der BIG-Hotline. Auch mobile Krisenintervention gehört dazu. Etwa ein Fünftel der Anruferinnen sind Migrantinnen, vier Fünftel Deutsche. „Dass eine Frau von ihrem Mann gepeinigt und sogar umgebracht wird, hat nichts mit Herkunft und Pass zu tun.“ Migrantinnen sind allerdings noch erpressbarer: Ihr Aufenthaltsrecht ist oft an den Mann gebunden, und sie kennen sich im deutschen Recht noch weniger aus als Deutsche. Sie glauben oft wirklich, womit ihr Mann sie erpresst: Dass er ihnen die Kinder wegnehmen könnte. Und dann ist da noch die Sache mit den sogenannten Ehrenmorden. Ein heißes Eisen, das anderswo in Europa längst angefasst wird. Im Juni gab es dazu in Den Haag eine Polizeikonferenz. Die London Metropolitan Police durchforstet zur Zeit die Akten von Tötungsdelikten innerhalb asiatischer, arabischer und osteuropäischer Migrantenfamilien aus den letzten zehn Jahren nach Anzeichen von „honour related violence“ (HRV). Im Oktober trafen sich in Stockholm Vertreterinnen verschiedener Antigewaltprojekte von Frauen aus aller Welt zum selben Thema.

Die öffentliche Diskussion hierzulande dagegen scheint noch nicht über den Pawlowschen Reflex hinaus zu sein. Wenn ein Muslim seine Frau umbringt, so geht *eine* Interpretation, dann sei das ein „Ehrenmord“. Seine Ehre sei verletzt, er könne gar nicht anders, da müssen wir tolerant sein. Kurz: ein Blankoscheck auf mildernde Umstände. Die andere sagt: Da sehe man’s ja – die türkische Kultur sei mit unserer aufgeklärten, auf Menschenrechten gründenden eben unvereinbar.

Beides ist Unfug. *Empirisch* falsch, sagt Irma Leisle, denn: „Es gibt da keine Zwangsläufigkeit, ich weiß von sehr vielen Trennungen unter Muslimen, die schwierig und langwierig waren, aber keineswegs mit ‚Ehrenmord‘ geendet haben.“

Und *politisch* falsch, sagt Seyran Ateş, die türkisch-kurdisch-deutsche Rechtsanwältin, die oft muslimische Migrantinnen in Scheidungs- und Familiensachen vertritt, mittlerweile zu allen „Integrationsfragen“ eine der gefragtesten Stimmen: „Schon die Behauptung, das sei islamisch, ist falsch. Alle Weltreligionen haben die Unterdrückung der Frau festgeschrieben – seit wann dürfen denn Christinnen erst lesen und schreiben lernen? Seit wann dürfen Jüdinnen die Thora studieren? Nein, nein, nein – ein Mord ist nichts ‚Ehrenvolles', hier geht es um Menschenrechte, und die *sind* universell."

Als „Ehrenmord" wurde in den Medien auch der Mord an Steffi bezeichnet. Macht ihn das weniger grausam? Oder grausamer? Schneidet eine Klinge anders durch Haut und innere Organe, je nachdem ob der, der sie führt, meint, er habe dazu eine kollektiv erwartete Verpflichtung, oder als Individuum gekränkt ist, weil ihm die Frau davonläuft? Für das Opfer mit Sicherheit nicht.

Wenn über ein Thema besonders laut gesprochen wird, kommt der Verdacht auf, dass etwas anderes beschwiegen werden soll. Das wirklich Beunruhigende ist: Der Tod von Steffi war ein angekündigter Tod und wurde trotzdem nicht verhindert. Die Frauen, die als Opfer ausersehen waren, *konnten* das nicht. Die Polizei, die zu ihrem Schutz da ist, *durfte* es nicht. Und die jeweiligen Haftrichter verkannten den Ernst der Lage. Mahmut war zwar Mehrfachtäter, er hatte Anordnungen verletzt und Blutbäder angedroht, aber er war nicht „tätlich" geworden.

Dieser extrem beunruhigende Aspekt wurde nur ein einziges Mal öffentlich erörtert, am 1. November 2004 im Berliner Abgeordnetenhaus. Eine Debatte der Öffentlichkeit wurde nicht daraus. Es scheint, dass bisher niemand ernsthaft ran will an die mühsame Aufgabe, die Berliner Justiz demselben Bildungsmarathon zu unterziehen, den die Berliner Polizei seit Jahren aus eigener Kraft läuft: Mit dem Ziel, sich selbst zu sensibilisieren für Opfer und deren Sicherheit.

Noch kann man von Richtern und Richterinnen hören: Ach, die Frauen gehen doch bloß ins Frauenhaus, um bessere Karten beim Sorgerecht und bei der Ehewohnung zu haben. Bettina Geißel, selbst Rechtsanwältin und Mitgründerin von BIG e.V., hält fehlendes Verständnis für die Crux. Und das habe mit Mangel an Realitätsbezug zu tun. „Wir – Anwälte, Polizei, auch Staatsanwälte – sind ja oft hautnah an den Opfern dran. Richter dagegen kriegen sie nur als Papier auf den Tisch, gefiltert, wenn die blauen Flecken verheilt sind."

Mahmut, der 28-jährige Täter, hat sich nach drei Tagen Flucht gestellt. Was ihn und seine Tat motiviert hat, wird der Prozess zu klären versuchen. Wie Lenie und Tietschie die Gewalt wieder verlernen, die sie in ihren kurzen Kinderleben lernen mussten, kann nur die Zeit zeigen. Ob sie je wagen, sich der Justiz anzuvertrauen – egal in welcher Sache?

Dezember 2004

Reisen & Verkehr

Traum(a)job Busfahrer
Gefährliche Fahrten
Gekapert vom Zoll

Reisen bildet – zuerst, weil zu Fuß durchgeführt, hauptsächlich Hornhaut; später, bei entsprechendem Portefeuille, erweiterte Horizonte; heute, im Zeitalter der Globalisierung von Lohnarbeit und Warenstrom, ein großes Problemfeld.

Wanderlust und Fernweh sind bloß noch Marotten von romantischen Schwarmgeistern für den postmodernen Menschen. Der rast am liebsten über Datenautobahnen. Fürs *world wide travelling* hat er seine Touristik-Industrie, die sich und ihn über eventuell hinderliche kulturelle, physische oder Naturschutz- und Zoll-Grenzen flugs hinwegsetzt. Jetlags gehören für ihn zur Lebenswelt wie Schwarze Löcher ins All.

Geschwindigkeit ist die halbe Miete, Mobilität die andere Hälfte. Über unsere Straßen rollen ständig Tonnen hochgefährlicher Stoffe und Tausende Menschen in hochgefährlichen Fahrzeugen. Wenn mit denen etwas passiert, steckt sehr selten „menschliches Versagen“ dahinter und sehr oft kriminelle Energie.

Auf unseren Flughäfen kommen Tag für Tag Tonnen Fracht an. Der Güterverkehr rund um den Globus bedroht nicht nur das globale Klima, er ist auch Infrastruktur für eine tragende Säule der global Organisierten Kriminalität: Produktpiraterie.

Wer in einer großen Stadt lebt und nicht per Datenautobahn zur Arbeit, zum Arzt, zur Schule, zu Kultur und Konsum kommt, ist auf den ÖPNV angewiesen. Der öffentliche Personennahverkehr – in Berlin sind das die Busse, U-Bahnen und Straßenbahnen der BVG sowie die S-Bahn – ist aber selbst auch Arbeitsplatz. Für Busfahrer oft ein hochgefährlicher. Sie kriegen die Aggressionen ab, die immer prekärere Lebensbedingungen mit sich bringen. Carsten Lau, von dem die erste Geschichte erzählt, fährt heute gar nicht mehr. Zwei weitere Attacken haben ihn vom Busfahrersitz gezwungen, die Umschulung auf die U-Bahnkabine hat sein Trauma nicht aus seiner Seele schaffen können. Die BVG hat ihm einen Schreibtischjob besorgt – als „Klagemauer" für unzufriedene Fahrgäste.

Traum(a)job Busfahrer

Ihm hat niemand mit dem Notausstiegshammer den Schädel eingeschlagen. Er hat keine Steine, Flaschen oder Metallhaken zum Ausfahren der Rollstuhlrampe abgekriegt. Kein Rudel alkoholisierter Adoleszenter ist mit Schlägen und Tritten über ihn hergefallen. Carsten Lau hat sich „nur" ein paar Fausthiebe auf die Nase eingefangen. Eines Junimorgens 2004 um halb neun. „Körperlich hab ich noch richtig Glück im Unglück gehabt", sagt er ein Dreivierteljahr später, „aber die seelische Wunde, die hat mich doch ziemlich aus der Bahn geworfen."

Carsten Lau fährt seit knapp zehn Jahren BVG-Busse auf verschiedenen Linien, nicht nur in „Problembezirken". Er ist 35 und in Gestalt und Auftreten das glatte Gegenstück zum sprichwörtlichen Berliner Busfahrer. Kein „Plautzen-Preuße", bei dem allein die Körpersprache zum Aggressionsauslöser werden kann, ganz zu schweigen von gebellten Kalauern und einer in Griesgram erstarrten Miene. Carsten Lau ist ein freundlicher, ganz und gar unaggressiver Mensch. Sein Humor ist eher „Schwejk" als „Berliner Schnauze", obwohl er geborener Berliner ist. Er ist auch keineswegs „so hundertprozentig dienstbeflissen, mir jede Fahrkarte genauestens anzugucken. Geht gar nicht. Sollen wir ja auch gar nicht, nach den Dienstvorschriften."

Trotzdem wird er Opfer einer Gewaltattacke, die aus dem Nichts kommt und in Minutenschnelle vorbei ist. „Ich bin auf der Sonnenallee gefahren, und da kam ein Fahrgast rein und hat mir 'n Fahrschein direkt unter die Nase gehalten." Lau erkennt nichts außer dem Wort „Kurzstrecke". Damit darf man nur ein paar Haltestellen weit fahren und jedenfalls *nicht* umsteigen. Er sagt dem Mann, dass der Fahrschein ungültig ist. „Nicht etwa: ‚Aussteigen!' oder: ‚Nachzahlen!', nur einfach die Feststellung. Ist doch oft so, dass Fahrgäste in der Hektik 'n alten Fahrschein vorzeigen." Der Mann schreit ihn sofort an: „‚Wichser!' Und dann noch türkische oder arabische Wörter, die ich nicht verstanden habe." Deren Inhalt aber unmissverständlich ist, zumal der Mann ihn durch Körpereinsatz bekräftigt. „Ich fand, ich muss mich nicht unbedingt beleidigen lassen, und hab erstmal den Motor ausgemacht. Daraufhin hat er ohne jede Vorwarnung zugehauen. Mehrmals, auf die Nase, aufs Gesicht. Richtig voll ausgeholt."

Carsten Lau ist einer von den 138 Busfahrer und -fahrerinnen, die im Jahr 2004 bei tätlichen Angriffen so schwer verletzt wurden, dass sie längere Zeit krankgeschrieben werden mussten oder überhaupt nicht mehr Bus fahren können. Die am Anfang angedeuteten „bewaffneten" Attacken gehören auch dazu. Die Folgen: Gebrochene Kiefer und Gliedmaßen, geplatzte Lippen und andere Hautpartien, Hämatome, ausgeschlagene Zähne. Die Liste ist lang und wird brutaler. Das berichten die Fahrer selbst, das bestätigt die BVG. Die BERLINER VERKEHRSBETRIEBE sind eine Anstalt des öffentlichen Rechts und gehören zur Hälfte dem Senat. Im November 2004 gibt es den ersten bewaffneten Raubüberfall ihrer Geschichte. Zwei Männer mit „Hasskappen" halten einem Busfahrer eine Pistole an den Kopf und ein Messer vor den Bauch. Die Beute: knapp fünfzehn Euro Wechselgeld. Beschimpft, beleidigt und bespuckt zu werden gehört für viele Busfahrer inzwischen zum Alltag. Die Fahrerinnen kriegen obendrein sexistische Pöbeleien ab, und es ist schon vorgekommen, dass eine Fahrerin den Kopf vom Kassentischchen wieder zum Fahrgast hebt, auf einen gezückten Schwanz starrt und dem Urinstrahl nicht mehr ausweichen kann.

138 langfristig lädierte BVG-Busfahrer im Jahr 2004, das sind doppelt so viele wie im Vorjahr. Es sind auch, was selten erwähnt wird, fast dreimal so viele wie durch Unfälle zu Schaden gekommene Fahrgäste. Deren Zahl betrug fünfzig, bei 350 Millionen. Wie oft die dreitausend Fahrer der 1400 Berliner Linienbusse tatsächlich angegriffen werden, *ohne* in irgendeiner Statistik aufzutauchen, weiß niemand. Wie sehr der „Traum-Job Busfahren" zum Trauma-Job geworden ist, möchten die Fahrer selbst gar nicht so genau wissen. In Zeiten angezogener Daumenschrauben und steigender Bedrohung, „in 'n Hartz jeschickt" zu werden, wird Verdrängen zum puren Selbstschutz.

Aber Gewaltattacken sind nicht das größte Problem. Der ÖPNV, der öffentliche Personennahverkehr, ist ein Stress-Arbeitsplatz im doppelten Sinn. Die Busse müssen in immer knapperen Zeittakten durch immer dickeren Verkehr manövriert werden, und ein großer Gelber ist ein verdammt schwieriges Fahrzeug. Die Fahrer haben nicht nur die Kundschaft sicher zu befördern, sondern auch Fahrscheine zu prüfen und zu verkaufen. Obendrein könnte jeden Moment etwas Schlimmes passieren – ein unangekündigt ausscherender Autofahrer, ein Radfahrer, der plötzlich zwischen parkenden Autos hervorschießt, ein Kind, das blindlings auf die Straße rennt. Oder eben ein Aggressionsausbruch. All dem sind die Fahrer ausgesetzt. Gleichzeitig sollen sie aber auch begnadete Sozial-Regisseure sein. Die Kundschaft steht im Mittelpunkt, deren Zufriedenheit garantiert letzten Endes ihren eigenen Arbeitsplatz.

Zwar macht der einzelne Fahrer weder die engen Fahrpläne noch die undurchsichtigen, teuren Fahrpreise, *er* hat auch nicht den Schaffner abgeschafft, der früher mal auch „für't Soziale" zuständig war. Aber: „Nur mal ein Beispiel:

Fahrgast wartet zwanzig Minuten im Regen – natürlich ist der sauer! Das ist doch normal. Und der Busfahrer ist der erste, der für ihn greifbar ist", sagt Fred Juhnke, Ausbildungsleiter des Seminars „Krisen und Konflikte" der BVG. Auch der Kunde bringt heute immer handfestere Frust-Gründe mit. Er lebt ja im selben Dampfdrucktopf wie der Fahrer, auch ihm hämmern Politik und Zeitgeist ständig ein, dass so Dinge wie Anstand und Menschenwürde *out* sind, auch er braucht Ventile. Deshalb trainieren BVG-Fahrer systematisch, „den Blick für das Gegenüber zu öffnen." Gemecker nicht persönlich zu nehmen. Mögliche Frust-Lunten nicht an beiden Seiten anzuzünden, sondern früh zu entschärfen. Sich in die Schuhe des anderen zu stellen, heißt aber auch, sein eigenes Verhalten aus der Distanz anzusehen.

Sich selbst zu hören und die eigene Körpersprache zu beobachten, lernen die Fahrer in Rollenspielen, die per Video aufgezeichnet und sofort danach gemeinsam ausgewertet werden. Knapp vierhundert haben dieses Seminar absolviert, bis 2007 sollen alle krisen- und konfliktfest gemacht werden, zusätzlich zum alljährlichen eintägigen Fahrsicherheitstraining. „Das Konzept haben wir schon vor einigen Jahren mit der Uni Bremen entwickelt", erläutert Eberhard Victor, der stellvertretende Leiter „Ausbildungszentrum/Fahrschule". Das ist ein BVG-eigenes Profit-Center, das sich mit Weiterbildungsangeboten auch für andere Firmen selbst vermarkten muss und bald zu einer Verkehrsakademie ausgebaut sein soll. „Wir gehen aus von den Praktikern vor Ort – also, wenn wir da zehn Fahrer haben, die seit zwanzig Jahren Bus fahren, denn sind das für uns satte zweihundert Jahre Erfahrungsschatz. Aus dem schöpfen wir." Victor staunt immer wieder, „dass Fahrern oft selbst gar nicht bewusst ist, was sie draufhaben. Die sagen: ‚Komisch, *mir* passieren solche Situationen nie', und merken gar nicht, in welchen Facetten ihres Verhaltens soziale Kompetenz steckt." Victor ist selbst sechs Jahre lang Bus gefahren. Bei ihm kann man sich kaum vorstellen, dass die Übellaunigkeit eines Fahrgasts zur allgemeinen Luftverpestung eskaliert. Der müsste schon allergisch sein für sonore, besänftigende Stimmen à la Victor. Oder einfach Krieg wollen.

Das BVG-Profit-Center bietet nicht nur Training in Deeskalation und Fahrsicherheit, bei denen die Fahrer auch mal am eigenen Leib „die physikalischen Kräfte in einem Bus als Fahrgast" spüren dürfen, damit sie gar nicht erst auf die Idee kommen, aus Busbenutzern Flipperkugeln zu machen. Es gibt auch Spezial-Englischkurse (was in einer Stadt, die sich gern als international attraktive Metropole vermarktet, Pflicht für alle Servicebranchen sein müsste) und „Nachschulung für Mitarbeiter, bei denen Verkehrsunfälle oder Kundenbeschwerden ein auffälliges Maß erreicht haben".

Und wenn eine Situation trotz allem eskaliert? Ein Zehntel der Busse hat Kameras. Aber in so einem Moment nützen die nichts. Wenn's knallt, nützt nur eins: nicht genieren, Hilfe holen! Alarm auslösen und den ganzen Bus zum Blinken und Hupen bringen. Damit *kann* man allerdings auch Fahrgäste in Panik und Angreifer erst richtig in Rage versetzen. „Es gibt auch stillen Alarm, den nur unsere Leitstelle mitbekommt", sagt Carsten Lau. „Die haben ein rechnergesteuertes System, die sehen da auch den Standort." Die Leitstelle hört mit, was sich im Bus abspielt, und hat den kurzen Draht zur Funkbetriebszentrale der Polizei. „Als mir das passiert ist, waren die in zwei Minuten da – meine Hochachtung!", erinnert er sich.

Die Polizei kommt aber nicht nur, wenn etwas passiert ist. Der ÖPNV gehört zu den Einsatzgebieten zur Kriminalitätsbekämpfung, in denen die Einsatzhundertschaften der beiden Berliner Bereitschaftspolizeien unterwegs sind, präventiv und notfalls repressiv. „Wir machen regelmäßig Schwerpunkteinsätze“, erklärt Andreas Karkhoff, Erster Polizeihauptkommissar und Chef der 25.EHu, „das heißt, wir gehen zu bestimmten Zeitpunkten an bestimmte Brennpunkte, sowohl in Uniform als auch in bürgerlicher Kleidung.“ An diesem eisigen Februarabend sind dreißig BeamtInnen dabei, ein Drittel in Zivil, gemeinsam mit vier BVG-Mitarbeitern, auch die teils in Zivil, teils in BVG-Kleidung. Die BVG beschäftigt neben privaten Sicherheitsfirmen auch eigene MODs, Mitarbeiter Ordnungsdienst, oft ehemalige Fahrer, die „vom Bock“ runter mussten. So wie Holger „wegen der Bandscheibe“, vor zwei Jahren. „Oh ja, die Hemmschwelle sinkt, haben wir das Gefühl!“, sagt er, bei minus zehn Grad an einer Endstation in Britz bibbernd und auf den nächsten Bus wartend. „Da kann jede Fahrpreiserhöhung zu Übergriffen führen. Wenn de bloß fragst: ‚Na, wie sieht’s ’n so aus mit’m Fahrschein?‘ Kannste schon eene jedrückt bekommen.“

Auch Haltestellen sind Objekte aggressiver Begierde, zählt Christian auf. „Da wer’n Wartehäuschen beschädigt, Mülleimer abjetreten, da wird je*tagged* und je*scratched*.“ Der 27-jährige Polizeiobermeister ist auch ausgebildeter Rettungssanitäter und an diesem Abend mit einem zweiten Kollegen „in Grün“ unterwegs, Einsatzanzug plus Käppi. Durch Neukölln und Britz und zurück. Von acht bis nach Mitternacht. Keine Vorkommnisse. Trotzdem spürt man eine gewisse Erleichterung in den Bussen, vor allem bei einzelnen Frauen. „Doch, das ist mir angenehm, wenn Polizei da ist“, sagt eine, die problemlos in jede Gorleben-Demo passen würde, „vor allem, weil mir gerade in der S-Bahn sowas

Komisches passiert ist – da ist so ein Typ mit einem Metalldraht rumgelaufen, und ich konnte nicht berechnen, sticht der gleich damit zu oder was? Wir hatten alle ziemliche Angst."

Grün im Bus bringt zeitweise Ruhe ins Spiel. Niemand grölt, niemand rüpelt. Alle dösen vor sich hin, alle scheinen möglichst schnell nach Hause ins Warme zu wollen. Wo Polizisten in Zivil mitfahren, ist der Geräuschpegel auffallend höher. „Wir achten heute abend vor allem auf Jugendliche, einzeln und in Gruppen", sagt Guido, der 35-jährige Polizeikommissar, der den Einsatz vor Ort koordiniert. „Das lässt sich relativ kurzfristig machen. Ein, zwei Tage Planung zusammen mit der BVG, dann können wir das durchführen." Direkt messbar ist der Erfolg nicht. „Aber wir als BePo versuchen schon", fasst EPKH Karkhoff zusammen, „gemeinsam mit den Kollegen vom ‚Streifendienst Verbrechensbekämpfung' in den Abschnitten und mit anderen, auch spezialisierten Einheiten einen hohen Überprüfungsdruck aufzubauen. Das bedeutet ganz einfach, Täter müssen damit rechnen, dass hinter ihnen ein Polizist in Zivil sitzt." Auch wo nicht Polizei dran steht, kann Polizei drin sein. Denn zwei Grüne in jeden Bus, jede Bahn stellen, das geht nicht. Es wäre auch das Letzte, was einer Zivilgesellschaft gut zu Gesicht steht.

Zivil*courage* hat Carsten Lau erlebt. Ein Fahrgast kam ihm sofort zu Hilfe gegen den Schläger von der Sonnenallee. „Der ist aufgesprungen und wollte den festhalten, und der hat zum Schluss mehr abgekriegt als ich. Der lag mit blutiger Nase draußen auf der Straße!" Er ist diesem Mann heute noch sehr dankbar, und er fürchtet, „das wird der wahrscheinlich nie wieder machen, nach der bitteren Erfahrung."

Carsten Lau fährt, nach vier Monaten Pause und einer

Verhaltenstherapie, „wieder ganz normal, aber ich seh vieles anders. Man guckt sich die Leute genauer an." Angst hat er nicht, aber abends auf manchen Strecken „wenn man mit sich allein fährt und da steigen Leute ein, die – naja, 'n bisschen finster aussehen, dann wird der Herzschlag doch höher." Dann fühlt man sich auch nur noch klein und eingeklemmt da unten auf dem Fahrersitz und wünscht sich ein bisschen Plexiglas drumrum. Wenigstens Fäuste kämen da nicht durch. Aber die gläserne Kabine ist erst im Testlauf auf zwei Bussen, also muss man sich anders schützen. Zum Beispiel durch Vermeidung von Extra-Stress beim Kontrollieren. Nicht dass man demonstrativ wegschaut, auch das könnte provozieren. Man schaltet Augen und Halswirbelsäule auf Autopilot. „Immer hingucken, ab und zu nicken. Ist vielleicht auch 'ne Art Deeskalation."

Denn der übrige Stress ist zermürbend genug. Es gibt heute fast keine Möglichkeit mehr, sich mit Kollegen auszutauschen, so wie früher, als man zu zweit, zu dritt an Endstationen stehen konnte. Damals haben sich immer ein paar Minuten überschnitten. Heute steht man da allein, hat 4,5 Minuten und auch die nicht sicher, weil man schon mit Verspätung ankommt. Dank des Zeitdrucks, „bei dem schon jeder Rollifahrer einem den ganzen Fahrplan umschmeißt."

Auch jeder Kinderwagen und jeder einfach langsame alte Mensch. „Aber es gibt auch Fahrgäste, die sagen: ‚Na, *Sie* können ja nichts dafür.' Das freut einen, da geht der Dienst gleich 'n bisschen besser."

Februar 2005

Gefährliche Fahrten

Am 7. Juli 1987 um kurz vor neun Uhr abends rast ein für vierzig Tonnen zugelassener Sattelzug eine steile enge Straße im hessischen Herborn hinunter. Er fährt deutlich zu schnell, schrammt in einer engen Kurve ein Eckhaus, kippt um und rutscht mit voller Wucht seitlich in eine Eisdiele. Dabei reißt der Tank auf. Der LKW hat 34 Tonnen Sprit geladen. Nachschub für Tankstellen: 18.000 Liter Super, 10.000 Liter Normal und 6.000 Liter Diesel. Ein paar tausend Liter laufen auf die Straße und durch Gullys in die Kanäle und den Fluss Dill und entzünden sich Minuten später. Die Eisdiele explodiert komplett, andere Häuser fangen Feuer. Gullydeckel, Fassadenteile und Autos fliegen noch hunderte Meter weiter durch die Luft, in der Kanalisation detonieren Verpuffungen, die Dill steht in Flammen. Über tausend Hilfskräfte sind Stunden und Tage im Einsatz. Am Ende sind sechs Menschen tot und mehr als vierzig schwer verletzt, darunter auch Retter, und Stadt, Land, Fluss verunreinigt. Der Schaden beträgt acht Millionen Euro. Fahrer und Fuhrunternehmer werden verurteilt zu hohen Geldstrafen. Es war der verheerendste Unfall im Schwerverkehr auf deutschen Straßen. Er hat, auch europaweit, zur Verschärfung der Sicherheitsmaßnahmen geführt.

Nicht alles, was Menschen Schaden zufügt oder sie umbringt, ist ein Verbrechen. Selbst wer immer wieder zu schnell, mit kaputten Bremsen, verrosteten Fahrzeugen oder chronisch unterschlafen Reisebusse über Autobahnen und durch Städte lenkt, wird nicht von vornherein als kriminell verdächtigt. Das Verhalten ist erstmal „nur" ordnungswidrig, unterliegt dem OWiG, dem Ordnungswidrigkeiten-Gesetz, und wird mit Bußgeldern geahndet. Die allerdings liegen schon, wenn sich zum Beispiel eine von Russland aus operierende Busfirma wieder mal nicht an die genehmigten Fahrtrouten hält, bei weit über 5.000 Euro.

Das OWiG ist wesentliche Arbeitsgrundlage des ZVkD 22, einer Spezialabteilung des Zentralen Verkehrsdienstes der Berliner Polizei. „Wir machen Schwerverkehrsüberwachung", erklärt Wolfgang Mache zwischen den ersten LKW, die an einem kühlen Aprilmorgen auf dem Parkplatz des Zollamts Dreilinden halten, „das heißt, wir kontrollieren sowohl den Transport von gefährlichen als auch anderen Gütern und die Personenbeförderung." Der Polizeihauptkommissar ist, von einer Zwischenstation bei den geschlossenen Einheiten der Einsatzbereitschaft abgesehen, seit April 1987 beim Verkehrsdienst. Es ist sein Ding. Er liebt „das vielfältige, relativ selbständige Arbeiten", und selbstverständlich ist er „Technik- und Autofreak, klar!" Als Hauptsachbearbeiter für Sonderverkehr/Fahndung und Ermittlung beherrscht er auch die Kennzeichen und -ziffern der neun verschiedenen Gefahrklassen und etwa 4.500 verschiedenen Stoffe aus dem Eff-Eff. „Bei fast zwanzig Jahren in dieser Materie kann man sich die eine oder andere Zahl schon mal merken", winkt er lachend ab. „Und die wesentlichen kennt man sowieso, weil sie immer wieder von uns kontrolliert werden." Zum Beispiel Tanklaster, bei denen auf der orangefarbenen Warntafel oben eine 3 steht. Sie gibt die Gefahrklasse an, in diesem Fall brennbare flüssige Stoffe. „Heizöl, Diesel, Benzin und Kerosin für die Flughäfen", sagt Mache. „Hier bei *dem* Fahrzeug ham wir 'ne 30 oben, und die Null bedeutet: Keine weitere Jefahr. Das passt zur Zahl unten: 1202 steht für Heizöl." Wäre die obere Zahl die 33, wäre der Stoff im Tank leicht entzündlich, Benzin zum Beispiel.

Über die Hälfte aller Gefahrguttransporte bundesweit und auch in Berlin sind Gefahrklasse 3.

Am zweithäufigsten rollt Ätzendes über Berliner Straßen: Säuren und Laugen zum Beispiel. Auch wenn Vieles auf dem Schienen- oder Wasserweg in die Stadt kommt – es wird hier in Tanklager gebracht und kleinteilig auf der Straße weiterverteilt. „Mit der Gefährlichkeit ist es sehr unterschiedlich“, sagt Mache. „Wenn Sie zum Beispiel bei diesem Heizöl-Tank den Deckel aufschrauben und 'ne Zigarette reinwerfen, denn macht's Puff! Die jeht aus, und nischt passiert. Aber da drüben zum Beispiel steht Stickstoff, ein tiefkalt verflüssigtes Gas. Das sieht aus wie Wasser, hat aber ne Temperatur von minus 196 Grad. Wenn Ihnen *dis* über die Hand läuft, ist die weg. Die bricht einfach ab!“

An dem Stickstoff-LKW macht sich gerade ein halbes Dutzend seiner Kollegen zu schaffen. Sie sprechen mit dem Fahrer, lassen sich Tachoscheiben und Papiere geben und gleichen die ab mit Warntafeln, TÜV-Plaketten, Kennzeichen. „Die jenießen hier alle unsre Rundumkontrolle“, sagt Michael Berndt, „rund ums Fahrzeug wird allet kontrolliert, Bremsen, Lenkung, Ladung.“ Berndt ist Erster Polizeihauptkommissar und seit 2004 Sachgebietsleiter des ZVkD 22. Er hat 17 seiner 36 Dienstjahre beim Verkehr verbracht. Nach seiner Erfahrung sind manche Fahrer klammheimlich sogar froh über Kontrollen. „Viele Verstöße passieren ja bei den Lenk- und Ruhezeiten. Die werden einfach nicht einjehalten.“ Die Fahrer fahren entschieden länger, als sie dürften, und machen weniger Pausen, als sie müssten. Im Transportgewerbe herrscht erbarmungsloser Wettbewerb. „Die kriegen denn von uns die nötije Ruhe verordnet, und viele machen die auch janz jern.“ Denn *dagegen* kann der Chef nichts haben.

Übermüdete Fahrer sind selbst eine Gefahr, egal, was sie befördern. Erst Ende März wurden drei Busfahrer erwischt, die non-stop sechzig Stunden lang von der kasachischen Grenze bis nach Berlin durchgebrettert waren. Sie wollten eigentlich nur schnell ein paar neue Passagiere aufnehmen und noch zehn Stunden weiter bis nach Süddeutschland fahren. Zum Glück war nichts passiert. Keiner der Fahrer war am Steuer eingeschlafen. Der gefürchtete Sekundenschlaf nämlich steckt laut einer Studie des VERKEHRSCLUBS VON DEUTSCHLAND hinter jedem dritten Unfall. Und in Bayern hat eine Versicherungsfirma hinter jedem vierten tödlichen Unfall Sekundenschlaf ermittelt.

Man braucht seit Herborn keine Phantasie mehr, um sich die Folgen auszumalen, wenn der Fahrer eines Tanklasters die Kontrolle verliert. Und man ahnt, was los ist, wenn sich flüssiger Stickstoff oder salzsaure Kupferchlorid-Lösung literweise in die Umgebung ergießen oder Kohlenwasserstoffgas entweicht und in Brand gerät. Zu den Gefahrgütern auf unseren Straßen gehören außerdem radioaktive, selbstentzündliche oder bei Vermischung mit Luft oder Wasser brisante oder einfach giftige Substanzen sowie Munition und andere Explosivstoffe. 158 Millionen Tonnen im Jahr 2004, laut dem jüngsten „Lagebild Gefahrgut“ des Bundesverkehrsministeriums und des Bundesamts für Güterverkehr. Rollende Bomben. Das potenzielle Inferno mitten im Alltag. Da kann Kontrolle nicht engmaschig und Kooperation nicht breitgefächert genug sein. An diesem frostigen Aprilmorgen zum Beispiel ist auch ein Vertreter des Sozialverbands VDK dabei, der die Fahrer über Schlafapnoe aufklärt. Diese Schlafstörung ist häufig verantwortlich für plötzliche Kurzschlafphasen im Wachzustand, weshalb der VDK einen eigenen Fachverband dafür hat. Nach dessen

Schätzungen leiden womöglich fast 60.000 der 1,4 Millionen deutschen Berufskraftfahrer darunter. Wer beim Sekundenschlaf infolge von Schlafapnoe erwischt wird, kann seinen Führerschein loswerden. Selbst wenn er nicht mal wusste, dass er sie hat.

Die Kontrolldichte beim Schwerverkehr in Deutschland ist europaweit Spitze. In Berlin werden Gefahrguttransporte schon seit 1974 speziell überwacht. „Damals hatte sich ein einzelner Kollege Gedanken gemacht, in Bezug auf die Bernauer Straße", erzählt Mache, während Berndt sich einen LKW vornimmt, der zwar das orangefarbene Schild, aber keine Zahlen drauf hat. Mache meint nicht die Bernauer Straße, die zur Mauerberühmtheit wurde, sondern die in Reinickendorf, nördlich des Flughafensees mit dem Vogelschutzreservat nebenan. Die Kerosinlager für den Flughafen Tegel liegen an der Strecke. „*Dürfen* die Tankwagen da überhaupt lang? Und zwei Kollegen ham dann bald mitjemacht." Aus dieser Frage und den ersten Antwortsuchern entstand das Spezialtrüppchen. Nach Herborn wurde es aufgestockt auf 13 Mitarbeiter, inzwischen sind es 29.

„Bei dem hier prüfen wir die Ladung besonders", erklärt Berndt vor der hochgeschlagenen Plane des 40-Tonners mit dem zahlenlosen Warnschild. Er transportiert Stückgut, also verschiedene gefährliche und ungefährliche Stoffe. „Da jehn wir dann ooch in die Tiefe des Raums, im wahrsten Sinne des Wortes", witzelt er. Neben einem Kübel mit einem Zweimeter-Baum stehen Propangasflaschen, dahinter verschiedene Behälter. Die Beamten klettern hinein, ruckeln an Kisten, zerren an Bändern. Der Fahrer steht daneben und scherzt nach rechts und links. Der Umgangston ist entspannt, man kennt sich aus diversen Überprüfungen. „OK, da kann nischt verrutschen." Jetzt noch die Sozialvorschriften kontrolliert, dann darf der Mann frühstücken gehen und weiterfahren.

Die Zahl der Unfälle im Schwerverkehr ist bundesweit seit Jahren rückläufig, sagt das „Lagebild". Der technische Standard ist enorm verbessert worden, und die energischen Kontrollen sind auch ein nicht zu überschätzender Teil der Kriminalitätsbekämpfung – nämlich effektive Prävention. „Wir haben hier in unserem kleinen Spezialbereich allerdings Steigerungsraten", sagt Berndt. Das liegt auch daran, dass seine Beamten die Entdeckungswahrscheinlichkeit nachhaltig erhöhen. Sie sind im Einsatz, wann immer sie nicht für Staatsbesuche gebraucht werden. „Insofern dient jede Kontrolle der Verkehrssicherheit."

Zunehmend Sorgen macht den Spezialisten des ZVkD 22 schlecht oder gar nicht gesicherte Ladung. Wenn die in einer Kurve oder beim Bremsen ins Rutschen kommt und den LKW mitreißt, hat in unmittelbarer Nähe kaum jemand eine Chance. „Da sitzt 'ne unheimliche Gewalt dahinter", sagt Mache, „so'n LKW schiebt denn auch gnadenlos PKWs zusammen, wenn der nicht mehr bremsen kann."

Seit dem Fall der Mauer sind die Straßen durch und um Berlin zur Transitstrecke zwischen Ost und West geworden. Das heißt – „leider!" – auch, dass sich auf ihnen immer mehr Fahrzeuge bewegen, deren Sicherheitsstandards von westeuropäischen Lichtjahre entfernt sind. Ebenso die Fahrer und Unternehmer. Immer wieder finden die Beamten neue TÜV-Plaketten und Werkstattrechnungen, die partout nicht zum Zustand des Schrottmobils mit den verrosteten Achsen und den ausgelatschten Bremsen passen, das da vor ihnen steht. Das ist keine Ordnungswidrigkeit mehr, das ist Betrug, eine Straftat. Auch manche Busse, mit denen Kinder in die Schule oder die Ferien gefahren werden, sind so marode, dass ein Berufsfahrer das eigentlich merken müsste. Ob so etwas auf kriminelle Energie schließen lässt, wird später ein Gericht klären. Die Spezialisten vom ZVkD 22 jedenfalls entdecken auch solche Delikte notfalls als erste. Sie arbeiten in einem Grenzbereich, in dem vom kleinen Verstoß bis zum großen Verbrechen alles vorkommen kann. Weder Gefahrguttransporter noch Reisebusse sind garantiert unattraktiv für die Begehrlichkeiten von Terroristen.

April 2006

Gekapert vom Zoll

Knut heißen sie nicht, sie sind auch weder weiß noch knuddelig, und schon gar nicht haben sie liebevolle Menschen um sich, die für ihre Gesundheit und halbwegs artgerechte Umgebung sorgen. Im Gegenteil. „Der Bär", sagt Christian Böhm, „ist eines *der* In-Produkte der asiatischen Medizin." Genauer: Bärengalle. Als Pulver, Pille oder Paste. Gegen Leberleiden aller Art. Preis pro Gramm: fünfzehn bis zwanzig Euro. Etwa sieben Tonnen bringt allein die Volksrepublik China davon Jahr für Jahr auf den Weltmarkt. Erlös: hundert Millionen Euro. So beziffern es vorsichtige Schätzungen der WORLD SOCIETY FOR THE PROTECTION OF ANIMALS, einer Organisation mit Beraterstatus bei UNO und Europarat.

Traditionelle chinesische Medizin wird auch im Westen gern genommen. So gern, dass sie oft nur noch gekürzelt wird: TCM. Denn sie hat den Nimbus des Respekts vor der Natur. Wenn Böhm von „Produkt" spricht, darf man das trotzdem in einem sehr industriellen Sinn verstehen – nicht nur bei Bärengalle, da aber besonders brutal. Bärengalle wird „gewonnen" in Bärenfarmen, die unsere hiesigen Geflügelfarmen aussehen lassen wie Reformknäste. Rund neuntausend Bären vegetieren da eingepfercht in Käfigen, die oft kleiner sind als sie selbst, mit Stahlrohren im Bauch zum „Gallemelken". Tottraurige Tiere mit eiternden Wunden, von Ungeziefer gefleddertem Fell, vom verzweifelten Beißen in die Gitter abgebrochenen Zähnen sind der *andere* Preis für eine kostbare Substanz, die sich auch problemlos synthetisch herstellen ließe. Aber das will kaum jemand wissen.

Christian Böhm weiß es. Er ist Zollamtsrat, seit zwanzig Jahren beim Abfertigungsdienst am Flughafen Tegel und seit 2006 dessen Leiter. Zu seinen Aufgaben gehört, die Einfuhr geschützter Tiere und Pflanzen zu verhindern, ob tot oder lebendig, im Stück oder in Auszügen. Welche das sind, steht im CITES, dem Washingtoner Artenschutzübereinkommen, das seit 1975 in kraft ist und 1997 Grundlage einer EG-Verordnung wurde: gut 5.000 Tier- und 28.000 Pflanzenarten. Wie viele er auf Anhieb kennt? „Bei den Tieren so tausend", schätzt er, „Raubkatzen, Bären, Affen, Reptilien, Korallen, Muscheln, Meeresschnecken, das beliebteste Mitbringsel der Deutschen." Bei den Pflanzen seufzt er: „Den grünen Daumen hat ja eher meine Frau, aber was am häufigsten vorkommt, kenne ich – die Orchideen, die Aloe-Arten." Und wenn Fernreisende mit Flora im Gepäck aus dem Flieger fallen, ist die Lage ohnehin übersichtlich. Schnittblumen dürfen rein, vom hawaiianischen Blumenkranz bis zur Thai-Orchidee. Samen und alles, was Erde dran hat, sind dagegen tabu. „Selbst wenn die Pflanze nicht unter Artenschutz steht, es geht um Schädlinge, die in der Erde sein können. Sowas wie die Miniermotte zum Beispiel, die ist wahrscheinlich entweder durch Verpackungsholz oder Erde hierher gekommen, hat sich dann explosionsartig vermehrt und schädigt jetzt die Kastanien." Wer mit exotischen Pflanzen handelt, braucht Zertifikate. Wer sich als Tourist in Mexiko einen Kaktus für den Wintergarten ausbuddelt, kriegt ihn abgenommen und ein Bußgeld aufgebrummt.

Ein Dutzend Überreste solcher Souvenirs dämmern klimageschockt in granulatgefüllten Töpfen in Böhms kleiner Asservatenkammer. Die ist in einem nüchternen Büroraum im orangebraunen Zweckbau der Frachtabfertigung von TXL zwischen Flugfeld und Laubenkolonie untergebracht und ein veritables Gruselkabinett für Leute mit empfindlichen Magennerven. Mitten im Raum schwebt ein ausgestopfter Riesen-Uhu, das Regal darunter beherbergt

Kaiman und Tukan, rechts an der Wand sieht's aus wie früher im Hamburger Hafen beim Trödler. Schlangenlederschuhe und -taschen, Python- und Kobrahäute, hauchfein abgehobelte Platten von Schildkrötenpanzern, Nashornenden, abgebrochene und geschliffene Korallenstücke. Allesamt illegal. Auch die wunderschönen Gehäuse der großen Meeresschnecken sind verboten, was Touristen oft nicht ahnen. „In der Karibik werden die gegessen", erklärt Böhm, „die kriegen Sie da gegrillt im Restaurant, und hinter der Küche liegen dann ganze Halden von Gehäusen." In Ländern, die zwar zu den 170 Unterzeichnerstaaten von CITES gehören, aber eben auch vom Tourismus leben.

„Oder hier, mein Lieblingsstück: der grüne Leguan", er schüttelt den Kopf, „den haben wir einem Reisenden aus Kuba abgenommen, und der hat sich fürchterlich aufgeregt." Er habe den im Flughafen von Havanna gekauft, im Duty Free Shop, hat er protestiert. Kann nicht sein! hat Böhm dagegengehalten. „Da ist Polizei, Zoll, das ist ein geschütztes Tier auch in Kuba – nee! Zwei Tage später kam er wieder mit seiner Videokamera." Er hatte den Shop gefilmt, mit ausgestopften Leguanen zwischen Zigarren und Rum. Zurückgekriegt hat er seinen trotzdem nicht. Das Perverseste, was Böhm bisher beschlagnahmt hat, ist eine Bengalkatze, die statt der Augen Glühlämpchen hat. „Und hinten raus ein Kabel mit Stecker: zur Lampe umgebaut." Er hat sie dem Zollmuseum Hamburg übergeben. „Damit man sich ansehen kann, was Menschen mit Tieren so machen ... War'n ganz normaler Tourist, der die dabei hatte."

In den Regalen stapeln sich vor allem Arzneien. „Tigerpflaster – die Antwort auf unser ABC-Pflaster", Böhm reißt ein Zellophantütchen auf. Es riecht streng, nach Kampfer und Menthol. Nicht jedermanns Geschmack, aber legal.

„Bloß – Tigerknochen ist auch drin. Und Tiger sind geschützt. Oder hier –", er nimmt dicke Wachskugeln aus einer Schachtel, „*Seal's Pills,* die werden in heißem Wasser aufgelöst und getrunken." Gegen allgemeine Schlaffheit, auch erektile, Depressionen, Gedächtnis- und Haarverlust. „Ein echtes Breitbandtonikum!", lacht er und zeigt auf seine auch nicht mehr üppigen Haare.

„Für uns geht's darum: Was ist da drin?" Er wird wieder ernst. Die Antwort ist nicht immer so leicht wie hier, wo es in Englisch draufsteht: *seal* heißt Seehund. Das hübsche bunte Etikett zieren zeichnerische Annäherungen an einen Hirsch, einen Gekko und ein Walross und Erklärungen in vietnamesischer Sprache. „Wir hatten bei der Schachtel zum Glück auch eine Packungsbeilage mit den lateinischen und griechischen Fachnamen. *Odobenus rosmarus* – Walross. *Rhizoma cibotium* – ist eine geschützte Arzneipflanze." Plus Hirschhorn und -penis. Nur der Gekko und die asiatische Ginsengwurzel sind erlaubt. Hier finden sich auch die diversen Darreichungsformen der Bärengalle, die vor allem chinesische Beschriftungen haben. Christian Böhm beherrscht inzwischen die gängigsten chinesischen Zeichen und ihre Pinyin-Übersetzungen, die standardisierte latinisierte Form. Britische und niederländische Kollegen haben Listen erstellt, er selbst sitzt an einer ähnlichen für Vietnamesisch. Einfuhren aus Vietnam haben in Deutschland mehr „Tradition", nicht zuletzt wegen der DDR-Vertragsarbeiter.

Arznei aus Asien steht auch in großen Flaschen in Böhms Kammer des Schreckens, in die er regelmäßig Kollegen zur Fortbildung und Schulklassen zur Sensibilisierung bittet. „Das hier sind Schlangenweine gegen Rheuma." Sie sehen aus wie Buddelschiffe hochkant. Große bauchige Flaschen mit trüben, braunen Flüssigkeiten, darin kunstvoll arrangiert

Giftschlangen, Gekkos, Vögel, Wurzeln. Für den heilsamen Schluck aus der Pulle. Europäer kriegen da eher *keine* Pfützchen auf der Zunge. Ebenso wenig wie bei gegrillten Affen, die in manchen afrikanischen Gegenden als Delikatesse gelten und eingeschmuggelt werden. Von kultureller Arroganz hält Christian Böhm allerdings gar nichts. „*Wir* sind für andere Kulturen abartig, weil wir Schweinefleisch essen." Nur – Affen sind nun mal erstens geschützt, „und zweitens Krankheitsüberträger, und ich möchte mir nicht ausmalen, was los ist, wenn wir mal einen Affen nicht finden und nach einem Festgelage bricht hier Ebola aus!" Vom Thema Tierquälerei mal ganz abgesehen.

Lebendige Tiere sind ein besonders finsteres Kapitel. Zwei einsame Makaken haben sie einmal gefunden. Kein Zoo nimmt einem die ab, weil sie nicht in die Herde finden würden. In einer Damenhandtasche klemmten zierliche ägyptische Schildkrötchen, mit Klebeband sediert. Die giftigen Schlangen und Spinnen, Papageien, Katzen ohne Impfschein, Kampfhunde, die in Brandenburg erlaubt sind, in Berlin aber nicht, sind kaum noch zu zählen. Selbst einen kleinen Elefanten hatten sie schon. Sie alle bringen viel Arbeit für die Veterinärkontrollstelle, die jeder Flughafen mit EU-Außengrenze hat und die auch für Lebensmittel zuständig ist. Aber kein „Aufgriff" war für Böhm so spektakulär wie die Jagdfalken. Und so mysteriös. An Heiligabend 2000 taucht in TXL eine Fehlverladung auf: „Ein Samsonite-Koffer, der kam schon aus Ulan-Bator und sollte eigentlich über Moskau nach Dubai weiter." Einer der TXL-Verlader hört Kratzgeräusche. Der Koffer wird durchleuchtet. „Und drin waren acht mongolische Jagdfalken, medikamentös ruhiggestellt und in Drahtrollen geklemmt. Einer war schon erstickt und drei schwer verletzt. Finden Sie mal um die Zeit einen Tierarzt oder Falkner!“ Irgendwann nachts tun sie endlich einen auf, der beides ist und nicht weit weg in Spandau wohnt. Ziemlich genau ein Jahr später passiert ein fast identischer Aufgriff. Diesmal klemmen die Vögel in Holzkisten, zwei kommen tot an. Die überlebenden werden aufgepäppelt, in einer geminsamen Aktion von MONGOLIAN AIRLINES, dem Bundesamt für Naturschutz und dem Zoll 2002 in die Mongolei zurückgeflogen und in ein Auswilderungsprojekt gegeben.

Das ist keine private Dusselei mehr, dahinter steckt OK, Organisierte Kriminalität. Ein einziger Jagdfalke ist in interessierten Kreisen, nicht nur in Dubai, mehrere tausend Euro wert. Falkenzüchter brauchen immer mal wieder Tiere „zum Auffrischen, denn ein Zuchtvogel hat natürlich weniger Jagdinstinkte als so ein Wildfang.“ Christian Böhm hat die ganze Geschichte lange beschäftigt. „Und wenn man weiß, dass in der Mongolei das durchschnittliche Jahreseinkommen 200 Euro sind ...“ Dann kennt man ein Fundament der globalen OK.

Zu deren lukrativsten Geschäftszweigen zählt inzwischen Produktpiraterie. Auch davon hat der Zöllner ein paar Muster bei seinen Asservaten: Computer, Handys, Akkus, die nicht hitzegesichert sind und schon mal explodieren, Auto-Blinker, Turnschuhe, Mannschaftstrikots, Jeans, Spielzeug. Teure Markenware, teilweise unglaublich gut gefälscht und nicht selten lebensgefährlich. Welche Giftfarben in dem Plüschtier stecken, aus was für Substanzen die vermeintlichen Viagras oder gar Herztabletten wirklich bestehen – kein Mensch weiß das. 131 Aufgriffe „im Bereich des gewerblichen Rechtsschutzes“, wie es korrekt heißt, hatte allein der Zoll in TXL und nur im Jahr 2006, dazu 569 im Rahmen des Artenschutzes konfiszierte Exemplare. Bei knapp zwölf

Millionen Passagieren und etwa doppelt so vielen Tonnen Fracht.

Im Vergleich zu Frankfurt/Main und seinem Fraport sind das *peanuts*. Aber noch hat Berlin eben auch fast keine direkten Fernflüge. Mit dem Großflughafen Schönefeld wird sich das ändern. Dort wird der Zoll dann nicht mehr kleinteilig anhand von Flugtickets rausfiltern, wessen Gepäck auf der Maschine aus Madrid oder Amsterdam oder München ursprünglich aus Südostasien, Lateinamerika oder Afrika kommt und innerhalb der Grenzen von Schengen noch nicht kontrolliert wurde. Dort wird es dann auch eine zentrale Zollkontrolle geben. Schönefeld wird Berlin noch attraktiver machen – für das globale kriminelle *big business* mit seinen Piratenprodukten, Tieren und Pflanzen, Rauschgift, Waffen und Embargo-Gütern, für all die organisierten Schmuggler, deren Beute von den Fahndern und Spezialeinheiten des Zolls sozusagen zurückgekapert werden muss. Und sicher auch für die kleinen touristischen Möchtegern-Freibeuter, für die Christian Böhm oft Verständnis hat. „Ach, so 'n T-Shirt für den privaten Gebrauch, auf dem ein nicht-lizenziertes Lacoste-Krokodil ist, das nehmen wir auch niemandem weg.“ Beim Artenschutz dagegen gibt es keinen Ermessensspielraum, der ist immer mindestens eine Ordnungswidrigkeit und zieht also mindestens Bußgeld nach sich. „So etwa wie Falschparken, nur viel teurer“, sagt er und empfiehlt zur Schonung der Urlaubskasse das Internet. Das kann man auch am entferntesten Ort konsultieren, man braucht nur ein Internetcafé und die Adresse .

Mai 2007

Traurige Orte

Endstation Schöneweide
Wilmersdorfer Winter
Verbrannte Zeit
Zersetzung gefährdet

Ein abgewickelter alter Industriebezirk im Osten, den der organisierte Rechtsextremismus zur *no-go area* umzumodeln trachtet, eine gutbürgerliche Wohngegend im Westen und zwei Menschen am Anfang ihres Lebens, die tot aufgefunden werden. Der eine, 28 Jahre alt und leicht behindert, sofort; der andere, 2 Jahre und ein paar Tage alt, zwei Monate später, mumifiziert.

Das ZDF-Filmarchiv im Süden, in dem alles Drehmaterial der DDR-Korrespondenten mit den originalen Stimmen und Bildern von Menschen aus der Zeit des Umbruchs in Flammen aufging; und die Stasi-Gedenkstätte Hohenschönhausen im Norden, in dem die Mitarbeiter versuchen, aus winzigen Ritzungen in Wänden auf die Spur von Menschen zu kommen, die hier der „Zersetzung der Persönlichkeit" ausgeliefert waren.

Berlin hat viele traurige Orte. In Ost und West sortieren lassen sie sich nicht.

Endstation Schöneweide

Um kurz nach fünf drückt dem Mann von der BSR die Blase. Er hat Kippen und Dreck auf dem menschenleeren Bahnhofsvorplatz zusammengefegt. Jetzt stellt er den Besen beiseite und geht ein paar Schritte die alte Mauer links entlang bis zu der Stahltür mit den Büschen. Der Imbiss davor hat noch nicht offen. Der Zeitungsmann schleppt gerade seine Packen zum Eingang. Und die paar Taxis stehen davor. Zu weit weg. Niemand kann ihn sehen. Es ist noch stockfinster. Plötzlich stößt er auf etwas, das ihn seine Blase vergessen lässt. Da liegt einer. Im Sand vor der Mauer. Auf dem Bauch. Rührt sich nicht. Gliedmaßen wie erschlafft. Plastiktüte daneben. Den kennt er doch? Er ruft den Zeitungsverkäufer herbei. Der Mann liegt doch da wie tot – ist das nicht der mit der S-Bahn-Marotte? Sie laufen zum Taxistand. Um 5 Uhr 22 geht bei der Freiwilligen Feuerwehr Johannisthal ein Alarmruf ein. Kurz danach stellen die Sanitäter fest, dass Hansi Hockenheim tot ist. Eine Stunde später ist vor dem S-Bahnhof Schöneweide Hochbetrieb. Polizei- und Feuerwehrwagen. Absperrbänder. Kriminalpolizisten beim „ersten Angriff". Die Lage sieht nach Tötungsdelikt aus, also die fünfte Mordkommission rufen, die an diesem Tag Bereitschaft hat. Die Ermittlung beginnt. Der Gerichtsmediziner nimmt die erste Leichenbesichtigung vor. Ganz allmählich dämmert der Morgen, aber keine Sonne bringt Licht in die düstere Szenerie.

Hansi Hockenheim hat schwere Verletzungen am Kopf, die auf Faustschläge und Tritte deuten, und den Abdruck eines Schuhs im Gesicht. Die Obduzenten der Charité werden ein paar Stunden später eine Hirnprellung, massive innere Blutungen und Erstickungszeichen feststellen. Und noch ein grausames Detail: Hansi Hockenheim hat höchstwahrscheinlich noch mindestens eine Stunde mit diesen Verletzungen gelebt. 28 Jahre alt und mutterseelenallein. In dieser Nacht trägt die Gegend ihren bitterbösen Spottnamen wieder mal zurecht: Schweineöde.

Es ist der letzte Oktobersonntag 1993. Seit gut drei Jahren ist die Mauer zwischen Treptow und Neukölln weg. Aber für viele Bewohner der traditionellen Treptower Industriebezirke Nieder- und Oberschöneweide hat die Freiheit einen besonders hohen Preis. Mit der Mauer verschwinden fast über Nacht sämtliche Produktionsbetriebe. Und mit den Löhnen die Läden. Schließlich verödet auch der Bahnhof Schöneweide, bis dato ein quirliger Knotenpunkt für Fern- und S-Bahnen, aber durch den Ausbau der Schnellerstraße zum sechsspurigen Zubringer für die Ausfallstraße Adlergestell schon zu DDR-Zeiten vom alten Kiezkern abgetrennt. Aus Arbeitern und Angestellten werden Arbeitslose. Aus Kindern, die in einen autoritären Staat mit Besitzstandsgarantie hineingeboren wurden, werden Jugendliche, denen der neue Staat nicht mal eine Ausbildung, geschweige denn lohnende Perspektiven zu bieten hat. Wieso sollte man den als Autorität begreifen?

„Landfriedensbrüche hatten wir zu Anfang in Serie", erinnert sich Günter Traut, Kriminalhauptkommissar und seit 1990 in der Direktion 6, seit 1992 als Sachbearbeiter für Jugendgruppengewalt. Delikte von Kids, die keine Regeln mehr respektierten, in Banden durch Laubenkolonien marodierten und Schrecken verbreiteten. Der Bahnhof und seine Umgebung werden in dieser Zeit einer der „Kriminalitätsbrennpunkte" der Stadt. Polizei ist hier oft. Nicht nur, wenn 1. FC Union oder der BFC Dynamo spielen und die Fans per S-Bahn anrollen. Gewalttätige Auseinandersetzungen zwischen Unionern und Dynamo-Ultras waren schon zu DDR-Zeiten an der Wochenendordnung und auch politisch aufgeladen: Dynamo war Mielkes Vorzeigeverein. „Pöbeleien und Schlägereien hat's da immer schon gegeben", sagt Birgit Hannemann. Sie ist Geschäftsführerin der VILLA OFFENSIV, eines von Bezirk und Senat geförderten Nachbarschaftshauses schräg gegenüber vom Bahnhof. Sie hat 1991 mit anderen Frauen zusammen den Verein OFFENSIV gegründet, ein Kind des Aufbruchs. Seit 1994 ist Niederschöneweide Sanierungsgebiet. Seitdem ist viel passiert an Renovierung und Wiederbelebung, vor allem dank solchen zivilgesellschaftlichen Aktivitäten. „Gewaltkonflikte wurden ja in der DDR sehr gedeckelt. Plötzlich waren sie im Bewusstsein der Öffentlichkeit und in den Medien." Die explodierende Jugendgewalt. Die jungen Männer mit den Glatzen und Bomberjacken und Springerstiefeln. Oder ganz bestimmten Turnschuhmarken. Die rechtsradikalen „Kameradschaften", die aus dem industriell verseuchten Boden schossen und die verlorene Generation aufsogen. Die Angriffe auf Menschen, die nicht ins Weltbild der „Deutschland den Deutschen!"-Deutschen passen, weil sie anders sind, oder die für leichte Beute gehalten werden: Schwule, Sprittis, Dunkelhäutige, Behinderte. Die Gegend bekam ein Stigma: „Angstraum".

Hansi Hockenheim *war* anders. Bei seiner Geburt hatte sich die Nabelschnur um sein Hälschen gewickelt und seinem Hirn eine Zeit lang den Sauerstoff abgeklemmt. Ganz kurz nur. Aber lange genug, um es nachhaltig zu schädigen. Hansi Hockenheim blieb geistig zurück. Deshalb lebte er bei seiner Mutter. Auch die Schwester wohnte im selben Haus. Sie arbeitete bei der Reichsbahn. Daher sein Faible für alles, was mit Bahn zu tun hatte. Hansi wurde Bahnfreak.

Ein lieber Mensch, der niemandem Böses wollte oder tat, der glücklich in festen Ritualen seiner Leidenschaft frönte. Abends besuchte er immer seinen Freund, den S-Bahner, auf dem Bahnhof Ostkreuz. Dosen voll Katzenfutter in der Plastiktüte. Hansi versorgte auch vierbeinige Ostkreuz-Streuner. Dann fuhr er mit der letzten S-Bahn die vier Stationen zurück nach Schöneweide. Auch dort half er, wo man ihn ließ. Und man ließ ihn gern. Hansi weckte die Obdachlosen im letzten Abteil und geleitete sie nach draußen. Er ging dem Bahnpersonal zur Hand. Und wenn sein Tagewerk getan war, stieg er vor dem Bahnhof in den Nachtbus und ein paar Haltestellen weiter vor seiner Haustür wieder aus.

Genauso war es auch am Sonnabend, dem 23. Oktober, hat die Kripo ermittelt. „Um 0 Uhr 40 nimmt er die S-Bahn, um zwei, halb drei sieht ihn eine Zugabfertigerin auf dem Bahnsteig A“, liest KHK Traut in der Akte nach. „Wir gehen davon aus, dass er auch in der Tatnacht den Nachtbus um 2 Uhr 42 nehmen wollte.“ Was stattdessen geschieht, weiß bis heute niemand. Feststeht, dass in jener Nacht der reguläre Bus ausfällt und ein Taxidienst für Ersatz sorgt. Es steht auch ein Taxi da, und der Fahrer kennt Hansi Hockenheim. Sehen tut er aber weder ihn noch irgendetwas Auffälliges. Feststeht außerdem, dass es aus jener Nacht zwei Anzeigen wegen Körperverletzung gibt, begangen von einem 19-jährigen auf dem Bahnsteig A zwischen 1 Uhr und 1 Uhr 15. Aber dass dieser Schläger sich auch an Hansi Hockenheim vergriffen hat, lässt sich nicht erhärten. Drei Wochen später wird unweit des Bahnhofs ein betrunkener 45-Jähriger ermordet. Er stirbt an Verletzungen durch Tritte gegen den Kopf. Ein 16- und ein 18-jähriger werden als Täter ermittelt. Sie gehören „zum kriminellen Umfeld des S-Bahnhofs Schöneweide“. Sie gestehen diese Tat, bestreiten aber jeden Zusammenhang mit der an Hansi Hockenheim. Blutspuren auf ihren Sachen stammen nicht von ihm.

Die fünfte Mordkommission hat sich da längst aus dem Fall zurückgezogen. „Die Bearbeitungszuständigkeit für uns war nach der Obduktion nicht mehr gegeben", erklärt EKHK Gerd Hasse, damals Leiter der Fünften, heute Chef des Kommissariats für operative Fallanalysen. „Das Opfer starb erst nach einem längeren Zeitraum infolge Erstickens, vorsätzliche oder beabsichtigte Tötung ließ sich nicht erkennen." Und wenn es sich „nur" um Körperverletzung mit Todesfolge handelt, müssen die stadtweit arbeitenden Mordkommissionen des Landeskriminalamts den Fall an die Kripo der örtlichen Direktion zurückgeben. „Was aber gerade in diesem Fall zweckmäßig war. Im Bereich ‚Jugendgruppengewalt' kennen die ihre Pappenheimer besser als wir, und es war zu vermuten, dass die Täter dazu gehören."

Warum? Wegen des Schuhabdrucks auf Hansis Gesicht. Ein Turnschuh. Eine bestimmte Marke, ein bestimmtes Modell. Beliebt bei Skins, Neonazis und ähnlich entgleisten Kids in Treptow-Friedrichshain-Lichtenberg-Köpenick. Der Polizeioberkommissar Volker Hertzberg kennt sie alle, die Schuhe wie die „Pappenheimer", aus seinen zehn Jahren bei der Operativen Gruppe gegen Jugendgruppengewalt (OGJ) der alten Direktion 6. „Wenn ich mich richtig erinnere, war es der Abdruck von diesem ‚Knochen', der beim Adidas-Torsion zwischen Ballen und Sohle verläuft." Aber auch der Abgleich mit Schuhabdrücken aus anderen Rohheitstaten dieser Klientel führt ins Nichts. In der Hoffnung auf irgendeine neue Spur nehmen sie sich ein paar Tage nach der Tat noch einmal die Stelle neben dem Bahnhof vor, an der Hansi Hockenheim starb. Sie finden oben an der Stahltür Blutspritzer. „Stumme Zeugen, die uns ein grausiges Bild von der Tatbegehung gegeben haben. Er muss schon am Boden liegend und wehrlos so malträtiert worden sein, dass sein Blut weit hoch gespritzt ist." Damit steht der Fundort als Tatort fest. Aber wer hat so einen Gewaltrausch dort ausgetobt? Vielleicht der oder die Täter, die irgendwann in jener Nacht in den Kiosk im Bahnhof eingebrochen waren? Hatte Hansi Hockenheim die womöglich beobachtet und zur Rede gestellt? Haben sie ihn dafür zusammengetreten? Es lässt sich nicht klären. Die Einbrecher bleiben unbekannt.

Sind die Täter Rechte? Leute, die einen Behinderten für „minderwertig" halten und „ausmerzen" wollen? Manche Schöneweider sind sich da sicher. „Hans H. wurde ermordet. Faschistische Morde wie in Schöneweide, Rostock, Mölln und Solingen dürfen uns nicht gleichgültig machen!", ruft ein Flugblatt zu einer Protestkundgebung am 5. November vor dem Bahnhof. Birgit Hannemann erinnert sich genau an die Stimmung nach Hansis Tod. „An Gefühle vor allem – ich war erschrocken, und ich war wütend. Wer macht sowas? Und als nächster Gedanke: Wie kann man beitragen, dass sowas nicht wieder passiert?" Ob es Rechte waren? „Da kann man nur spekulieren. Es kann auch ganz anders gewesen sein."

Eine Horde alkoholisierter Kids zum Beispiel, „die zufällig auf ihr Opfer treffen und irgendeinen Auslöser suchen und finden, um sich in einen Rausch zu kloppen und zu treten", sagt Hertzberg. „Und am Ende ist ein Mensch tot, und sie können selber nicht sagen, wie das alles passiert ist." Hertzberg und Traut kennen unzählige solche Fälle. Es gibt sie bis heute. Nicht nur in Schöneweide. Nicht nur im Berliner Osten. Nicht nur in Berlin und nicht nur in Deutschland.

Der Verdacht, dass Hansi Hockenheim Opfer von rechten Tätern geworden ist, kommt allerdings auch nicht ohne Grund. Die rechtsradikale Szene versucht seit den 90er Jahren, den Berliner Südosten in eine „deutsche Zone" umzufunktionieren. In ihrer Logik sind alltägliche gewalttätige Übergriffe das probate taktische Mittel, denn sie verbreiten Angst und Schrecken und bereiten so den strategischen Boden. Im Jahr 2000 hat die NPD ihre Bundeszentrale nach Köpenick verlegt und plant hier ein „Nationales Bildungszentrum". Nicht unwahrscheinlich, dass sie ihrerseits spekuliert – auf einen makabren *genius loci*: Im Juni 1933 hatte ein organisierter Gewaltrausch der SA zur „Köpenicker Blutwoche" geführt. Bisher blieb der Erfolg zum Glück aus. Denn der Widerstand der Bürger ist vielfältig, hartnäckig, gut vernetzt und setzt auf die Kraft eines ganz einfachen, zivilen Gefühls: Dieses ist unser Kiez, und den lassen wir uns nicht zum „Angstraum" machen. Gut möglich, dass, wenn erst die Fachhochschule für Technik und Wirtschaft ab 2006 Studenten aus aller Welt anzieht, auch die Bevölkerung irgendwann wirklich bunt wird.

Und sehr gut möglich, dass irgendwann der Tod von Hansi Hockenheim doch noch aufgeklärt wird. Denn auch wenn es kein Mord war, der nie verjährt – selbst Totschlag, ob jemand den Tod gewollt oder „nur" ungewollt verschuldet hat, verjährt erst nach zwanzig Jahren. Der oder die Täter sind heute vermutlich Ende zwanzig, Anfang dreißig. Gut möglich, dass einen von ihnen doch noch irgendwann das Gewissen drückt. „Für die", überlegt Birgit Hannemann, „ist die Tat ja auch nicht zu Ende, genauso wenig wie für Hansis Familie. Wie lebt man eigentlich *da*mit?"

Und mit der Gewissheit, dass auch die Ermittler die Tat nie vergessen und DNA-Spuren oft noch ein halbes Leben später zu Tätern führen?

Oktober 2005

Wilmersdorfer Winter

Es ist der 588. von allen – allen Einsätzen, die die Berliner Feuerwehr an diesem Tag zu fahren hat. Die Männer von der Feuerwache Steglitz werden am 5. Januar 2002 um 18 Uhr 42 alarmiert mit dem Stichwort UiW: „Unglücksfall in Wohnung“. Der Rettungswagen der Wache ist gerade unterwegs. Der Tag ist bisher recht ruhig, der Einsatz ist der dreizehnte in dieser Schicht, auch die zwölf vorhergehenden waren vor allem Rettungseinsätze. Kein Feuer, einmal „Öl auf Straße“. Zwei große rote Feuerwehrautos fahren raus in den dunklen kalten Winterabend – ein Löschhilfefahrzeug und eins mit Drehleiter. Insgesamt acht Mann.

Es ist ein Sonnabend. In der ruhigen kleinen Straße im Bezirk Wilmersdorf sind heute mehr Leute zu Hause als an Wochentagen. Nicht, dass sie nicht schon seit Wochen mitgekriegt hätten, dass der Briefkasten der jungen Frau mit dem kleinen Sohn nie geleert wird. Nicht, dass sie sich nicht mal gefragt hätten, warum man den kleinen Alisan-Turan schon ewig nicht mehr gesehen hat und seine Mutter Natascha Tschaikowska nur einmal kurz im Dezember. Da hatte sie ihren Mantel mit dem Leopardenmuster geholt.

Sicher, es roch etwas eigenartig in der Nähe der Parterrewohnung. Aber die Jalousien waren ja auch ewig zu. Und wann kommt man schon mal an der Wohnungstür vorbei? Morgens, auf dem Weg zur Arbeit. Und abends auf dem Rückweg.

Am frühen Sonnabendabend wird es einer Mitbewohnerin doch zuviel. Sie ruft die 110. Aus der Parterrewohnung rieche es, vielleicht sei da was passiert. Die Polizei ruft die Feuerwehr. UiW heißt oft Rettungseinsatz. Also Türen aufbrechen.

„Das Stichwort fahren wir oft. Da ist man nicht besonders aufgeregt", erzählt Holger Pittelkow. Der 33-jährige Oberbrandmeister und ein Kollege springen aus dem LHF und sehen sich die Tür an. Sie hat zwei Schlösser und ist solide. Bevor man sowas aufbricht, geht man im Kopf alle Möglichkeiten durch, die *keine* Kosten verursachen. „Man sucht immer den einfachsten Weg, um irgendwo reinzukommen." Die Wohnung hat einen Balkon nach hinten raus, und an der Balkontür ist die Jalousie *nicht* runtergelassen. „Da ging's ziemlich problemlos rein, ich glaub, wir haben nicht mal'n Schaden gemacht", erinnert sich Pittelkow. „Ja, und dann mussten wir uns natürlich erstmal orientieren."

Er weiß noch heute, knapp zwei Jahre später, fast jedes Detail. Denn ab dem Moment, in dem er die Wohnung betritt, wird aus der unaufregenden Routine ein Einsatz, den er nicht mehr vergessen wird. Und das liegt weniger am Geruch – da ist er, sagt er, noch viel Schlimmeres gewöhnt. Aber als er im Schein der Taschenlampe durch lauter weiche Hügel auf dem Boden stapft, tritt er aus Versehen auf einen Lichtschalter und stellt fest, dass er wohl wieder mal in einer „Messie-Wohnung" steht. Das hier scheint das Wohnzimmer zu sein. Pittelkow guckt sich um und sieht in einer Vitrine Fotos. Eine junge Frau, ein junger Mann. Dann wird ja hier keine tote alte Frau liegen, denkt er halb erleichtert. Einsame alte Menschen, die unbemerkt vor sich hin sterben und erst auffallen, wenn ihr Geruch jemanden stört – sowas gibt's öfter, gerade in Ausrückebereichen wie dem der Feuerwache Steglitz, wo viele alte Menschen leben. „Aber es kann ja irgendwas anderes sein, Drogen oder so, dass doch jemand umgekommen ist." Sie finden niemanden. Auch nicht in dem zweiten Zimmer, aus dem es etwas strenger riecht, als sie die Tür aufdrücken. „Hier ist auch niemand", denken sie. „Eventuell ein totes Haustier. Von sowas sind wir ausgegangen."

Bis Pittelkows Kollege in das Zimmer hineingeht. Es ist überheizt, die Jalousien sind fest zu, es riecht langsam extrem, und etwas sieht „komisch" aus. Was sie dann entdecken, wird Pittelkow später auch vor Gericht schildern. „Im ersten Moment dachte ich, da liegt – so – so'n alter Teddybär. Man hat ja nur den Kopf gesehen, die Haare." Jetzt gucken sie genauer hin. „Ja, und dann hat man schon die Maden die Wand hochklettern gesehen." Der „Teddybär" klemmt zwischen dem Bett und einem Sessel. Sie ziehen die beiden Möbel auseinander. „Und dann hat man eine Schulter mit Arm erkennen können und – also, das war erschütternd. Da war uns klar, das hier ist irgendwie ein Verbrechen."

Das kleine Kind ist mumifiziert. Die beiden Feuerwehrmänner informieren die Polizisten im Funkstreifenwagen und gehen nicht mehr zurück in die Wohnung. Es gibt hier nichts mehr zu retten, und sie wollen keine Spuren zerstören.

Gina Graichen steht in der Küche, als gegen sieben der Anruf kommt. „Wie das immer so ist samstags abends, wenn man Familie hat – ich war beim Kochen." Die 46-jährige Kriminalhauptkommissarin leitet eins der damals noch zwei Kommissariate des LKA 413. Sie ist zuständig für nicht-sexuelle Gewaltdelikte gegen Kinder, die von Bezugspersonen begangen werden: Misshandlung, Vernachlässigung der Fürsorge- und Erziehungspflicht, Kindesentziehung und Tötungsdelikte, wenn die kleinen Opfer unter drei Jahren alt sind. Gina Graichen packt ihre Sachen und fährt nach Wilmersdorf. Der Gestank schlägt ihr schon im Hausflur entgegen. „Dreck, Fäkalien und der typische Leichengeruch." In der Wohnung selbst sind „Berge von Müll, Kleidung,

Papiere, flächendeckend. In der Küche ein Stapel benutzte Einwegwindeln. Wir haben die später auch gezählt, es waren so 280."

Das LKA 413 hat keinen Bereitschaftsdienst rund um die Uhr wie die Mordkommissionen. Die Beamten werden notfalls mitten aus dem Familienleben gerufen. Gina Graichen sichtet zunächst den Ort mit Kollegen von der Kripo-Sofortbearbeitung der örtlichen Direktion. Deutet der starke Geruch vielleicht darauf hin, dass auch die Kindsmutter tot in all dem Chaos liegt? „Man glaubt ja immer erstmal an das Gute am Menschen", erklärt sie, mit leiser Ironie, „dass da ein Unglück passiert oder dass die Mutter selbst Opfer geworden ist. Es wollte uns nicht in den Kopf: Wie kann man ein so kleines Kind in der Wohnung lassen und einfach abhauen?"

Es findet sich keine zweite Leiche. Es finden sich Pass und Versicherungschipkarte der Mutter. Sie bestellen eine Sofortobduktion für den nächsten Tag, und Gina Graichen lässt über den Lagedienst ihre Kollegen zusammentrommeln. Sonntag früh fangen sie an zu ermitteln, befragen die Nachbarn, sichten die Post aus dem überfüllten Briefkasten, den ihnen Pittelkow noch geöffnet hatte. Sie schreiben die Kindsmutter zur Fahndung aus und geben *keine* Pressemitteilung heraus. Natascha Tschaikowska wird einen Tag später, am Montagabend in der Wohnung eines Lovers festgenommen. Sie hatte, wie die Kripo vermutete, tatsächlich gewusst, dass ihr Kind tot ist, aber nicht, dass das inzwischen entdeckt wurde.

Natascha Tschaikowska ist 21. Alisan-Turan wurde zwei Jahre und ein paar Tage alt. Er war nicht ihr erster Sohn. Den hatte sie mit 17 geboren und – auf Druck ihrer Mutter und ihres Stiefvaters – zur Adoption freigegeben. Bei Alisan-

Turan sollte endlich alles anders werden. Sie würde beweisen, dass sie auch etwas schaffen, etwas durchhalten kann, was *die* ihr nicht zutrauten. Sie war als kleines Mädchen aus einem Dorf im Ural in eine brandenburgische Kleinstadt verpflanzt worden. Ihre Mutter hatte einen deutschen Monteur kennengelernt. Der hatte dort die Pipeline mitgebaut, durch die russisches Erdgas in deutsche Haushalte kommen sollte. Und der hatte sie mitgenommen – und Natascha, ihre eine Tochter. Die andere war beim Vater im Ural geblieben.

Ein harter Schnitt für ein Kind. Dass die eigene Mutter sich wohl eher dem neuen Mann als ihrem Kind verpflichtet fühlt und der Stiefvater wohl lieber die Mutter *ohne* das Kind gehabt hätte, macht die Sache noch härter. Mit vierzehn haut Natascha zum ersten Mal ab. Und sie „macht Ärger" – klaut, lügt, kifft, hängt mit Punks rum, geht anschaffen. Lauter stumme Hilfeschreie vermutlich, die aber keiner hört. Irgendwann dealt sie und wird verurteilt. Sie geht weiter auf der Kurfürstenstrasse anschaffen, dem „Junkie-Strich", und lernt Ömer kennen. Er ist Alisan-Turans Erzeuger. Aber das will Ömer nicht wahrhaben. Zur Entbindung zieht Natascha vorübergehend in ein Frauenhaus. Und ganz allmählich lichtet sich das Dunkel, so scheint es. Verschiedene Ämter helfen ihr, eine eigene Existenz aufzubauen. Sie bekommt die Zweizimmerwohnung in dieser aufgeräumten Gegend. Der Häuserblock ist aus den 30er Jahren. Parterre und vier Etagen, unten dunkelrote Klinker, darüber gelbbrauner Putz, die Fenster schmucklos, aber breit. Alles etwas karg, aber praktisch – für heutige Augen die perfekte Mischung aus Neuer Sachlichkeit und Nazisiedlung für kleine Beamte. Aber die Straße ist voller Bäume, man kann die Glocken von St. Marien hören, und der Häuserblock gegenüber ist ein ganz schöner Anblick.

Nur dass Natascha Tschaikowska die Rollläden zur Straße hin oft tagelang nicht hochzieht. Sondern im Dunkeln auf dem Sofa vor sich hinbrütet, während der kleine Ali-san-Turan spielt. Aber das kriegt auch niemand mit. Das wird erst später beim Prozess deutlich. Noch sieht alles gut aus. Alle ihre Betreuerinnen sehen eine liebevolle junge Mutter, wenn sie sie denn sehen. Und dass sie sie irgendwann nicht mehr sehen, kann doch auch heißen, dass sie's geschafft hat.

Kann. Hat vielleicht auch. Aber irgendwann im Sommer muss etwas in Nataschas Vorsätzen abgerissen sein. Plötzlich erinnert der Kleine sie nur noch an den Kindsvater. Sie manövriert sich systematisch ins Chaos. Die Kripo findet offene Rechnungen von Versandhäusern, Mahnungen von Inkassobüros, die Kündigung wegen lange aufgelaufener Mietrückstände. Eines Novemberabends zieht Natascha Tschaikowska die Tür des Zimmers, in dem der Kleine friedlich schläft, zu und geht.

„Er hat Qualen ausgestanden, die wir uns nicht vorstellen können", wird später der Staatsawalt sagen. Und der medizinische Gutachter wird die Bauch- und Kopfschmerzen, die Krämpfe und das Erbrechen beschreiben, den gesamten typischen Todeskampf beim Verdursten, der mindestens drei Tage gedauert haben muss. Natascha Tschaikowska wird wegen besonders grausamen Mordes zu lebenslanger Haft verurteilt. Ihr Anwalt hält sie krankheitsbedingt für nicht voll schuldfähig. Die Revision läuft.

Holger Pittelkow und seine Kollegen reden lange über diesen Einsatz. Nicht nur in dieser Nacht, sondern immer wieder. „Was wir alle erstmal hatten, war – richtig Wut!", sagt der gelernte Tischler, der seit fünfzehn Jahren Feuerwehrmann ist und „nie was anderes machen möchte." Aber dass sowas passieren kann, „in so einer Stadt, wo man doch überall Hilfe finden kann. Das muss doch nicht sein!" Für die Kollegen, die selber Kinder haben, „war das alles noch'n bisschen gruseliger."

Kinder hat auch Gina Graichen, zwei kleine Töchter. Sie macht die Arbeit in dem Bereich, den Kollegen früher verächtlich „Kinderkacke" nannten, seit fast zwanzig Jahren. Das LKA 413 heißt heute LKA 125. Im Zuge der Reform wurden die zwei Kommissariate zu einem verschmolzen, aber die Arbeit ist nicht weniger geworden. Michael Havemann, der Leiter des Dezernats, zu dem auch Brandkriminalität und Vermisstenstelle gehören, nennt Zahlen: „Im Jahr 2002 hatten wir insgesamt etwa 1.100 Delikte." Das sind rund drei Fälle pro Tag, bearbeitet von vierzehn Leuten. Etwa zehn davon Todesfälle. „Und zu diesem Jahr 2003 kann ich schon sagen, die Tendenz ist steigend, und zwar erheblich."

Das hat auch damit zu tun, dass mehr Fälle entdeckt werden. Das neue Gewaltschutzgesetz bringt mit sich, dass Polizisten, die wegen häuslicher Gewalt gerufen werden, sich immer auch nach Kindern in der Wohnung umsehen. „Aber die Gewaltbereitschaft hat auch wahnsinnig zugenommen", sagt Gina Graichen. „Und das, was wir hier auf den Tisch kriegen, ist nur die Spitze des Eisbergs." Verwahrloste ausgehungerte, dehydrierte Kinder, eingesperrt in ein „Kinderzimmer", in dem sie ihre Notdurft verrichten und im Dunkeln vor sich hin vegetieren. Babys, die zu lebenslänglichen Pflegefällen „geschüttelt" werden. Es sind nicht nur die toten Kinder, die Polizisten und Feuerwehrleute besonders nahegehen. Es sind auch nicht nur völlig unfähige, überforderte Eltern. Es läuft etwas völlig schief in der Gesellschaft. Warum müssen junge Leute, die aus zerrütteten Familien kommen, unbedingt und ganz früh Familien gründen? „Weil's überall propagiert wird: Familie ist schön. Das will ich auch haben!“, sagt Gina Graichen, die unzählige Täterinnen und Täter vernommen hat. Und weil sie oft den ganz tiefen Wunsch haben, es mit ihren Kindern alles besser zu machen als ihre Eltern mit ihnen. „Aber sie haben in ihrem Alter überhaupt keine Ahnung, was das heißt: ein Kind großziehen“, seufzt Kriminaloberrat Havemann, der auch Kinder hat. „Die wollen in die Disko, zur Love Parade. Aber ein Kind ist kein Plüschtier, das man auf die Couch setzt. Das schreit. Will versorgt werden.“

Gina Graichen möchte an manchen Tatorten am liebsten losheulen. Wenn ihr Kinderhändchen einfallen, die sich vertrauensvoll in ihre schieben, und sie plötzlich weiß, was diese geschundenen Wesen alles *nicht* gehabt haben. Wenn die Bilder weiterwuchern, mitten hinein in die Gefilde, wo die Empathie sitzt. „Wie gemein dieses kindliche Urvertrauen ausgenutzt wurde ... diese Lieblosigkeit ... das innere Vereinsamen dieser Kinder.“ Wenn sie von solchen Tatorten nachts nach Hause fährt, vorbei an „friedlichen Häuserfronten, wo Licht brennt, da überlege ich wirklich manchmal: Was spielt sich *da* wohl gerade ab?“ Am nächsten Morgen steht sie wieder auf, und ein anderer klarer Gedanke gewinnt die Oberhand: „Krieg dich ein, es hilft niemandem, wenn du dich Gefühlen hingibst, du hast jetzt Folgendes zu tun ...“

Was alle, die solche Einsätze erleben, aufbringt, sind die braven Leute um jeden Fall herum. Nachbarn, Briefträger, verschiedenste Ämter. Sie kriegen alle immer irgendetwas mit, aber kaum jemand unternimmt etwas. Für Havemann liegt es an der „Anonymität der Großstadt – jeder macht seins, keiner mischt sich ein, keiner will Ärger.“ Gina Graichen nennt es „Gefühlskälte“ und – ganz banal Mangel an Kontrolle. „Es wird ja nicht mal kontrolliert, ob Kinder zu den ärztlichen Untersuchungen kommen. Wenn nicht – na, dann eben nicht! Aber kleine Kinder, die vernachlässigt und misshandelt werden, haben einen Knacks fürs Leben weg."

Dank dem sie später allzuoft ihre eigenen Kinder malträtieren – müssen. Weil niemand ihnen zur rechten Zeit geholfen hat.

Oktober 2003

Verbrannte Zeit

Es war ein ausgelassener Samstagabend für Karin Pantring. Feiern mit Freunden, spät ins Bett. Überhaupt ein entspanntes Wochenende. Aufatmen nach Monaten Mammutstress, in denen sie und die Kollegen den gesamten Bestand gesichtet hatten und dabei akkurat beschriftet und vorsortiert für den großen Umzug und die digitale Erfassung. Regal für Regal, Fach für Fach. Dies hier muss langzeitgesichert werden, das da ist nicht so dringend, jenes kann man löschen.

Um halb sieben ist die kurze Nacht vorbei. Das Telefon schrillt. Als Karin Pantring ein paar Minuten später im Taxi sitzt, sieht sie die schwarzen Rauchschwaden schon von weitem. „Und auf der Straße kam mir eine Kollegin aus der Technik entgegengelaufen, die sagte nur: ‚Hier noch nicht weinen! Hier ist überall Presse!'. Aber bei mir liefen die Tränen schon nur so runter." Auf der Oberlandstraße in Tempelhof und dem Gelände mit der Hausnummer 88-89 stehen Polizeifahrzeuge und Rettungswagen, Drehleiterfahrzeuge, drei Spezialwagen mit Messgeräten und allein sechs große Löschhilfsfahrzeuge. Das Gebäude ist das ZDF-Landesstudio Berlin. Was da brennt, ist das Filmarchiv im Keller, das Karin Pantring seit 1997 leitet. Hier lagerten die Original-Sendebänder der Magazine „drüben" und „Kennzeichen D", die in Berlin, nicht in Mainz produziert werden, und Magnetbänder, Kassetten und Filmkopien, vor allem aber Drehmaterial. Originalaufnahmen der Korrespondenten, seit sie aus der DDR berichten durften. Bilder und Stimmen von Menschen in den Auflösungsphasen der DDR. Montagsdemos, Dissidententreffen, das Bröckeln und Auseinanderbrechen der Mauer und die Umbrüche danach. Rostock-Lichtenhagen, zum Beispiel. Lebendige Zeitgeschichte, gespeichert für das immer kürzere historische Gedächtnis der Zeitgenossen. „Das Wichtigste war auch gesendet worden", sagt Karin Pantring und weiß doch selbst, dass das kein Trost ist. Man dreht immer viel mehr, als man sendet. Und was an Dokumenten von heute wirklich wichtig ist, sieht man oft erst übermorgen.

Für Rolf Erbe wäre um diese Zeit normalerweise die Nacht zu Ende gewesen. Aber in dieser Nacht vom 21. auf den 22. August 1999 war um 3 Uhr 54 der Alarmruf eines Wachmanns eingegangen: Einsatzstichwort „Feuer", Zusatz „Brandsatz im Keller". Rolf Erbe ist Brandoberinspektor der Berliner Feuerwehr und Zugführer der Wache Neukölln. Kurz danach trifft er vor Ort ein, gemeinsam mit den Einsatzkräften der Feuerwachen Tempelhof und Schöneberg. Aus den Kellerfenstern an der Längsseite des dreistöckigen 70er-Jahre-Flachbaus steigt Rauch. Der Wachmann erwähnt wieder den Brandsatz, der durch eins der Fenster geworfen worden sei. Erbe geht mit ihm ein paar Stufen hoch zum Haupteingang, der im Erdgeschoss liegt, Kellerzugänge erkunden. Aber er kommt nicht weit. „Nach der halben Treppe war alles total verqualmt, man kam in den Keller gar nicht rein ohne Atemschutz."

Der Wachmann zeigt einen kleinen versteckten Notausgang direkt in den Hof. Er hat auch Schlüssel dafür. Sie bauen die Wasserversorgung auf, erkunden den Ort. „Das ist ja nicht so wie oft im Fernsehen", erklärt Erbe, „die Feuerwehr kommt und spritzt erstmal die Wände nass oder irgendwo rein. Das macht bloß großen Wasserschaden. Wir löschen immer erst, wenn wir das Feuer sehen." Auf der Rückseite ist noch ein Eingang, aber der eignet sich nicht. Also legen sie ein zweites C-Rohr durch ein kaputtes Kellerfenster in einem Luftschacht.

Dass hier Kunststoff brennt, riecht ein erfahrener Feuerwehrmann wie Erbe sofort. Inzwischen wissen sie auch, dass es Filmmaterial ist. Womöglich sogar altes, aus Zellulosenitrat? Atemschutz ist jetzt Pflicht für alle. Ein Löschfahrzeug muss aus dem Hof gefahren werden, der Qualm verteilt sich in dichten schwarzen Flocken auf breiter Fläche. Um 4 Uhr 32 alarmieren sie den ELW aus Neukölln. Der Einsatzleitwagen hat Messgeräte an Bord. Der Wachmann bringt einen Grundriss vom Kellergeschoss. Erbe schickt noch einmal vier Mann nach unten, Atemmasken über dem Kopf, 15 Kilo Gerät am Leib und den schweren Schlauch in den Händen. Auch sie sind nach fünf Minuten wieder oben. „Sieht da völlig anders aus, als du gesagt hast", stöhnen sie frustriert. Der Grundriss stammt aus der Zeit vor dem Umbau. Die eingezeichneten abgetrennten Räume existieren gar nicht mehr. Und die Orientierung ist gleich null. „Durch den Rauch sieht man die Hand vor Augen nicht, man muss sich tastend vorwärtsbewegen. Man merkt nur, irgendwann wird es warm."

Es wird *sehr* warm. Der Boden ist glitschig. Noch immer haben sie das Feuer nicht gesehen. Sie werden durch einen dritten Trupp abgelöst, der ebenfalls erfolglos wieder hochkommt. Sie werden also erstmal den ständig dichter werdenden Rauch bekämpfen. Mit dem Drucklüfter, einer Art Riesenventilator, vom Kellereingang her. Aber weder Hitze noch Rauch ziehen ab. Verstärkung aus Spandau, Zehlendorf, Steglitz, Buckow trifft ein, „Atemschutzreserven". Feuerlöschen ist schwere körperliche Arbeit, unter der Maske schafft man maximal 30 Minuten. Also Luftaustausch verstärken. Zwei weitere Drucklüfter werden alarmiert, die Kellerfenster eingeschlagen. Auch das geht nur schleppend. Die Fenster liegen in Luftschächten, und die sind teilweise mit

Gittern und Matten abgedeckt. Inzwischen schlängelt der Rauch durchs ganze Gebäude und legt sich über Computer und Mobiliar. Endlich sind Flammen zu sehen – allerdings auf der anderen Seite des Kellerraums, gegenüber dem Brandherd, den der Wachmann angegeben hatte. Das heißt, dass mindestens ein Drittel der 207 Quadratmeter brennt. Jetzt geht nur noch der Außenangriff. Fluten mit Schaum. Den ganzen mutmaßlichen Brandraum. Um halb sechs schießen sie aus sechs Rohren durch die Fenster auf die lodernde und schmelzende Zeitgeschichte. Brennende Zeit, begraben unter einem Teppich aus Wasser, das künstlich zu Badeschaum oder Schlagsahne aufgepumpt wurde.

Der Rauchpilz ist inzwischen im ganzen Berliner Süden zu sehen und versetzt Anwohner in Panik. In den Funkbetriebszentralen von Polizei und Feuerwehr herrscht Hochbetrieb. Längst ist die Oberlandstraße weiträumig abgesperrt, sind Umwelt-ELWs und Fernsehkameras aufgefahren. Als Karin Pantring um kurz vor sieben eintrifft, schlagen noch immer Flammen aus den Kellerfenstern. Ein Feuerwehrmann hat im Keller fast einen schweren Unfall. Beim Kontrollieren, welchen Erfolg das Schäumen hat, verklebt sich der Lungenautomat seiner Atemschutzmaske. Glücklicherweise ist er nicht tief im Keller und kann schnell raus.

Das Gelände wimmelt inzwischen von Einsatzkräften, Polizei, Presse und ZDF-Mitarbeitern. Karlheinz Dalheimer, der für Brandkriminalität zuständige Oberstaatsanwalt, kommt zum Ort, um sich selbst ein Bild zu machen. Zwischen Tränen, Hektik und Fassungslosigkeit schwirren wilde Gerüchte durch die Rauchschwaden. Wer wirft denn einen Brandsatz ins ZDF-Archiv? Ist das was Politisches? Der kriminalpolizeiliche Staatsschutz wird eingeschaltet, zieht sich aber bald wieder zurück. Die Ermittlungen der Brandkommissare ergeben schnell eindeutig: Es hat gar keinen Brandsatz von außen gegeben. Es gibt vielmehr zwei Stellen auf dem Kellerboden, an denen Papier angezündet wurde. Aber dahin hätte niemand von außen etwas werfen können, aus banal ballistischen Gründen. „Der hätte einen mehrfach gewinkelten Arm haben müssen!“, frotzelt Egon Burrasch vom dritten Brandkommissariat des Landeskriminalamts. Er ist ausgebildeter „Ingenieur für Brandschutz“, so etwas gab es nur in der DDR. Dort hatte, anders als im Westen, die Feuerwehr nicht nur zu löschen, sondern auch zu ermitteln, zusammen mit der Kriminalpolizei. Vier solche Brandingenieure hat das LKA Berlin nach der Wende übernommen. Burrasch ist der letzte. „Das ist geballtes Fachwissen, und das schafft auch Vertrauen zwischen Kripo und Feuerwehr“, sagt Michael Havemann, der Dezernatsleiter des LKA 12, in dem neben Vermisstenfällen und Delikten an Schutzbefohlenen auch Brände bearbeitet werden. Er sagt das mit Nachdruck. Er hält es nämlich für kontraproduktiv, wenn Feuerwehrleute Brandermittler als heimliche Kontrolleure empfinden und Kripos Brandlöscher als Tatortverwüster.

Egon Burrasch hat den Tatort ZDF-Filmarchiv bearbeitet. Er hat die beiden Stellen gesehen, an denen jemand vorher aus Aktenordnern gerissene, zerknüllte Seiten angezündet hat. Er hat die Regale untersucht, die nicht längs an den beiden Wänden entlang liefen, sondern platzsparend quer, wie in allen großen Dokumentenlagern: zusammen- und auseinanderfahrbar. Er weiß genau, was dann abgelaufen ist: „Die ebenfalls aus den Regalen gerissenen Filmdosen haben Feuer gefangen, der Brand hat sich seiner thermischen Eigenschaft folgend trichterförmig zwischen diesen Regalen nach oben ausgebreitet, das hat einen Wärmestau unter der Decke verursacht, der die Holzspanplatten oben auf den

Regalen durchgebrannt hat, und die sind dann brennend in die Regale gefallen."

Das war das Ende des gesamten Archivmaterials auf der linken Seite des Raumes. „Überwiegend Drehmaterial und ein Teil der ‚Kennzeichen D'-Kassetten. Und da war gar nichts mehr zu machen", erinnert sich Karin Pantring schaudernd. „Das hing in so dunklen Fäden von der Decke, wie angebrannte Spaghetti, hab ich immer gesagt." Als sie mit Jörg Redieske zum ersten Mal in den Raum darf, packt sie „das blanke Entsetzen. Aber dann haben wir auf der rechten Seite geguckt, Filmbüchsen, okay, die gehen noch. Ich seh mich noch wie heute auf dem Boden sitzen, Filmbüchse auf – hah! Es ist noch was da! Das war der erste lichte Moment."

Redieske, der altgediente Archivar, hatte alles penibel beschriftet. „Dank seinem guten Gedächtnis und diesen Aufschriften, die trotz Ruß, Rauch und Rost teilweise lesbar waren, haben wir mühselig rekonstruiert, was noch zu retten war." Die alten Karteikarten waren mitverbrannt. Aber sie hatten schon einen Raumplan gemacht, für den Umzug des ganzen Landesstudios nach Mitte. Je eine Seite für jede Wand, Regal für Regal, Fach für Fach, Dose für Dose. Pro Regal sechs bis zwölf Fächer, pro Fach vier, fünf Dosen oder Kassetten. Mit Nummern. Damit können sie der Bergungsfirma genau sagen, was aus dem stinkenden, glitschigen Keller rauszuholen lohnt. Es hatte zwar nie giftige Nitrofilme im Archiv gegeben, aber sie dürfen trotzdem ohne Atemschutz nicht mehr rein, und „in so 'nem Schutzanzug mit so 'ner Gasmaske, da kann man nicht arbeiten!"

Gleichzeitig geht die normale Arbeit weiter. Montag wird das Morgenmagazin produziert, bei der BERLINER UNION-FILM gegenüber. „Der Bau war komplett verrußt, die Telefonanlage ging nicht, wir hatten keine Computer. Wir haben zwei, drei Wochen nur auf dem Hof gestanden, mit Handy und Zettel in der Hand, und alles organisiert!" Es gibt eine Welle von Solidarität. „Vom SFB damals noch, sofort. Das war toll. Wahrscheinlich haben sämtliche Archivare der Republik mitgelitten, denn unsers war das erste Fernseharchiv, das abgebrannt ist."

Den Brand zu löschen hatte gut fünf Stunden gedauert. Beschädigtes zu regenerieren, duplizieren, sichern und digital zu erfassen, dauert gut zwei Jahre. Die Trauer über verlorenes Kulturgut wird bei manchen ein Leben lang dauern. Die Ermittlungen enden vorläufig nach einem halben Jahr. „Wir hatten jemanden in Verdacht, aber der ließ sich nicht erhärten, und das Verfahren ist dann eingestellt worden mangels hinreichenden Tatverdachts nach § 170 Absatz 2 StGB, wie das so heißt", sagt Oberstaatsanwalt Dalheimer, und sehr erfreut wirkt er nicht. Gut fünftausend Branddelikte ermitteln seine Staatsanwälte pro Jahr. Dalheimer ist gebürtiger Badener, seit 1974 in Berlin und seit 1998 Leiter der Abteilung 2 der Berliner Staatsanwaltschaft, die außerdem mit Sprengstoffanschlägen und *politisch* Brisantem zu tun hat: Presseverfahren und Verfahren wegen Delikten *von* Politikern wie *gegen* Politiker. Er ist nicht erst bei Schäubles Spende und Möllemanns Flyer zum Meister der intrikaten Formulierung geworden und weist keineswegs mangels hinreichenden sonstigen Gesprächsstoffs gern darauf hin, wer die Vorläuferin seiner Dienststelle war: Jene Abteilung 1a der Preußischen Staatsanwaltschaft, die 1933 den Reichstagsbrand „bearbeitet" hat. „Jaja, in Berlin wird schon ganz kräftig gezündelt!", schließt er süffisant.

Die Akte ZDF-Archiv ist dennoch nicht zugeklappt, und nicht nur, weil Brände für Versicherungen interessant sind.

„Es ist viel schwieriger, einen Brandstifter zu fassen als einen Mörder", sagt KOR Havemann. Bei Tötungsdelikten gibt es fast immer Spuren, bei Bränden nicht unbedingt. Die drei Brandkommissariate des LKA 12 bearbeiten ausschließlich vorsätzliche Brandtaten, im Jahr etwa 3.000. Ein knappes Viertel kann aufgeklärt werden. „Wir verzeichnen aber in den letzten Jahren einen Rückgang, und das liegt wohl auch an unserer Präventionsarbeit." Die besteht vor allem aus ganz basaler Aufklärung: Hausmeistern und Wohnungsgesellschaften beibringen, dass Pappkartons für Reklameblätter in Hausfluren eine Einladung für Zündler sind, zum Beispiel. Oder dass verschlossene Haustüren kein Spießerkram sind, sondern Schutz. Ratschläge, die auch die Feuerwehr immer wieder öffentlich gibt. Sie hat jährlich etwa 7.000 Alarmierungen zum Stichwort „Feuer", bei ihr gehören dazu auch die vielen auf dem Herd vergessenen Kochtöpfe. „In Berlin wird drolligerweise auch rund um die Uhr gekocht", lacht Rolf Erbe, der heute Brandamtmann ist und das Fachgebiet „Rettungsdienst" der Feuerwehrschule leitet.

Karin Pantring hat im lichten, neuen ZDF-Archiv im Zollernhof Unter den Linden ein plattenspielergroßes „Mahnmal" aufgestellt. Es ist eine angekokelte, angerostete Blechfilmbüchse unter Glas, der Deckel halb offen, penibel beschriftet, darin eine schwarz verschmolzene Filmrolle. Ein Stück verbrannte Zeit.

Mai 2005

Zersetzung gefährdet

Um winzige Dinge geht es in dieser Geschichte. Dinge, die es gar nicht geben sollte. Spuren an einem Ort, der ein Tatort ist, aber bisher noch nie kriminaltechnisch gewürdigt wurde. „Sie sind zart und zerbrechlich und aus vergänglichen Materialien", sagt Christiane String, als wir wieder draußen stehen, auf dem Hof beim Eingang, wo Schülergruppen schnattern und man wieder den Himmel sehen und frischen Wind spüren kann. Der Hof gehört zu einer Gedenkstätte. Hier lag bis zum Ende der DDR die zentrale Untersuchungshaftanstalt des Ministeriums für Staatssicherheit (MfS). Hier saß außerdem das „Untersuchungsorgan" des MfS, jene Zentrale aus Geheimdienst, Polizei und Staatsanwaltschaft, aus der die Direktiven für den gesamten Repressionsapparat der DDR kamen.

UHA Hohenschönhausen. Ein unguter Ort. Ein Ort, an dem auf zynische Weise „der Mensch im Mittelpunkt" stand: als Objekt der operativen Psychologie, die die Zersetzung der Persönlichkeit zum Ziel hatte. Wer hier eingeliefert wurde, durfte nicht einmal wissen, wo er war. Er – und selbstverständlich auch sie – kam nach stundenlangen Verhören nach allen Regeln der Einschüchterung, ohne Anwalt selbstverständlich, in eine Einzelzelle mit Pritsche, Stuhl, Tisch, Waschbecken und Klo. Im Fenster Glasbausteine statt Scheiben. Zweck der Übung: Isolation und Orientierungsverlust. Geschlafen wurde gefälligst mit den Händen *auf* der Decke, egal, wie kalt es war. Und dauernd ging das Licht an, schabte etwas außen an der schweren Holztür, dann blieb es eine Zeitlang still und schließlich wurde die Metallblende über dem Türspion losgelassen und schlenkerte klackernd noch ein paar Mal hin und her. Ein Allerweltsgeräusch aus einer unheimlichen Parallelwelt. Wer aus diesem „Verwahrraum“ geholt wurde – zum Duschen einmal die Woche, zu Verhören jederzeit und überfallartig –, hatte sich mit Nummer zu melden und hörte barsche, knappste Befehle. Keine Kommunikation außer mit Vernehmungsspezialisten. Keine Uhr. Kein Kontakt mit Mithäftlingen. Falls sich doch mal die Wege zweier Gefangener kreuzten, wurde einer schnell wieder weggesperrt oder stand mit dem Gesicht zur Wand solange, bis der andere außer Sicht war.

Christiane String ist wissenschaftliche Mitarbeiterin der Gedenkstätte und zuständig für Ausstellungen und die Sammlung der Zeugnisse. Die zarten vergänglichen Dinge, die sie meint, sind Zeichen auf Wänden. „Wir hatten Restauratoren beauftragt, die eigentlich zerfallende Tapeten und Wandanstriche untersuchen sollten, um sie bewahren zu können.“ Die Gedenkstätte muss auch vor dem Zahn der Zeit geschützt werden, der an Mauern, Räumen und Ausstattung nagt. Claudia Boerger ist Diplom-Restauratorin wie ihre Schwester Kathrin. Die beiden haben eine kleine Firma in Lichtenberg, die auf Architekturfassung und Wandbemalung spezialisiert ist. Was BOERGER & BOERGER seit November 2006 hier tut, klingt fast wie eine archäologische Ausgrabung. „Wir legen Farbleiterschnitte an, um herauszufinden, wie die verschiedenen historischen Farbgebungen waren“, erzählt Claudia Boerger, „das gibt schon viele Informationen über den Geschmack und auch über die Nutzung der Räume.“ Der Vernehmertrakt hatte ursprünglich Wände in Hellblau, Rosa oder Apricot, über die als letzte Schicht bunt gemusterte Tapeten geklebt worden waren. Der Zellentrakt dagegen liegt unter Schichten in Ocker-Grau wie unter Mehltau. Die Räume für die Wachmannschaften haben öfter die Funktion gewechselt, das lässt sich am Dekor nachweisen. „Und bei der Untersuchung haben wir zufällig eine Einritzung entdeckt, nur ein paar Millimeter hoch, in der weißen Leimfarbe."

Das ist die Initialzündung. „Ab da haben wir wirklich mit der Stirnlupe Wandfläche für Wandfläche abgesucht." In den Zellenfluren finden sie Hunderte kleiner Spuren: Buchstaben, Zahlen, Striche, sogar kleine Gesichter. Manche Zahlen bilden ein Datum, andere sehen aus wie Preise. Manche Buchstaben sind wohl Namen, andere ergeben „Kaffee". Die Striche sind die, die man aus Knastwitzen kennt: „Kalender, mit denen die Häftlinge versucht haben, sich ein Verhältnis zu Zeit zu bewahren", sagt Claudia Boerger, „die gibt's in allen Größen." In den Zellen selbst finden sich nur sehr wenige Zeichen. Warum? „Wir vermuten, dass es in den letzten Zeiten der DDR noch Renovierungsaktionen gegeben hat, um die Spuren der Häftlinge zu beseitigen." Für die Flure hat es nicht mehr gereicht, „oder man hat sie da übersehen." Die Zellen sind fast alle frisch geweißt, wenn auch inzwischen schon wieder nachgegraut. Aber die Boergers finden trotzdem noch Spuren. Nicht da, wo die Farbe aufgerollt wurde, da ist die Schicht zu dick. „Aber da, wo sie noch ganz klassisch mit der Leimbürste aufgetragen wurde, konnten wir mit Streiflicht tieferliegende Einritzungen erkennen."

Claudia und Kathrin Boergers Detektivarbeit ergibt bald einen dicken Stapel Papier aus Lageplänen und Tabellen, mit dem wir durch die Flure gehen. Auf Plänen sind mit roten Punkten alle Fundstellen markiert, die Tabellenseiten sind voller Zeilen wie dieser: „234/1 – über WC in der Zelle – 1,64-1,68 – 23.8.89". Und tatsächlich, in Zelle 234 im zweiten Stock steht über dem Klo, 1,64 m über dem Boden und vier Millimeter groß, dieses Datum, das sich der Auslöschung widersetzt hat und verrät, dass die Zelle frühestens Ende August 1989 gekälkt worden sein kann. Mitten in diesem aufgeregten Sommer, in dem die Stasi mit allem rechnet und viel Platz für Regimegegner braucht? Oder nach der Erstürmung der Stasi-Zentrale in der Normannenstraße? Oder kurz bevor Hohenschönhausen „dem Klassenfeind“ übergeben werden muss? Noch wissen sie das nicht.

Die Forschungsarbeit der Gedenkstätte ist ein kompliziertes Puzzle aus Zeugnissen von Häftlingen und Materialien aus den Archiven der Bundesbeauftragten für die Unterlagen des Staatssicherheitsdienstes der ehemaligen DDR (BStU). Dokumente über die Zeit, als die Sowjets den Altbau erst als Speziallager genutzt und 1946 dessen Keller zur zentralen U-Haftanstalt für Deutschland umgerüstet hatten, liegen in Moskau. Und vom ehemaligen MfS möchte bisher niemand zur Aufklärung beitragen. Die Stasi betrieb die Anlage ab 1951 fast vierzig Jahre lang, füllte sie mit Andersdenkenden wie Walter Janka und aufständischen Arbeitern wie denen vom Juni 1953. Ende der 50er Jahre ließ sie sie um einen U-förmigen Neubau erweitern – von Zwangsarbeitern aus dem eigenen Arbeitslager X nebenan. So war praktischerweise nach dem 13. August 1961 genug Platz für die vielen DDR-Bürger, die ihrer eingemauerten Republik lieber den Rücken kehren wollten, und ihre Helfer aus dem Westen. In den 70er und 80er Jahren durfte schließlich auch fast die komplette DDR-Opposition die drei Stockwerke kennenlernen. Den Schriftsteller Jürgen Fuchs haben sie an Kafka denken und sich fast wünschen lassen, er könnte wie Gregor Samsa als Käfer aufwachen.

Seit Anfang 2007 passiert hier Tatortarbeit. Eine ungewöhnliche Tatortarbeit. Die Berliner Polizei will ihren Teil zur Arbeit der Gedenkstätte beitragen und schickt, wann immer aktuelle Ermittlungen es zulassen, ihre Kriminaltechniker nach Hohenschönhausen. Im dritten Stock vor einer mit lauter kleinen Zetteln gespickten Wand – Markierungen aus dem Kartierungswerk von BOERGER & BOERGER – bauen Katja Wild und eine Kollegin Kamerastativ und Lampen auf. Sie gehören zum LKA KT 14, der Kriminaltechnik 14 des Landeskriminalamts. „Wir setzen ein flaches Streiflicht, und zwar so schräg-seitlich, dass es einen ganz leichten Schatten in die Vertiefung der Einritzung wirft“, beschreibt Katja Wild, „und dann wird ein Maßstab an die Wand gelegt und möglichst dicht drangedrückt, damit der keinen Schatten wirft, und jetzt ...“, sie dreht am Belichtungsrädchen, „... lösen wir aus.“ Klack. „Das war zu hell!“ Also das Ganze nochmal. Kniffelige Arbeit, aber immerhin erleichtert durch Digitalkameras, mit denen sich das Abgebildete sofort kontrollieren lässt.

Ein paar Zellentüren weiter steht Heike Freigang mit einem flachen dunkeln Kästchen. Kaltlicht. „Zeilenlicht nennt sich das, ein sehr gebündeltes, schmales Licht, um Oberflächen besser sichtbar zu machen“, erklärt Gerhard Grube. Die beiden gehören zur KT 32, zuständig für Urkunden und Handschriften. Heike Freigang ist Kriminaloberkommissarin, Gerhard Grube ausgebildeter Psychologe und Sachverständiger für Handschriftenvergleich. Normalerweise gehen sie gar nicht an Tatorte. „Wir arbeiten eigentlich am Schreibtisch und im Labor. Bedrohungsbriefe, Kontoüberweisungsträger, Unterschriften unter Verträgen, die kann man woanders gar nicht untersuchen. Aber hier kommt die Schrift nicht zu uns, da muss man halt selbst zur Schrift gehen.“

Diese Schrift hat es in sich. In Grubes gerichtserprobten Worten: „Alle diese Schreibleistungen sind mit nicht-einfärbenden Schreibmitteln gefertigt worden." Kein Kugelschreiber, kein Bleistift, sondern? Da gehen die Hypothesen auseinander. Claudia Boerger und Christiane String vermuten vor allem Fingernägel, mit denen heimlich, beim Stehen mit dem Gesicht zur Wand, geritzt wurde. Grube findet viele Inschriften dafür „zu flüssig geschrieben, von der Strichführung und Breite her sehen sie aus wie durchgedrückt." Das heißt, jemand hat die Wand als Unterlage für einen Zettel genommen und ganz offen und in aller Ruhe mit irgendeinem Stift etwas aufgeschrieben. Und was? Namen sind relativ einfach. „Hier unten", sagt Heike Freigang, „das W, das D, das E und das hier, würde ich denken, ist eine R-E-Verbindung: könnte WREDE heißen." Die Zahl hinter dem Wort KAFFEE interpretiert sie vorsichtig so: „8,75 – wenn mich nicht alles täuscht, war das damals der Preis, und dann könnte das eine Bestellung sein."

Claudia Boerger findet die Idee, dass Häftlinge bei Wärtern Kaffee bestellen, „schwer vereinbar mit dem, was man aus dem Alltag hier weiß. Und wenn es aus der Zeit nach der Wende stammt, passt der Preis nicht. Aber es kann natürlich eine Art Schwarzmarkt gegeben haben. Man weiß es einfach nicht." Bis aus den Fotos und den Expertisen des LKA ein Bericht geworden ist, wird noch viel Zeit vergehen. „Allein für diesen einen Flur", schätzt Grube, „brauchen wir drei Tage."

Und dann bleibt noch ein besonders unguter Teil des Tatorts Hohenschönhausen zu bearbeiten. Noch pedantischer, wenn irgend möglich, denn seine Existenz wird gern komplett bestritten von ehemaligen Stasi-Leuten: Die Gummizellen. Zwei Alptraumräume in einem Kellertrakt. Boden und Decke schwarz gestrichen. Wände und Tür mit schwarzem Gummi bespannt. Gepolstert, damit man sich nicht den

Kopf einschlagen kann. Lichtlos, damit man schneller das Zeit- und Raumgefühl verliert. Das Gummi ist derselbe Stoff, aus dem andernorts die Fließbänder sind. Auch darauf finden sich geritzte Spuren. Und wenn nur eine von ihnen nachweisbar von *vor* der Wende stammt, könnte die Behauptung von ein paar Ewig-Gestrigen, es habe die Gummizellen gar nicht gegeben, die seien nachträglich eingebaut worden, „vom Klassenfeind", justiziabel werden.

Hier unten im Keller bekommt das Wort „Terrorzelle" einen neuen Sinn, stehen die Schülergruppen vor der offenen Tür und hören beklommen, was ehemalige Häftlinge berichten. Hohenschönhausen kann man sich nur geführt ansehen, meistens von Menschen, die hier einst Objekte der Zersetzung waren. Draußen im Hof, wo die nächsten Schülergruppen noch nichtsahnend schnattern, bringt Christiane String auf den Punkt, worum es bei dem ganzen mühsamen Puzzle geht: „Das Schönste wäre, wenn wir aus einer Spur in der Wand wieder einen Menschen bekommen, der das hier erlebt hat."

Juni 2007

Sex & Crime

Selbst schuld und tschüs
K.O. schon vor dem Match
Der leise Terror
Einer von uns

Metropolen sind große Laboratorien. Werkstätten, in denen Neues probiert, Normen außer Kraft gesetzt und Grenzen getestet werden. Auch sozial. Und also auch sexuell. Das Klima der Freiheit macht sie so attraktiv.

Berlin war immer ein Magnet für Anderslebende. Liberal, tolerant, lustvoll. Lasterhaft auch, aber Laster ist eine Frage der Definition durch die jeweilige soziale Realität und ihren Zeit-Geist. Nach Berlin zog es Schwule schon lange, bevor Homosexualität nicht mehr als Straftat verfolgt wurde, und Frauen, die sexuelle und sonstige Konventionen zu öde und blöde fanden und anschaffend durchs Leben kamen. In Zeiten, in den die Stadt in West-Berlin und Hauptstadt der DDR aufgeteilt war, herrschte in ersterem die Freiheit von zwei Sperren: In West-Berlin gab es keine Sperrstunde und keine Sperrgebietsverordnung.

Aber selbst die gesichertste Freiheit birgt Rest-Risiken. Ein skrupelloser HIV-Infizierter findet irgendwann sein Opfer ebenso wie ein Räuber, der Schwule für ideale K.O.-Tropfen-Kandidaten hält. Niemand schützt einen davor, dass der einstmals geliebte Partner zum Stalker mutiert, und noch heute werden Huren umgebracht. Auch von Polizisten.

Selbst schuld und tschüs?

Sie liebt ihn, den Architekten aus dem fernen Westen. Mitsamt seinen Pickeln und seinen kleinen Marotten. Zum Beispiel, dass er sogar beim Sex das T-Shirt anbehält. Warum sollte sie bezweifeln, dass er die vielen Tabletten gegen Kopfschmerzen nimmt und die von der Platte herrühren, die man ihm nach einem Autounfall eingesetzt hat? Dass er oft weg muss, weil auf seiner großen Baustelle Not am Mann ist. Martina Schneider – wie wir sie nennen wollen – ist 30, berufstätig und alleinerziehende Mutter. Er ist 34 und meint es ernst. „Er hatte mich auch gefragt, ob ich ein Kind von ihm möchte", sagt sie heute, vier Jahre und eine grausame Erfahrung später, seufzend, „ja, na klar! Er war ja ein toller Mensch. Ick hab 'n *jeliebt*!"

Martina Schneider ist kein naives Huhn. Und dies ist keine Geschichte, die man mit einem coolen „wenn Frauen zu sehr lieben" beiseite schieben kann. Liebe basiert nun mal auf Vertrauen. Wer lieben will, *darf* nicht mit Verrat rechnen. Nicht damit, belogen zu werden, und schon gar nicht damit, dass der geliebte Mensch einem etwas antut, das die Grenze zur Kriminalität überschreitet. Diese Liebe beginnt im Januar 2003. Sie ist wunderschön und voller Zukunft. Und reißt ein halbes Jahr später jäh ab. Der Mann verschwindet. Sie fährt bis nach Nordrhein-Westfalen, sucht ihn, hinterlässt Briefe, schickt SMS, Emails – vergeblich. An sowas kann man irre werden. Man will doch nur eins wissen: Warum? Erst recht, wenn man selbst obendrein noch ganz matschig ist von einer mysteriösen Krankheit. Martina liegt plötzlich im Sommer vierzehn Tage flach, ohne dass die Ärzte den Grund finden können. Es fühlt sich an wie eine schwere Grippe, mit hohem Fieber und einem zum Heulen schmerzenden Körper.

Sie versucht, ihr Leben wieder auf die Reihe zu kriegen. Dass Männer einfach abhauen, ohne sich die Mühe einer Erklärung zu machen, das tut gemein weh. Aber das ist wohl so. Und das kann man überleben. Vor allem, wenn man jung und gesund ist, einen kleinen Sohn und eine Familie hat, in der man geborgen ist. Martina Schneider ist eine attraktive junge Frau mit langen blonden Locken und wachen grünen Augen. Und langsam, langsam kommt das Leben wieder. Im Dezember 2003 geht sie mit den Kollegen ihrer Firma Blut spenden. „Eine Woche später kam vom Roten Kreuz ein Brief, ich soll nochmal hin", erzählt sie, ganz ruhig, im nüchternen Besprechungszimmer einer Anwaltskanzlei, mit einem Auge und einem Ohr bei ihrer Schwester und deren kleinem Sohn, der immer mal fröhlich dazwischenquiekt. Beim DRK legen sie ihr eine Bombe in den Schoß: „Da wurde mir dann gesagt, dass ich HIV-positiv bin. Tja, und dann war die Welt zu Ende."

Ab jetzt ist sie nicht mehr bloß eine sitzengelassene Frau. Martina Schneider ist Kriminalitätsopfer, Opfer einer Tat, die noch immer einem Todesurteil gleichkommt. Sie braucht nichts dringender als Unterstützung. Von ihrer Familie, ihren Freunden bekommt sie die auch sofort. Der Chef einer Bekannten ist selbst HIV-infiziert, er redet mit ihr, nimmt ihr die rasendsten Ängste und schickt sie zum richtigen Arzt. Sie weiß, wer sie angesteckt hat. Sie hatte ja mit niemandem geschlafen als mit dem „tollen Menschen". Und der hatte ihr nicht nur seine eigene Krankheit verschwiegen. Er hatte auch ihre „mysteriöse Krankheit" sofort begriffen. „Sowas hat man einmal, wenn man sich definitiv angesteckt hat", erfährt sie, „da haben die Viren gewonnen. Spätestens da hätte er es mir sagen müssen." Aber da haut er ab.

Noch hat sie keine körperlichen Symptome. Aber der

Angriff auf ihr Leben macht ihr zu schaffen. Sie sucht noch einmal nach ihm. Er bleibt ungreifbar. Sie will ihn anzeigen. Psychisch wackelig, wie sie ist, nimmt sie ihre Schwester mit zur AIDS-Beratung. Was die beiden Frauen dort zu hören bekommen, haut ihr wieder die Beine weg. „Die haben gesagt, ich brauch den gar nicht erst anzuzeigen, ich hab sowieso keine Chance." Von Frauen ist die Rede, die gerade mit sowas vor Gericht gescheitert seien. Außerdem sei sie für ihr Leben selbst verantwortlich. „Da hab ich mich dann auch nicht mehr getraut, zur Polizei zu gehen und mich da als Infizierte zu entblößen." Also fängt sie an, damit zu leben. „Auch für mein Kind, es musste ja irgendwie weitergehen."

Die goldene Oktobersonne ist fast völlig gewichen vom Tisch mit den Kaffeetassen, Keksen und Bonbons. Der kleine Neffe klappert weiter lebenslustig mit Spielzeug. Die Rechtsanwältin kommt mit einem Ordner zurück ins Zimmer. Henrike Weber gehört zur Kanzlei Weber, Preuß, Lehmann, die dank ihrer innovativen Mischung in wenigen Jahren zu einer Topadresse für Kriminalitätsopfer geworden ist: Roland Weber ist Spezialist für Strafrecht, Lars Preuß für häusliche Gewalt und kindliche Opfer, Markus Lehmann ist Zivil- und Versicherungsrechtler und Henrike Weber Fachfrau fürs Opferentschädigungsgesetz (OEG). Hat man einen von ihnen, hat man das geballte Knowhow aller vier. Der Synergieeffekt bringt Power auf die Nebenklägerbank, den einzigen Ort, an dem Opfer von Verbrechen an Gerichtsverfahren aktiv teilnehmen können.

Dass Martina Schneider jetzt in dieser Kanzlei sitzen und erzählen kann, liegt am WEISSEN RING. Im Oktober 2005, als sie nach beinah zwei Jahren langsam geschafft hat zu vergessen, was sich vergessen lässt, ruft ein Kommissar von der Kripo in Köln bei ihr an. Der „Architekt" ist aufgeflogen und verhaftet worden. „Ich war eine der letzten, die sie gefunden haben.“ Der Kommissar hatte solange ermittelt, bis er sicher war: Mehr geschädigte Frauen findet er nicht. Nicht in Nordrhein-Westfalen und nicht in Berlin. „Wär *er* nicht gewesen –“, sie hält inne. Ein wunder Punkt. Der Täter hätte immer weiter Frauen angesteckt. So wie all die Jahre nach ihr, weil sie sich die Anzeige ausreden lassen hatte. Von diesem Kommissar erfährt Martina Schneider endlich, dass sie Rechte hat, auch auf staatliche Unterstützung. Er rät ihr, sich an den WEISSEN RING zu wenden. Sie hat wie die meisten Bundesbürger keine Ahnung, dass es ein OEG gibt, dass ihr zum Beispiel Rente zusteht, wenn sie wegen AIDS nicht mehr arbeiten kann, oder was ein Versorgungsamt ist.

WR-Mitarbeiter kennen solche Probleme, deshalb engagieren sie sich da. Fast ausschließlich ehrenamtlich. Allein in Berlin rund hundert Menschen in vierzehn „Außenstellen“. So wie Herbert Kreis, der die Außenstelle Neukölln leitet. Seit 1996 ist der gelernte Jurist WR-Mitglied. „Ich war nie selbst Opfer einer Straftat, auch niemand aus meinem Umfeld“, sagt er, „aber man kann doch als aufmerksamer Staatsbürger beobachten, wie Verbrechensopfer benachteiligt werden.“ Seit er nicht mehr selbst arbeitet, ist deren Betreuung und die Koordination aller möglicher Hilfen fast ein Fulltime-Job für ihn. Hilfe vom WR kommt immer sofort. Einfach da sein und zuhören gehört ebenso dazu wie finanzielle Überbrückung, Beratungsschecks für Rechtshilfe oder Psychotherapie und die Vorbereitung auf Prozesse. Die WR-Helfer begleiten die Opfer auch dorthin. Zeugenaussagen vor Gericht, in Gegenwart des Täters, sind oft schiere psychische Qual.

Herbert Kreis nimmt sich der Sache an. „Da war einfach jemand, der wirklich geholfen hat“, erzählt Martina Schneider, „das war klasse. Die sind echt – der Hammer." Und der Hammer ist bitter nötig. Ihr Antrag beim Versorgungsamt wird kalt abgeschmettert. „Wer sich auf einen ungeschützten Sexualverkehr einlässt und dadurch an AIDS erkrankt, hat keinen Anspruch auf Leistungen nach den Vorschriften des OEG, auch wenn der Partner die Infektion verheimlicht hat", liest jetzt Henrike Weber aus der dicken Akte vor. Das Amt will weder selbst ermitteln, was es kann, darf und auch soll, noch interessiert es sich für die längst laufenden Ermittlungen der Kripo Köln. „Stattdessen wird ein lapidarer Bescheid in die Welt geschossen", sagt Henrike Weber erbost, „an ein krankes Opfer. Quintessenz: Alles deine Schuld!"

Martina Schneider ist geschockt, als sie das Schreiben bekommt. „Wie die das formuliert haben, einfach nur: Selbst schuld und tschüs!" Eine voreilige, sinnlose Härte. Das OEG ist dazu gedacht, Opfer zu stärken. Man muss es sich vorstellen als Gegenstück zum staatlichen Gewaltmonopol. „Der Rechtsstaat sagt ja, liebe Leute, ihr dürft hier nicht mit geladenen Waffen rumlaufen, aber ihr habt das Recht auf Strafverfolgung und Prävention, und das setzen wir für euch durch", erklärt Henrike Weber. „Wir, der Staat, können aber nicht überall rechtzeitig sein, wenn ihr also trotzdem Opfer einer Tat werdet, dann sollt ihr wenigstens dafür entschädigt werden."

In der Praxis, weiß Herbert Kreis aus Erfahrung, müssen die Opfer selbst oft allerdings erstmal beweisen, dass der erlittene Schaden Folge einer Straftat ist. „Die Versorgungsämter", seufzt er, „warten in der Regel den Ausgang von Gerichtsverfahren ab und fangen dann erst an zu prüfen, ob Leistungen überhaupt notwendig sind." Das heißt, es vergeht unendlich viel Zeit, in der das Opfer in der Luft hängt, was seine materielle Sicherheit angeht. Und wenn dem Täter die Schuld nicht rechtskräftig nachgewiesen werden kann, „dann schicken die Ämter die Opfer häufig in Klageverfahren vor Sozialgerichten, die dauern einige Jahre.“ Kreis hört zwar auch schon mal von Mitarbeitern der Ämter, dass sie in Einzelfällen vorab positiv entscheiden. Erlebt hat er es noch nicht.

Noch fast zwei Jahre später, im Sommer 2007, findet in Köln der Prozess gegen den „Architekten“ statt. Von dessen Ausgang sind indirekt auch die Versorgungsämter zweier Bundesländer betroffen. Das Kölner Amt schickt einen Prozessbeobachter. Das ist ungewöhnlich und vermutlich Ergebnis einer klugen Anwaltsstrategie. Henrike Weber hat nämlich ein Adhäsionsverfahren durchgesetzt, das heißt, sie hat in den Strafprozess zivilrechtliche Forderungen eingebracht. „Wir haben einen Schmerzensgeldanspruch geltend gemacht, den der Täter auch sofort anerkannt hat.“ Er kann sich das leisten, es kostet ihn ja nichts, denn zahlen können wird er ohnehin nicht. Aber die Anerkennung des Anspruchs ist de facto ein Schuldeingeständnis. „Damit wollten wir das Versorgungsamt in Zugzwang bringen.“

Verurteilt wird der „Architekt“, der in Wahrheit ein arbeitsloser Kfz.-Mechaniker ist, wegen versuchter und vollendeter gefährlicher Körperverletzung in elf Fällen zu acht Jahren Haft, Sicherungsverwahrung vorbehalten, und zur Zahlung von 20.000 Euro Schmerzensgeld an Martina Schneider. Staatsanwalt und Verteidiger sind in Revision gegangen. Für die noch anstehenden Zivilverfahren ist das unerheblich. Und das Versorgungsamt kann Martina Schneiders Anspruch auf Leistungen jetzt nicht mehr kalt abschmettern. Sie wird sie dringend brauchen, irgendwann, wenn die Krankheit ausbricht. Selbst wenn es bis dahin Heilverfahren für

AIDS geben sollte. Heute ist ihr etwas anderes wichtig. „Ich weiß jetzt, wo er ist und dass er bestraft wird für das, was er uns allen angetan hat. Und da hoff ich, endlich auch seelisch damit klarzukommen."

Oktober 2007

K.O. schon *vor* dem Match

Manchmal genügt ein einziger winziger schwacher Moment. Der Liebste ist von Berufs wegen weit weg, und man hat einfach keinen Bock auf „abends allein zu Haus". Morgen kommt Andreas wieder. „Ja, ich hab eine kleine Kneipentour gemacht, ja, ich hab zwei Bier getrunken", erzählt José. Und ja, eine der Kneipen, durch die er getourt ist, ist wohl berüchtigt als „Stricherlokal". Aber einen Stricher hätte José nie genommen. Und der junge Mann, der ihn um Feuer bittet, ist „sehr kultiviert und sehr nett". Man kommt ins Plaudern, trotzdem geht José bald. „Er ist hinter mir hergedackelt – ob wir noch was zusammen trinken können." Ach komm, okay, eins geht noch. In einer ganz normalen Kneipe. Wo Josè kurz auf die Toilette geht, bevor er mit dem jungen Mann noch ein Bier trinkt. „Dann fragt er mich, ob er mit zu mir nach Hause kommen kann. Ja, naja, er war sehr hübsch." Und José ist bald vierzig. Da kann so ein hübscher Kerl mit guten Manieren, der einen offenbar begehrt, genau die Nanoeinheit Schmeichelei sein, die einem die Warnsysteme trübt. Oder hat das Zeug da schon angefangen zu wirken?

José ist selbst ein schöner Mann, zierlich, kein Gramm Fett zuviel, kurze schwarze Haare und warme, lebhafte braune Augen. Er weiß vom Rest des Abends nur noch, dass sie kurz Cola getrunken haben, weil er keine Alkoholika zu Hause hatte, und danach ins Bett gegangen sind. „Ich kann mich nicht mal mehr erinnern, dass ich mich ausgezogen habe. Ich bin irgendwann mittags wieder aufgewacht, nach zehn Stunden oder so. Total benebelt." Die Gedanken rutschen weg. Die Beine auch, als er aufstehen will. Warum sind denn bei der Kommode im Flur die Schubladen alle offen? Und da, der Schrank zwischen Schlafzimmer und Gästezimmer – da stehen auch die Türen auf?

Dann kommt die Panik.

„Aus zwei Gründen. Erstmal – wie soll ich das meinem Freund erklären? Und dann weil mein ganzer Schmuck weg war." Dazu gehören auch Dinge ohne materiellen Wert. Erinnerungen an seinen Ex-Freund, ein Workaholic, genau wie José damals. Ein Herzinfarkt hatte ihn aus dem Leben gerissen. Das war noch in Spanien gewesen. „Vierzehn Jahre Lebensgeschichte, die waren plötzlich weg."

Es dauert eine Stunde, hat er rekonstruiert, bis sein Kopf wieder so klar ist, dass er realisiert: Ich brauche Hilfe. „Mir ging's gar nicht gut. Ich war wirklich K.O., seelisch und körperlich." Schließlich erinnert er sich an das „Schwule Überfalltelefon". Bastian Finke, der an diesem Nachmittag am Beratungstelefon sitzt, beruhigt ihn erstmal und bietet an vorbeizukommen. Nein, sagt José, ich wohne nicht weit, frische Luft tut bestimmt gut, ich komme zu euch. Dort, im kleinen Büro hinter dem MANN-O-METER-CAFÉ im schwulen Kiez, direkt am Nollendorfplatz, kann er erstmal die ganze Scham herausweinen. Was hat er Andreas angetan! Was hat er sich selbst angetan! Er hat diesem Typ ja selbst die Tür aufgemacht.

Bastian Finke hört einfach zu, und das tut gut. Er fährt auch mit ihm ins Krankenhaus zur Urinprobe. Verletzungen hat José glücklicherweise nicht. Vergewaltigt worden war er also nicht auch noch. Aber die Urinprobe bringt nichts. Der Standardtest erfasst nur bestimmte Opiate, sagt man José in der Klinik. Die finden sich bei ihm nicht. Und andere Substanzen nachzuweisen, ist teuer. Die verschiedenen Chemikalien zum Beispiel, die landläufig „K.O.-Tropfen" genannt werden – Diazepame, Barbiturate, Psychopharmaka aller Art.

Die Kriminalpolizei kann solche Tests kostenfrei durchführen, allerdings ist der Nachweis allerhöchstens innerhalb von 72 Stunden möglich.

Auch den materiellen Schaden nachzuweisen, ist José unmöglich. Und so lehnt seine Versicherung jeden Ersatz ab: Tja, wenn Ihre Tür eingetreten oder Ihr Kopf halb zerschmettert wäre, dann sähe die Sache anders aus, wird ihm kalt und klar beschrieben.

Die Einrichtung, die Bastian Finke mitgegründet hat, heißt heute MANEO – SCHWULES ÜBERFALLTELEFON UND OPFERHILFE. „Wir haben uns nach dreizehn Jahren geöffnet, weil wir immer wieder auch Anfragen zu anderen Fällen bekommen haben. Häusliche Gewalt, sexuelle Gewalt, ‚normale' Kriminalität." Hinter der sich allerdings oft noch etwas anderes verbirgt. Was zunächst aussieht wie ein „ganz normaler Raubüberfall" auf der Straße – Handy, Brieftasche, Kreditkarte weg, und manchmal auch ein paar Zähne –, entpuppt sich bei Gericht oft als schwulenfeindlich motiviert oder zumindest kalkuliert, wenn der Täter sagt: „War doch bloß 'n Schwuler!"

Bastian Finke ist auch um die vierzig. Ein geborener Berliner, der im Rheinland aufwuchs, und wieder zurückkam, um Soziologie zu Ende zu studieren. Dazwischen hat er einiges an Gewalt aus nächster Nähe erlebt: Schon als Schüler und dann als Student organisiert er zehn Jahre lang Ferienaufenthalte für Kinder, die vom Bürgerkrieg in Nordirland traumatisiert sind – zunächst die aus einem katholischen Slum, dann nach viel sanfter und intelligenter Persistenz auch die aus dem protestantischen Nachbarviertel. Er jobbt auch bei der Bahnhofsmission am Zoo. Bastian Finke weiß aus Erfahrung: Es ist unendlich viel mehr machbar, als die meisten glauben.

MANEO ist lateinisch und heißt „ich werde fortbestehen". Im Sinn von Übrigbleiben, Überleben. Das ideale Motto für eine Szene, deren heimliche Hymne jahrzehntelang Gloria Gaynors „I Will Survive" ist. Auch wenn das den MANEOs gar nicht bewusst war. Aber ist das nicht ein bisschen pathetisch? Geht's nicht eine Nummer kleiner? Berlin ist doch Hauptstadt der Lesben und Schwulen. Heimat von Europas größter Christopher Street Day-Parade. Hier leben prozentual doppelt so viele homosexuelle Bürger wie in anderen Orten, geschätzte 350.000. Berliner Liberalität lockt von Jahr zu Jahr mehr Touristen aus aller Welt in die Stadt, Berliner sind cool, haben etliche mehr oder weniger offen homosexuelle Politiker und finden daran nichts weiter skandalös. Die Polizei hier hat schon im Oktober 1990 als erste deutsche Behörde ihren eigenen „Schwulenbeauftragten" installiert. Was für „Überlebensprobleme" wollen Schwule denn hier haben!

Die Frage selbst ist Teil des Problems. Dass gerade schwule Männer eine gezielt angegriffene Gruppe sind, ist kaum verankert im Bewusstsein der Mehrheitsgesellschaft. „*No-go areas* haben wir in Berlin zum Glück nicht", sagt Uwe Löher, der jetzige – wie es korrekt heißt – „Ansprechpartner der Polizei für gleichgeschlechtliche Lebensweisen". *No-show areas* aber sehr wohl. Gegenden, in denen zwei Menschen desselben Geschlechts besser nicht allzu sichtbar verliebt sind. Die liegen durchaus nicht mehr nur in Neukölln-Nord oder Marzahn. „Zum einen gibt es vorurteilsmotivierte Gewalt", sagt Löher, „zum Beispiel gewaltbereite Jugendliche und Heranwachsende, die ein bestimmtes Opferraster haben. Wenn die auf Stress aus sind und auf einen Andersfarbigen, Obdachlosen oder eben zwei Männer Hand in Hand, zwei Frauen, die sich küssen, treffen, dann kann das schon ausreichen, dass sie gewalttätig werden."

Im Klartext: „Schwule klatschen“ gehen. Sie zusammenschlagen, einfach so, um „ihr Mütchen zu kühlen“. In Friedrichshainer Parks, in Prenzlauer Berg, selbst in den Kiezen der Subkultur. Dass die Täter in letzter Zeit immer öfter Migranten-Kids sind, nachdem es eine Zeit lang direkt nach dem Mauerfall auffallend viele Ost-Berliner Kids waren, ist ein Aspekt, der allen Sorge macht, die mit derlei *hate crime* zu tun haben, und den noch immer kaum jemand wirklich anpacken will. Dabei „greift vorurteilsbedingte Gewaltkriminalität die Grundlagen des friedlichen Zusammenlebens in der zivilisierten Gesellschaft an – die Unantastbarkeit der Menschenwürde als Gemeinschaftswert.“ So fasst das DEUTSCHE FORUM FÜR KRIMINALPRÄVENTION im Januar 2004 zusammen, was die erste Untersuchung zum Abbau von Hass-Kriminalität in Deutschland ergeben hat. Und weiter: „Die Wirkungen dieser Taten sind verheerend, da sie zum einen auf Merkmale abzielen, welche das Opfer nicht beeinflussen kann, und zum anderen der gesamten Opfergruppe die einschüchternde Botschaft der Ablehnung, des Hasses und der Angst signalisieren.“

Der 40-jährige Kriminalhauptkommissar Löher war unter anderem fünf Jahre in einer Mordkommission, bevor er 1998 die Dienststelle übernahm. Sie ist heute im Landeskriminalamt angesiedelt und sitzt in der Keithstraße, wo die gesamte LKA-Abteilung „Delikte am Menschen“ jetzt wieder zusammen arbeitet. „Auf der anderen Seite“, fährt Löher fort, „gibt es Eigentumskriminalität, bei der auch immer wieder Raubtaten mittels K.O.-Tropfen eine Rolle spielen.“ So wie bei José. Oft sind es Serientäter, die systematisch Schwulenläden abgrasen, auf der Suche nach „leichter Beute“. „Die gehen davon aus, dass es den Opfern zu peinlich ist, zur Polizei zu gehen und zu sagen: Ich hab einen Mann mit nach Hause genommen, ich wollte Sex, stattdessen bin ich beklaut worden, und getrunken hatte ich auch was."

Den Gang zur Kripo scheut auch José zunächst. Aber nicht aus Peinlichkeit, dazu ist er viel zu emanzipiert. Er fürchtet den Schock für seinen Freund. Wenn Andreas nach Hause kommt, und da steht womöglich ein Polizeiauto vor der Tür – nein, er will es ihm zuerst selbst erklären und dann zur Polizei gehen.

Andreas reagiert völlig unerwartet. Er schäumt nicht vor Eifersucht, „was ich bestimmt getan hätte", grinst José. „Andreas hat sich sofort gekümmert. Und dann sagt er: ‚Stell dir vor, ich komme nach Hause und du liegst im Bett mit durchschnittener Kehle! Bist du wahnsinnig?'" Sie gehen zur Kripo, lassen sich beide Fingerabdrücke abnehmen, damit man eventuell vorhandene fremde feststellen kann. „Auf einem Flur, wo jeder uns gesehen hat", stöhnt José auf. Wie Verbrecher kamen sie sich da vor.

Raubüberfälle, bei denen die Opfer mit einer „chemischen Keule" K.O. geschlagen werden, sind nichts Neues. In den sechziger Jahren waren sie fast synonym mit „Rotlicht-Milieu" und „Beischlafdiebstahl". Auch schwule Opfer sind nicht neu. Sie scheinen immer wieder in Wellen zu passieren. 1998 gab es so eine Welle, 2002/03 und jetzt auch wieder. „Jeder weiß von mehreren Geschichten zu berichten", erzählt Bastian Finke, der mit seinen Kollegen regelmäßig durch den Kiez streift, Kneipenwirte und Gäste anspricht, runde Tische organisiert, Cruiser warnt und Aufklärungs- und Präventionsmaterial verteilt, das MANEO gemeinsam mit anderen Hilfsorganisationen und der Polizei herausgibt. Ein paar Wirte haben jetzt Videokameras über dem Eingang, andere gucken genauer hin, wer reinkommt.

Einer der Serientäter konnte vor kurzem gefasst werden,

weil verschiedene Anzeigen ein so genaues Bild von ihm und seiner Masche hergaben, dass Polizei und MANEO Phantombilder verteilen konnten. Ein Wirt erkannte ihn und rief die 110. Der Täter bekam über fünf Jahre Haft für immerhin sechs angezeigte Taten. „Aber die Dunkelziffer ist viel höher", sagt Finke. „70 bis 90 Prozent", vermutet Löher. Er bekommt pro Jahr 70 bis 100 Vorgänge auf den Tisch, bei denen das Opfer sich selbst als schwul geoutet hat oder der Verdacht eines schwulenfeindlichen Motivs naheliegt. Eine Statistik, die Schwule als Opfer erfasst, gibt es nicht – das Persönlichkeitsrecht steht dagegen. Ob sich jemand outet, ist seine persönliche Entscheidung. Das ist gut so, aber eben auch ein kaum auflösbares Dilemma. Denn je mehr Schwule Anzeigen machen, desto schärfer werden Täterkonturen für die Ermittler, desto wahrscheinlicher und schneller Festnahmen, desto weniger die Opfer. Das zeigt sich jedesmal, wenn ein Fall durch die Medien geht und ein paar Opfer sich doch noch aufraffen und Anzeige erstatten. „Viele Opfer denken: ‚Da kommt ja doch nichts bei raus.' Aber für uns ist jeder Hinweis wichtig", sagt Löher, dem die Effektivität der Kriminalitätsbekämpfung am Herzen liegt.

Aber nicht nur Peinlichkeit oder Sinnlosigkeit hält Schwule von Anzeigen ab. Viele der Opfer sind ältere Männer. Sie sind misstrauisch gegenüber der Polizei. „Aus der Tradition, dass die Polizei ihnen früher als Verfolgungsbehörde gegenübertrat, aufgrund des § 175", weiß Löher sehr wohl. „Und in dieser Tradition wurden Einsätze auch lange geplant." Traditionell schwulenfeindliche oder unsensible Einstellungen in der Polizei selbst abzubauen, gehört auch Löhers Aufgaben. Jeder Berliner Polizist absolviert während der Ausbildung mindestens drei Stunden bei ihm. Auch da sind die MANEOs eingebunden – genauso wie die Polizisten von

Velspol. Zum VEREIN LESBISCHER UND SCHWULER POLIZEIBEDIENSTETER, 1995 gegründet, gehören PolizistInnen aus Berlin und Brandenburg, vom BGS, der heute Bundespolizei heißt, und aus der Berliner Filiale des Bundeskriminalamts. Gemeinsam mit MANEO macht Löher auch öffentliche Informationsveranstaltungen zum Umgang mit Aggression und Gewalt.

MANEO selbst wird ein kleines bisschen staatlich gefördert. Allerdings nur, wenn über Spenden auch genügend eigene Mittel zusammenkommen. Das Beratungstelefon ist täglich von 17 bis 19 Uhr besetzt, vor allem von den zehn ehrenamtlichen Mitarbeitern, ohne die gar nichts ginge. Hauptamtlich, also karg bezahlt, arbeitet nur Bastian Finke. Aber immerhin kann man bei MANEO seinen Zivildienst ableisten. Etwa 260 Hilfeersuchen von etwa 300 Opfern kommen pro Jahr hier an. In den meisten Fällen geht es um Angriffe auf Menschenwürde und Integrität. Jeder einzelne ist zugefügte Gewalt, jeder einzelne eine Schande für die Stadt. Aber es gibt auch das Prinzip Hoffnung. Ein schwulenfeindlicher Exzess würde hier nicht hingenommen. „Die Polizei würde sofort reagieren", da ist Bastian Finke absolut sicher, „und ich denke, auch die Bürger würden sofort auf die Straße gehen."

José und Andreas haben geschafft, dem Horror des einen winzigen schwachen Moments eine positive Wendung zu verpassen. Ihre Beziehung ist durch die Krise tiefer und fester geworden. „Andreas hat die Sache nie wieder erwähnt", sagt José stolz. „Er sagt, wenn er weg muss, nur noch beiläufig, damit ich's nicht merke: ‚Pass auf dich auf!' Hat er früher nicht gesagt. Pass auf dich auf heißt: ‚Mach keinen Scheiß!'"

August 2004

Der leise Terror

Der Mann im Overall legt den Wasserschlauch weg. Petra Lange lässt den Motor an und will ihr Cabrio auf die Transportschienen der Waschanlage setzen. Plötzlich steht er am Seitenfenster. „Sind Se sicher, dass Ihr Dach dis aushält?", fragt er. Sie guckt ihn verblüfft an. Was soll denn sein mit dem Dach? Wieso soll das was nicht aushalten? „Na, wegen dem Schnitt da!" Hastig würgt sie den Motor ab, steigt aus, lässt sich die Stelle zeigen. Tatsächlich. Das Faltdach hat einen Schlitz wie mit dem Messer gezogen, zentimeterlang und durch bis zum Himmel. Fieberhaft rekapituliert sie den Abend vorher. Sie war tanzen gewesen und hatte danach ihr Cabrio wie immer auf der Straße abgestellt. Märkisches Viertel. Hochhäuser. Sie war klitschnass nach Hause gekommen. Es hatte die ganze Nacht weiter gegossen. Die Autositze sind trocken. Irgendwelche Typen um die Disko herum können es also nicht gewesen sein. Aber das Dach *ist* kaputt. Haftpflichtversicherungen zahlen sowas nicht.

Wieder kommt dieses ungute Bauchgefühl. Dass einem einfach jemand das Auto zerschlitzt – unheimlich. Warum ihrs? Sie versucht, es niederzukämpfen. War sicher „Vandalismus". Kommt leider vor. Sie will es nicht auf sich beziehen. Sie hat schon genug Aufregung wegen Horst.

Kurz danach entdeckt sie zwei Dellen. Ohne Lackspuren von anderen Fahrzeugen. Vom Einparken können die also nicht kommen. Langsam wird die Sache bedrohlicher. Eine Garage kann sie sich nicht leisten. Sie versteckt ihr Auto. Aber sie schafft nicht mehr, die Attacke für Zufall zu halten. Auto und Horst – das gehört zu eng zusammen. Er hatte ihr das Cabrio vermittelt, als sie noch zusammen waren. Er fand, es steht ihr besser als ihr altes Auto. Und was Horst findet, ist Gesetz. Einmal hatte Petra sich schon von ihm getrennt. Dann hatte sie ihm noch eine Chance gegeben. Trotz seiner Drill-Vorstellungen, nach denen sie ihren Sohn erziehen soll. Trotz seiner ständigen Angeberei, ja, auch Sex-Protzerei. Aber irgendwann war Schluss. „Ich hab gesagt: Ich möchte nicht mehr, lass uns einfach nur gute Freunde sein."

Drei Wochen geht es gut. Plötzlich fängt Horst Wächter an, dauernd bei ihr anzurufen. „Ich bin rangegangen, da war auch jemand in der Leitung, hat sich aber nicht gemeldet, ich hab aufgelegt – zwei Minuten später klingelte es wieder." Telefonterror. Sie hat eine Geheimnummer. Sie geht nicht mehr dran, verabredet Klingelzeichen mit Freunden und Verwandten. Horst weicht aufs Handy aus, Terror per SMS. Sie sei krankhaft frigide und solle sich einweisen lassen, höhnt er. „Und ich hab auch noch drauf reagiert!", stöhnt sie, als könne sie heute überhaupt nicht mehr fassen, dass man so naiv sein kann. Dass ein Mann wohl nicht ganz unschuldig ist, wenn eine Frau keinen Orgasmus kriegt, hat sie gekontert.

Petra Lange ist eine große schlanke Blondine. Attraktiv. Selbstbewusst. Ende 20. Horst Wächter ist erheblich älter und Beamter im öffentlichen Dienst. „Er hält sich für den tollsten Hecht, dem die Frauen nur so zu Füßen liegen. Dabei ist er bloß ein kleiner Mann, der immer im Mittelpunkt stehen muss."

Er droht: „Spar dein Geld, du wirst es brauchen, denn lange hast du deinen Job nicht mehr!" Sie droht zurück: „Lass mich endlich in Ruhe, sonst könnte ich deinem Chef was ausplaudern." Alles per SMS. Er dreht die Sache um. Antwortet unter einem Frauennamen von einem Handy, dessen Nummer Petra nicht kennt: „Hör auf, Horst zu belästigen!" Sie, wutentbrannt: „Wer belästigt denn hier wen?"

Das Gift beginnt zu wirken. Seine Aktionen nisten sich ein in ihr Leben. „Man nimmt sich immer vor, es zu ignorieren, aber man tut's nicht. Man ärgert sich innerlich", sagt sie. Sie besorgt sich ein neues Handy, behält das alte aber in Betrieb. Soll er sich da austoben. Aber zwei Handys kosten mehr als eins. Sie ändert ihre Festnetznummer. Auch das kostet. Aber eine Zeit lang ist Ruhe. Wenigstens tagsüber. Nachts nicht. Nachts hat Petra Lange Alpträume, wenn sie überhaupt einschläft. „Ich bin morgens mit geränderten Augen aufgestanden, das hat natürlich mein Sohn mitbekommen." Der Dauerstress sägt an den Nerven. Sie reagiert aggressiv und gereizt, auch bei der Arbeit. „Mich hat jede Fliege an der Wand gestört!"

Mitten in diese relative Ruhe hinein platzt das zerschlitzte Autodach. Sie merkt, sie wird schreckhaft. Wenn jemand sie im Dienst auf dem Bahnsteig von hinten anspricht, zuckt sie zusammen: Ist er das? Geht er mir jetzt an den Job? Eines Nachmittags, „zwanzig Minuten, bevor ich zur Arbeit musste, klingelt's an der Tür: ‚Sie haben zweimal Familienpizza bestellt?'" Hat sie nicht. Aber sie kennt die Pizzeria. Horst auch. Sie waren da oft. Sie geht vor dem Dienst noch dort vorbei, erfährt vom Pizzeriachef, ein Mann habe die Bestellung aufgegeben, und entschuldigt sich, obwohl sie gar nichts getan hat. Aber die Unsicherheit nagt: „Glauben die mir oder halten die mich für irre? Hat der Pizzachef mich nicht 'n bisschen komisch angeguckt?"

Stalking. Ein englisches Wort. Es heißt Pirschjagd. Monatelang hat Petra Lange versucht, dieses Wort nicht zu denken. Keine Verbindung zuzulassen zwischen dem, was sie durchmacht, und den Fernseh-Reportagen über den schleichenden Terror durch obsessives Belästigen, Verfolgen, Bedrohen und Irremachen, die sie auch gesehen hat. Sie ist ja kein Promi. Sie ist Frau Jedermann, eine berufstätige, alleinerziehende Mutter. Und alles in ihr sträubt sich dagegen, sich selbst als Opfer zu sehen. Aber es gibt keinen anderen Weg, um aus der Opferlage rauszukommen. Bei Petra Lange ist es soweit, als sie zum zweiten Mal Essen geliefert bekommt, das sie nicht bestellt hat. Sie geht zur Polizei, macht eine Anzeige gegen Unbekannt und nennt Horst Wächter als Verdächtigen. Sie hat keine harten Beweise, aber eine Vermutung auszusprechen, ist ihr gutes Recht. Nur dass das in ihrem Fall die Sache sogar noch gefährlich machen könnte. Wächter könnte dank seiner Stelle im öffentlichen Dienst an Polizeidaten kommen. Ihre Dienstpläne jedenfalls kennt er genau. Und er ist Waffenträger. Ob ihre Anzeige zu Ermittlungen gegen ihn führt, sagt man ihr nicht. Aber Horst Wächter schickt plötzlich einen Brief voller „Beleidigungen unter der Gürtellinie". In dem steht auch der Satz: „Man sieht sich im Leben immer zweimal, und das werden wir!"

Petra Lange erzählt, und es wird beklemmend eng in ihrer hellen geräumigen Wohnung mit den heiteren Farben, obwohl aus dem Nebenzimmer fröhliches Lachen dringt. Ihr kleiner Sohn spielt mit ihrem neuen Freund. Was ihr Verfolger sich seit der Anzeige so einfallen lassen hat, klingt wie die Szenarios der „operativen Zersetzung", mit denen die StaSi ihre Gegner fertiggemacht hat. Pakete kommen. Von QUELLE, NECKERMANN, OTTO. Kleider, die sie nie bestellt hat. Exakt ihre Größe, ihre Lieblingsfarben. Sie trägt sie alle zur Post und schickt sie zurück. Das kostet zwar kein Porto, aber Sprit und Zeit. Und wenn man Versandhäusern zu oft Retourkosten verursacht, kommt man bei denen auf eine schwarze Liste. Will man dann wirklich mal was bestellen, kriegt man nichts mehr. Petra Lange telefoniert mit Call-Centern der Versandhäuser, deren Kundin sie ja ist. Ein halbes Dutzend Mal, endlos, zu den Gebühren, die 0180er Nummern so haben. Helfen können die ihr da nicht. Sie können nur ihren Namen und ihre Adresse sperren für alle Bestellungen.

Wieder ein paar Wochen relativer Ruhe. Dann liegt ein Benachrichtigungsschein der Post im Briefkasten. Sie soll ein Einschreiben abholen. Nicht in ihrer Filiale, sondern in einer anderen, weit entfernten. Sie denkt sich: Wahrscheinlich sind nur wieder ein paar Postämter wegrationalisiert, und fährt durch die halbe Stadt. Aber da ist kein Einschreiben für sie. Das sei ja auch gar nicht ihr Zustellbezirk, belehrt man sie. Es kostet Nerven, bis sie einen offiziellen Suchauftrag durchgesetzt hat. Er bleibt ohne Ergebnis. Wahrscheinlich hat es nie ein Einschreiben gegeben, nur einen Stalker, der sich einen Benachrichtigungsschein beschafft und bei ihr vorbeigebracht hat.

Stalking ist ein schwieriges Tatfeld. Ein Gewaltdelikt, aber keine Einzeltat. Ein Prozess, der sich aus vielen juristisch schwer oder gar nicht fassbaren Tätlichkeiten zusammensetzt, der sich intensiviert und dem „mit Vernunft und guten Worten“ nicht beizukommen ist. Die Zahl der Opfer in Deutschland wird auf eine halbe Million geschätzt. Genau kennt sie niemand. Es gibt auch erst seit Frühjahr 2005 überhaupt eine aussagekräftige wissenschaftliche Studie über Stalking in Deutschland, für die ein Team der TU Darmstadt, Abteilung Forensische Psychologie, drei Jahre lang 551 Opfer und 98 Täter befragt hat. Sie wurde mitfinanziert vom WEISSEN RING, der bundesweit größten Hilfsorganisation für Kriminalitätsopfer. Staatliche Stellen fanden bisher kein Geld dafür. Die Erkenntnisse über den leisen Terror sind erschreckend. In der Hälfte der Fälle ist der Stalker ein Ex-Partner, in fast vierzig Prozent geht dessen psychische

Gewalt über in körperliche Angriffe. „Jedes fünfte Opfer berichtete sogar über schwerere Formen von Gewalt durch Schläge mit der Faust oder durch Angriff mit Waffen", heißt es in der Studie. Stalking macht krank: „Nahezu jedes vierte Opfer war krankgeschrieben, die Fehlzeit betrug im Durchschnitt 61 Tage."

Das beunruhigendste Ergebnis betrifft die Institution, die zuallererst für den Schutz vor Kriminalität zuständig ist – die Polizei. Mehr als ein Drittel der befragten Opfer gingen zur Polizei, um eine Anzeige aufzugeben. Aber fast 70 Prozent trafen in den Abschnitten auf Beamte, die sie nicht ernstnahmen. „Manche sagten, sie könnten nichts tun, dem Opfer müsse erst ein Messer im Rücken stecken. Andere bagatellisierten das Problem: ‚Freuen Sie sich doch über Ihren Verehrer.'" So die Studie. In Berlin hat zwar inzwischen jede der sechs Polizeidirektionen OSBs, Opferschutzbeauftragte, die sich auch um Stalking kümmern. Aber eine systematische Erfassung und Bearbeitung dieses Delikts gibt es bisher nur in Bremen, wo alle Stalking-Anzeigen sofort an eine bestimmte Dienststelle weitergeleitet werden müssen und auch die Staatsanwaltschaft ein Spezialdezernat eingerichtet hat. Die enge Kooperation, auch mit Sozialarbeitern, hellt langsam das Dunkelfeld auf.

Der WEISSE RING betreut ebenfalls Stalking-Opfer. Sabine Hartwig, selbst 20 Jahre Kriminalpolizistin, inzwischen WR-Landesbeauftragte in Berlin, rät trotz allem dazu, zur Polizei zu gehen. „Es ist wichtig nachzuweisen, dass man Anzeige erstattet hat. Und wenn die Polizei einem dabei nicht entgegenkommt, dann empfehle ich immer, die Anzeige direkt bei der Staatsanwaltschaft zu erstatten." Der WR bietet Rechtsberatung, psychosoziale Beratung und Betreuung, vermittelt Krisenintervention und Therapie, wenn's ganz hart kommt. Vor allem aber nimmt man hier die Opfer ernst und sorgt für individuelle Schutzmaßnahmen. „Ganz wichtig ist: Öffentlichkeit herstellen, auch wenn man sich am liebsten verkriechen würde.“ Nachbarn, Kollegen, Freunde sind oft froh, sich solidarisieren zu können, „und die Opfer kommen aus der Isolation raus.“

„Aufklärung ist der beste Schutz“, hat auch Tommy Lippold gelernt. Der 53-Jährige gehört zur Minderheit männlicher Opfer zuerst von häuslicher Gewalt und – nach der Trennung von seiner alkoholkranken Frau – von Stalking. Nachbarn einzubeziehen, war bei ihm sinnlos – „der einzige Nachbar war selbst alkoholkrank.“ Aber seine Kollegen und Vorgesetzten helfen ihm, nachdem er sich ein Herz gefasst und sie aufgeklärt hatte. Ermutigt hat ihn eine Selbsthilfegruppe für Angehörige von Alkoholikern. „Ein Mann soll ja immer der Starke sein, und das sitzt tief. Aber jeder Mensch sollte Mut zur Angst haben, ob Mann oder Frau.“

Rosemarie Lippold hat ihren Mann mit obsessiver Eifersucht gequält. Sie schlug ihn auch, wenn er vom Dienst nach Hause kam und sie schon betrunken war. Er zeigte sie an. Das machte sie noch aggressiver. Trotzdem konnte er lange nicht aufhören, ihr helfen zu wollen. Sie brach jede Therapie ab. Bis sie ihm eines Tages Spülmittel in den Kaffee tat. Sowas kann im schlimmsten Fall zum Tod führen, wenn das Gemisch im Magen aufschäumt und in die Luftröhre gerät. Als er aus dem Krankenhaus kam, zog er aus. Sie hinterließ ihm eine horrende Telefonrechnung mit lauter 0190er Nummern, ließ ihm BEATE-UHSE-Pakete ins Haus schicken und hetzte ihm einen Anwalt auf den Hals mit Unterhaltsforderungen. Der Horror hörte erst auf, als sie starb. „Sie ist, auf Deutsch gesagt, ersoffen im Alkohol“, sagt er ohne jeden Triumph in der Stimme. Er war sogar bei ihr, als sie zum letzten Mal im Koma lag. „Ich hab sie doch geliebt, wir hatten 28 schöne Jahre!"

Tommy Lippold hat vor einem Jahr eine Selbsthilfegruppe für Stalking-Opfer in Berlin gegründet. Vierzig bis fünfzig haben sich schon bei ihm gemeldet.

Petra Lange hat inzwischen einen Anwalt und die Opferschutzbeauftragte ihrer Polizeidirektion eingeschaltet. Durchschnittlich zweieinhalb Jahre lang terrorisieren Stalker ihre Opfer. Solange dauert es bei ihr noch nicht. Zur Zeit ist er ruhig. „Aber man denkt immer: Was macht er als nächstes?" Trotzdem ist sie fest entschlossen, sich ihr Leben zurückzuerkämpfen. Er wird Fehler machen. Oder seine Vorgesetzten werden ihm auf die Schliche kommen. Vielleicht sind sie ja längst ihrerseits auf der Pirsch, um diesen einen „Pirschjäger" zu erlegen?

Juni 2005

Einer von uns

Die Bregenzer war immer schon eine gutbürgerliche, baumbestandene Straße in Wilmersdorf. Zwanzig, dreißig Häuser vor allem zum Wohnen. Die meisten klassische Berliner Vierstöcker mit Belétage und Balkon. Dazwischen, in den Bombenlücken des Zweiten Weltkriegs, 70er-Jahre-Kästen, bei denen in die gleiche Traufhöhe fünf Stockwerke passen. Am nördlichen Ende, zum Olivaer Platz hin, ein paar Geschäfte für die modebewusste Kiez-Veteranin – Boutique, Friseur, Kosmetiksalon. Am südlichen Ende, Ecke Düsseldorfer Straße, der ENGEL GABRIEL, das verlängerte Wohnzimmer der Kiez-Bohème – Karikaturisten, Radioleute, Schreiber. Ein kleiner Billardraum, ein größerer mit Tischen und Tresen. Das Bier frisch gezapft, die Weine anständig, die Wirtin, wie sie sein soll.

Niemand kriegt an diesem milden Pfingstmontagabend 1990 mit, dass in einem Haus etwa in der Straßenmitte um kurz nach elf ein Schuss fällt. Die Gäste legen die Queue erst aus der Hand oder gehen mit dem Glas in der Hand auf die Straße, als die ersten Sirenen zu hören sind.

Es ist ein Mord passiert in der stillen, braven Bregenzer Straße. Keiner von der Sorte, die der moderne Großstadtmensch mit einem locker achselzuckenden: „Gewalt kommt in besten Familien vor!“ zur Kenntnis nimmt. Sondern ein verstörender, unheimlicher Mord. Der Täter ist zehn Minuten später geschnappt, um die Ecke in der Xantener Straße. Eine Zivilstreife war zufällig in der Gegend unterwegs. Jetzt wird die Tat verstörend für die Polizei, denn der junge Mann ist einer der ihren. Ein Kriminaloberkommissar vom MEK, dem Mobilen Einsatzkommando, einer Spezialeinheit. Nennen wir ihn Lars Vermander. Er ist 28 Jahre alt, trägt eine

Perücke und einen Mantel, der nicht zu ihm passt, und hat die Axt noch in der Hand, mit der er kurz vorher auf Hals und Kopf einer Frau eingeschlagen hat.

„Die Iris“, erzählen die Nachbarn ein paar neugierigen Gästen des ENGEL GABRIEL später über die Tote, „die muss bald 50 sein, aber die hat immer sooo’ne langen Fingernägel. Die ist Puffmutter irgendwo in der Kantstraße.“ Das haben sie auch der Kommissarin in der knallroten Lederjacke schon zu Protokoll gegeben. Jaja, die hat wohl auch zu Hause noch ein paar Freier empfangen, aber diskret. Warum nicht? Ist doch kein Verbrechen. Aber plötzlich kommt da einer und schießt die einfach tot! Kein Streit. Kein Geschrei. Nichts. Nur plötzlich dieser Knall, und dann kracht eine Patrone durch die Tür von der Iris und prallt an der Tür gegenüber ab. Dabei sind die Wohnungstüren ja nun nicht aus Pappe, auch wenn das hier ein Neubau ist. Die sind zentimeterdick!

Besonders verstörend ist die Tat für die Kolleginnen und Kollegen vom MEK. Günther Matthes, Leiter des dritten Teams (MEG 3) und Vermanders unmittelbarer Vorgesetzter, traut seinen Ohren nicht, als er bei Dienstbeginn telefonisch informiert wird. „Ich hab erstmal gedacht: Ist das’n Scherz? Will dich einer verulken?“ Aber als er hört, was sein KOK den Kollegen von der fünften Mordkommission noch in der Nacht alles gestanden hat, wird ihm schnell klar, wie ernst der Anruf ist. Lars Vermander war offenbar gut vorbereitet am Tatort erschienen. Er hatte eine Perücke auf und einen Tarnmantel an, er hatte Plastiktüten, Plastikhandschuhe, eine Axt und seine Dienstpistole dabei, als Iris ihn arglos in die Wohnung ließ. Kurz danach schoss er ihr von hinten in den Kopf. Die Patrone war präpariert wie ein Dumdum-Geschoß. Sie sollte erstens tödlich sein und zweitens im Kopf steckenbleiben. Tödlich war sie tatsächlich sofort. Aber sie ging durch Kopf und Tür und alarmierte die Nachbarn. Das hat Vermander irritiert. Er vergaß, die Handschuhe anzuziehen, packte die Axt mit bloßen Händen und versuchte, ihr den Kopf abzuschlagen. Aber auch das ging nicht nach Plan. Im Treppenhaus waren inzwischen Geräusche. Nachbarn rissen die Türen auf, riefen die Polizei. Sie sahen ihn auf die Straße rennen, die Axt in der Hand.

In der ganzen Dienststelle schlägt die Nachricht über die Tat des Kollegen ein wie eine Splitterbombe. Auch Sabine Hartwig, damals Leiterin der vierten Gruppe, ist schockiert. „Mir ist der Schreck in alle Glieder gefahren." Sofort fällt ihr ein, wie manisch sie immer kontrolliert, dass niemand seine Waffe rumliegen lässt. „Eine Pistole, die auf dem Tisch liegt, ist immer auf jemanden gerichtet, der zufällig im Raum ist, das konnte ich überhaupt nicht ertragen. Ich hab die Leute dann angeblöfft." Was, wenn ihr Anblöffen Lars getroffen und der es mit einem Schuss quittiert hätte? Der zweite Gedanke, an den sie sich erinnert, ist noch unbehaglicher: „Das ist alles so nah, der ist einer von uns – gab's denn da keine Anhaltspunkte? Warnzeichen?"

Es gab einige. Lauter einzelne winzige Hinweise darauf, dass irgendetwas bei Lars nicht mehr rund läuft. Die unmittelbaren Kollegen merken es zuerst. „Er wurde fahrig", beschreibt Matthes, „kam immer öfter zu spät und wirkte so unausgeschlafen und vernachlässigt, dass man dachte, der hat die ganze Nacht durchgezecht." Dabei ist er gar kein „Trinkling". Lars Vermander ist am Anfang seiner MEK-Zeit ein intelligenter, lebensfroher junger Mann, beliebt bei den Kollegen „und Kolleginnen, muss man sagen, ein Frauentyp". Er kann halbe Kabarettprogramme auswendig rezitieren und alle zum Lachen bringen. Nach dem Abitur lernt er drei Jahre lang die Grundlagen des kriminalistischen Handwerks auf der Fachhochschule, geht als KKzA, Kriminalkommissar zur Anstellung, durch den üblichen einjährigen Durchlauf auf unterschiedlichen Kripo-Dienststellen und meldete sich dann zum MEK.

Solche Spezialeinheiten haben nicht nur einen speziellen *esprit de corps*, sie nehmen auch nicht jede und jeden. Bewerber müssen besonders stressresistent und körperlich fit sein und werden mehrfach getestet. „Alle MEG-Leiter nehmen an diesen Auswahlverfahren teil", erklärt Matthes, „denn jede Gruppe hat ihre Eigenheiten. Wir gucken uns die Leute natürlich auch danach an: Könnte der oder die in meine MEG passen?" Eine MEG besteht aus 14, 15 Leuten. Vier MEGs hatte das gesamte MEK damals, jetzt 2005 sind es acht. Die Beamten observieren im Auftrag der Ermittler vom LKA Zielpersonen und deren Bewegungen, Aktivitäten, Kontakte. Sie versuchen, alles an Informationen zusammenzutragen, was Staatsanwaltschaft und Polizei brauchen, um Drogendealer, Menschenhändler, Serienräuber, Mörder vor Gericht zu bringen. Sie sind Tage, Nächte, oft Wochen unterwegs. Sie starren auf Türen, die sich acht Stunden lang nicht öffnen, und sind im entscheidenden Moment hellwach. „Sie müssen sehr vielseitig sein, ihren ‚Typus' wechseln und schlagfertig reagieren können, wenn sie mal angesprochen werden." Beim Observieren in der U-Bahn oder einer Hotel-Lobby etwa. „Ohne Teamarbeit geht da gar nichts", sagt Sabine Hartwig. Sie gehörte zwanzig Jahre lang zur MEK-Führung, bevor sie als Dozentin für Kriminalistik an die Landespolizeischule wechselte. „Das erfordert gut geöltes Zusammenspiel, und natürlich sind das auch die verschiedensten Charaktere."

Lars Vermander hat ein dickes Beziehungsproblem. Er und seine Freundin kommen nicht voneinander los und sind gleichzeitig Gift füreinander. Er will sie „rausholen", finanziert ihr Läden, die pleite gehen und ihn immer tiefer reinreißen. Die Kollegen versuchen ihrerseits, *ihn* rauszuholen. Vergebens. Er dreht innerlich ab. Wird plötzlich aggressiv. Matthes stellt ihn zur Rede. Eine Zeit lang geht es wieder normal. Aber als Vermander einmal, beim Hockeyspielen zum gemeinsamen Stressabbau, von Matthes gefoult wird, zieht er ihm – seinem Chef – von hinten den Schläger über den Kopf. „Ich dreh mich um und seh ihm in die Augen, und die sind wie vergittert. Er war unerreichbar in dem Moment, außer Kontrolle", erinnert sich Matthes. Eigentlich, findet er, geht ihn das Privatleben seiner Leute nichts an. Aber Selbstkontrolle ist lebenswichtig, und wenn ein Teamarbeiter aus dem Ruder läuft, gibt es keine Diskretionszonen mehr für einen Chef. Matthes erfährt, dass Vermanders Freundin anschafft. „Aber eine Beziehung mit einer Prostituierten, also im Rotlichtmilieu, und Arbeit im MEK, das geht nicht zusammen." Es macht ihn selbst erpressbar und gefährdet die Sicherheit des Teams oder mindestens der Ermittlungen. Matthes gibt ihm drei Monate Zeit, sein Leben aufzuräumen. Entweder er schafft endlich, „die Reißleine zu ziehen" und sich zu trennen, oder er muss raus aus dem MEK.

Anfang Juni 1990 ist die Frist fast um, aber die Reißleine noch immer nicht gezogen. Im Gegenteil, Vermander ist unaufgeräumter denn je. Am 4. Juni geschieht der Mord. Ein planvoller, fast „aufgeräumt" wirkender Mord, der im verstörenden Gegensatz zu dem steht, was der Mörder selbst der Mordkommission erzählt. Er habe „Odin ein Opfer bringen" müssen, sagt er aus. Um sich seiner Gunst zu versichern. „Odin" könne ihm helfen, diese zerstörerische Beziehung zu heilen, glaubt er. Er habe das mit kleineren Opfern getestet. Und diesmal habe es ein großes Opfer sein müssen, das größte: Er habe einen abgeschlagenen Kopf begraben sollen. Deshalb die Axt, deshalb die Plastiktüten.

Und deshalb ziehen die Mordkommissare sofort einen Psychiater zur Vernehmung hinzu und schicken den Mann, der sehr bereitwillig und „ausgesprochen logisch, rational und reflektiert" sein Leben vor ihnen ausbreitet, danach nicht in die U-Haft in Moabit, sondern in die geschlossene Abteilung der KARL-BONHOEFFER-NERVENKLINIK.

„Das mit Odin haben wir auch erfahren", sagt Sabine Hartwig, „aber ich hab's nicht geglaubt." Obwohl sie mitbekommen hatte, dass Vermander oft „so Romane mit alten germanischen Sagen las". Auch seine sehr eigentümliche Handschrift war ihr mal aufgefallen, „Großbuchstaben, die an Runen erinnerten. Trotzdem war mein allererster Gedanke: Das hat er sich ausgedacht, um der Strafe zu entgehen!"

Auch Günther Matthes ist von der Odin-Geschichte nicht restlos überzeugt. Die Runenschrift ist ihm nie aufgefallen, und zu denken gibt ihm, dass selbst ein Psychologen, den Lars Vermander kurz vor der Tat zweimal aufgesucht hat, nichts bemerkt hat. „Dass da seit einiger Zeit etwas in ihm schwelte, das war klar", sagt Matthes, der heute stellvertretender MEK-Leiter ist. „Aber ich bin eben zu sehr Realist und betrachte die Dinge mit den Augen des kriminalpolizeilichen Sachbearbeiters." Und die sehen Mosaiksteinchen, die sich auch zu einem anderen Motivbild zusammenfügen lassen. Vermander ist gelernter Kriminalbeamter. So jemand weiß, wie wichtig Spuren sind. Eine 9mm-Parabellum-Patrone aus einer Polizeipistole in einem Kopf ist eine dicke Spur. Man *kann* die beseitigen, indem man den ganzen Kopf verschwinden lässt. Und man zieht dazu Handschuhe an und verkleidet sich, damit eventuelle Zeugen falsche Beschreibungen abgeben müssen.

Könnte es auch so gewesen sein? Könnte das „Opfer" womöglich gar nicht „Odin" gegolten haben, sondern der Freundin, die sich weder halten noch loswerden ließ? Matthes weiß es nicht. Er hat keinen Kontakt mehr zu seinem ehemaligen KOK. Aber er hat ihn noch ein paarmal in „Bonnies Ranch" besuchen müssen, der KARL-BONHOEFFER-NERVENKLINIK, die eine geschlossene Abteilung für Straftäter hat. Es gab noch dienstliche Dinge wie die Entlassungspapiere zu regeln. „Ich fand ihn fast gelöst, und ich hatte das Gefühl, er sieht vor allem zu, dass er auf keinen Fall ins Gefängnis kommt." Auch das ist höchst rational – als „Bulle und Hurenmörder" wäre er da von den anderen Insassen kaum begeistert begrüßt worden.

Die Bregenzer Straße ist längst wieder still und brav. Der ENGEL GABRIEL hat seine Flügel eingeklappt, als die Wirtin ins Rheinland zurückging. Seitdem sind manche Gäste gestorben. An Krankheiten. Lars Vermander ist der Knast erspart geblieben. Er wurde als schizophren beurteilt und hat seine achtjährige Strafe in „Bonnies Ranch" abgesessen.

Dezember 2005

Spezis

Der zweite Mann
Koffer in Berlin
Leichenfund nach Piratenart
Schnüffler vom Dienst

Den vertrottelten Rechthaber in Uniform gibt's nur noch, wenn Miss Marple bei Hermann Löns im Rucksack sitzt, den Allzweck-Kommissar, den man nachts im Dienst anruft, dem man von einem falsch parkenden Auto erzählt und der dann einen Mord aufklärt, allenfalls in alten deutschen Fernsehserien. Im richtigen Leben ist Polizeiarbeit extrem spezialisiert und ausdifferenziert, unabhängig von der Kleiderordnung – in Uniform wie in Zivil, Schupos wie Kripos.

Beim SEK leuchtet das Spezielle schon aus der Dienstbezeichnung: Spezialeinsatzkommando. Dass SEK-Beamte auch sterbliche Menschen sind, haben die Berliner 2003 zum ersten Mal erfahren.

Wer USBV erkennen und unschädlich machen soll, muss ebenfalls über spezielles Knowhow verfügen: Unkoventionelle Spreng- und Brandvorrichtungen sind in terroristisch aufgeladenen Zeiten eine alltäglich mögliche Bedrohung.

Dass Polizeitaucher kein Nebenbei-Job für jedermann, aber unverzichtbar in einer wasserreichen Gegend wie Berlin ist, versteht sich von selbst.

Aber was die Ermittlungskräfte auf vier Beinen an Spezialitäten draufhaben, lässt selbst altgediente Kriminalisten hin und wieder hecheln.

Der zweite Mann

Es war keine Busentführung, keine Botschaftsbesetzung, keine Geiselnahme. Es ging lediglich um die Festnahme eines gefährlichen, höchst wahrscheinlich bewaffneten Täters. Ein Standardeinsatz für das Berliner Spezialeinsatzkommando. Tausendfach geübt, hunderte Male erfolgreich durchgeführt. Es wurde „der schwerste Einsatz, den wir je hatten". Mit ihm zerstob am 23. April 2003 innerhalb kurzer Zeit ein zweiter Nimbus, aus dem sich Selbstwertgefühl speist. Es war ein Einbruch ins eigene Sicherheitsempfinden. Sowas zerschmettert einem die Koordinaten, mit denen man seinen Platz in der Welt bestimmen gelernt hat. Damit muss nicht nur die gesamte Truppe klarkommen. Individuell fertig werden muss zufällig in beiden Fällen der „zweite Mann" damit.

Nimbus Nummer 1 – das SEK Berlin hat noch nie einen tödlichen Schuss abgegeben – brach am 29. Januar 2001 am Friedrichshainer Anton-Saefkow-Platz weg, beim Versuch, eine Bande an einem bewaffneten Raubüberfall auf einen Supermarkt zu hindern, als einer der Täter pistolenschwenkend aus dem Laden kam, auf zwei SEK-Beamte zu rannte und vom zweiten Mann, dem Sicherungsschützen für den ersten, erschossen wurde. In Notwehr, einsatztaktisch und juristisch sauber, wie ein halbes Jahr später gerichtlich festgestellt wurde. Nimbus Nummer 2 geht gut zwei Jahre später im Neuköllner Rollbergviertel verloren. „Wir bestehen seit dreißig Jahren und hatten ähnliche Einsätze im drei- und vierstelligen Bereich. Und jetzt ist zum ersten Mal einer meiner Beamten auf der Strecke geblieben", wird Jörg Manske bei der Pressekonferenz am selben Abend bewusst, „ein furchtbarer Moment." Manske ist Kriminaloberrat und damals seit drei Jahren Kommandoführer der vier Spezialeinsatz- und zwei Präzisionsschützenkommandos.

Erster Mann und Schildträger des Teams, das gegen halb fünf Uhr nachmittags vor einer Wohnungstür im Erdgeschoß der Kienitzer Straße 33 steht, während ein anderes sich darauf vorbereitet, über den Balkon einzudringen, ist Roland Krüger, für Kollegen und Freunde Bulette, 37, seit zehn Jahren beim SEK, Polizeikommissar. Achim Gruber, Polizeihauptmeister, 33 und seit sechs Jahren beim SEK, ist zweiter Mann, sein Sicherungsschütze. „Wir haben uns postiert und kurz abgeklärt, wer welche Position einnimmt", erzählt er. Das geht möglichst unmerklich. „Dann haben wir die Tür gewaltsam geöffnet." Das heißt Lärm und Gebrüll, und zwar mit voller Absicht. SEK-Teams erledigen Zugriffe, „bei denen die Festnahme im allgemeinen vor der Begrüßung erfolgt", wie es Klaus Hübner mal formuliert hat, der ehemalige Polizeipräsident und Gründervater des SEK Berlin. Krachende Angeln, „Polizei!"-Rufe. Der Flur ist schmal, zu eng für versetztes Gehen. Bulette und Achim sind dicht hintereinander, gefolgt vom Rest des Teams. Niemand ist zu sehen. „Und keine paar Sekunden, da fielen die ersten Schüsse, und wir gingen beide zu Boden." Achim beschreibt das alles jetzt, ein Jahr später, völlig ruhig. Eine Kugel bahnt sich ihren fast unmöglichen Weg durch den winzigen Spalt zwischen dem großen schwerem Stahlschild und dem ballistischem Helm und schlägt in Bulettes Gesicht. Eine weitere trifft Achims linke Wade, er sackt nach links weg und kriegt beim Versuch, sich herumzurollen und selbst zu sichern, die nächste Kugel in den rechten Oberschenkel, kurz unter dem Gesäß.

Es geht rasend schnell weiter. Achim hievt sich aus dem Weg für die nachstürmenden Kollegen, Bulette bleibt mitten im Eingang liegen. Sie finden den Schützen im Wohnzimmer auf dem Boden, kniend, die Hände über dem Kopf. Achim hört später, dass er einen Hülsenklemmer hatte. „Sonst hätt' er wohl das Magazin leer gemacht." Er spürt noch keinen Schmerz, nur „so ein Druckgefühl in der Wade, als wenn die immer dicker wird." Er kauert in einer Ecke. Schickt die Rettungssanitäter, die jedes SEK-Team hat, zu Bulette. Bei dem sieht's schlimmer aus. Wie schlimm, erahnt Achim aus den Gesichtern und Dialogen der Kollegen. Mitten in diesem grausigen Szenario kommt ein Mädchen zu ihm gelaufen. „Zwei, drei Jahre vielleicht. Heulend, weil doch 'n bisschen Tohuwabohu war – überall Blut, überall liegen Leute, Erste Hilfe wird geleistet – das muss so'n kleines Kind ja nicht unbedingt mitkriegen!" Er hebt die Kleine hoch und reicht sie über den Kopf dem nächsten Kollegen weiter. Sein eigener Sohn ist doppelt so alt.

Die Sani-Kollegen schaffen es, Bulette zu reanimieren. „Da hatte man kurz wieder Hoffnung, dass er überlebt." Polizeioberkommissar Thomas Schulze, der 39-jährige Teamführer des Einsatzes, ist seit zwölf Jahren beim SEK. Schulli, so nennen sie ihn, ist einer von denen, die über den leblosen Bulette drübersteigen müssen, um den Schützen festzunehmen. Und er ist verantwortlich dafür, dass nicht das schiere Chaos losbricht. Auch solche Abläufe sind tausendfach trainiert. „Unmittelbar danach fühlt man eigentlich wenig, da jeht für mich als Teamführer erstmal einfach so'n Automatismus los", sagt Schulli. Spuren sichern, Waffen abgeben für die Untersuchung auf Schmauchspuren. Angehörige benachrichtigen und betreuen. Das Schwerste. Später an dem Tag sammeln sich die Teamkollegen im Aufenthaltsraum der Dienststelle. „Da sind ooch viele jekommen, die früher beim SEK waren, die Bulette kannten", erinnert er sich. Das hat gut getan. „Und da wurde denn auch die eine oder andere Träne ... von den sojenannten harten Jungs, ja. Klar.“ Er selbst kommt erst Tage später zum Nachdenken. „Wenn man mal kurz abschalten kann, wenn die eigenen Kinder da sind und man merkt, es hätt' einen ooch selbst treffen können.“

Für die Öffentlichkeit fokussiert sich sofort alles auf Bulette. Dass er „nur“ klinisch tot ist, im Koma liegt und sein Gehirn noch dreieinhalb Tage weiter leben wird, weiß abends bei der Pressekonferenz noch niemand mit Sicherheit. Aber dass von einem Moment zum anderen gefeierte „Elitepolizisten“ mit Unbesiegbarkeitssiegel auch ganz banal sterbliche Menschen sind – das ist Stoff, der tagelang die Medien beherrscht.

Zum Glück für Achim, so makaber es klingt. Er kann im Windschatten des Medienrummels in Ruhe seine zwei Durchschüsse auskurieren. Kollegen und Vorgesetzte wechseln sich ab mit Besuchen und schleppen ihm ins Krankenhaus, was er braucht – Bücher, Süßigkeiten. „Wir haben ihn gefüttert, damit er aussieht wie eine Klosterkatze“, feixt Manske ein Jahr später. Vor allem aber reden sie. Kauen zum x-ten Mal auch mit ihm jede Einsatzsekunde durch, wälzen wieder und wieder gemeinsam die Frage: „Hab ich was falsch gemacht?“ Das tun sie genauso auf der Dienststelle, die nächsten Tage, die nächsten Wochen, zwischen heulendem Elend, Aggressionsschüben, Beziehungskrisen und tiefen schwarzen Löchern.

Analysieren sind sie gewöhnt. Das SEK bereitet alle Einsätze penibel nach. Saugt aus jedem, noch so folgenlosen kleinen Manko Honig für den nächsten.

„War da wirklich alles korrekt?“ will sofort auch die Mordkommission wissen. Das ist bei jedem Schusswaffengebrauch durch Polizisten so. Wer geschossen hat, wird automatisch als potenzieller Täter vernommen, mit aller Härte, bis ein Gericht das geklärt hat. Solange ist der Beamte vom Dienst suspendiert. In diesem Fall aber bedeutet die Frage schlicht und brutal: War Bulette selber schuld? Hat er vielleicht den Schild falsch gehalten? Jeder Hauch von „Korpsgeist" muss vermieden werden, deshalb geht die Kripo mit Polizisten eher harscher um als mit anderen Verdächtigen. Die zweite Mordkommission, bei der der SEK-Einsatz zuerst landet, gibt die Ermittlung auch gleich wieder ab. Bulette hatte da kurz vor seinem Tod ein Praktikum gemacht, sie kannten ihn viel zu gut für nüchternes Ermitteln.

„Am Anfang war das ein Vorteil, dass ich weg war, im Krankenhaus", sagt Achim heute. Eine Klosterkatze ist er nicht mehr. Weder genudelt noch schläfrig. Er hat allerdings eine katzenhaft federnde Kraft, das Sprungbereite, den klaren, offenen Blick. Er strahlt aus, dass er genau da ist, wo er sein will. SEKie werden war sein Traum seit Kinderzeiten. Dafür ist er 1989 nach Berlin gezogen. Da, wo er herkommt, in Süddeutschland, war Einstellungsstopp. „Aber dann zeigte sich der Nachteil – bei mir ist erst bei Bulettes Beerdigung alles hochgekommen, was die andern schon verarbeitet hatten, mehr oder weniger. Da hab ich auch geheult."

Psychologische Betreuung möchte er nicht. „Ich wollt's erstmal selber probieren. Und wenn's dann nicht geht – da hätt' ich gesagt: Ich möchte Hilfe haben. Damit hab ich kein Problem, ich will mich bloß nicht von Anfang an verrückt machen lassen." Es geht. Seine Selbstheilungskräfte reichen, wie bei über zwei Dritteln aller Menschen, die traumatische Erlebnisse hatten. Achim schafft die Mischung aus Verarbeiten und Verdrängen, die ihm gut tut. Mit seiner Familie und seinen Kollegen.

Überlebensstrategien sind individuell. Vielen Team-Kollegen helfen die Gespräche mit dem stellvertretenden Kommandoführer des SEK Frankfurt/Main, der sich gemeinsam mit einem Psychologen auf post-traumatische Probleme spezialisiert hat. Den haben sie sich sofort hergeholt. Manche brauchen längere medizinische, psychologische oder seelsorgerische Betreuung. Der eine oder andere wird das SEK wohl doch verlassen müssen. Nach dem Ereignis wandten sich sogar Beamte aus ganz anderen Abteilungen an die Sozialbetreuung der Polizei, weil es auch ihnen die Koordinaten weggerissen hatte. „Wenn jetzt schon unsere Spezialisten erschossen werden, dann hab *ich* aber richtig Angst." Schulli dagegen fällt kurzfristig dem Konsumrausch anheim. Entdeckt das „Sich-was-Gönnen", weil ihm plötzlich klar wird: „Kann janz schnell zu Ende sein, allet. Doch, doch, dis Leben *hat* sich verändert. Man lebt bewusster."

Auf Eigenständigkeit und individuelle Bedürfnisse ausgerichtet ist auch die Betreuung. „Wir haben den beiden Teams bei ihrer nächsten Schicht die Freiheit gelassen, ob sie den Dienst antreten oder ob sie einfach kommen und da sind", erzählt Jörg Manske. Er weiß, sie wollen vor allem eins: „Wieder in die Normalität zurückkehren." Ein Ersatzteam steht bereit. Er kann ihnen vertrauen, weil Eigenständigkeit, Eigenverantwortung, Eigeninitiative zur „Einsatzphilosophie" des Berliner SEK gehören. „Davon *lebt* ein Team auch", sagt Achim, „wir haben Vorgaben, ganz klar. Aber wenn plötzlich alles anders ist, muss jeder sofort umdenken und danach handeln können." Flache Hierarchien, die das SEK des Stadtstaates Berlin schnell und flexibel machen. Fünf- bis sechshundert Einsätze haben sie pro Jahr, die republikweit größte Zahl.

Achim wollte unbedingt in den Einsatz. Sobald er wieder fit sein würde. Beweisen, dass er nicht vor der nächsten gewaltsam zu öffnenden Tür am liebsten weglaufen möchte. „Ich wollte einfach für mich klarstellen, dass es geht. Und heute arbeite ich wieder ganz normal. Als zweiter Mann, auch als erster."

Heilungsprozesse brauchen Zeit. Sie gehen besser, wenn man Solidarität erfährt und nicht emotional im Stich gelassen wird mit seinen Wunden. Dass zwei Tage nach Bulettes Tod viertausend Menschen, nicht nur Polizisten, in einem Trauerzug über zwei Stunden lang von Neukölln zum Platz der Luftbrücke gelaufen sind, an der Spitze der Innensenator, der amtierende Polizeipräsident Dieter Glietsch und der ehemalige Klaus Hübner – „das hat allen viel gegeben", sagt Jörg Manske. „Mir auch." Ebenso dass viele Kollegen von anderen Spezialtruppen zur Beerdigung kamen, von der GSG 9 des Bundesgrenzschutzes bis zum Kommando Spezialkräfte der Bundeswehr. Und dass sogar die Berliner Ureinwohner mit ihrem nur selten reibungslosen Verhältnis zur Polizei ganz schnell Geld spenden, um Bulettes Lebensgefährtin und der gemeinsamen kleinen Tochter das Überleben zu sichern – „damit hätten wir nie gerechnet!"

Je tiefer eine furchtbare Krise reinleuchtet ins eigene Selbstbild, desto mehr Wundschichten werden freigelegt und müssen „gesäubert" werden, um vernarben zu können. Der Nimbus „Unkaputtbarkeit" ist kaputt, aber der hatte dem eigenen Sicherheitsgefühl auch etwas Trügerisches gegeben. „Ich glaube, das alles hat dieses Kommando letztlich auch stärker gemacht", findet Manske. „Wir haben etwas auf der menschlichen Seite dazugelernt, das Thema ‚Überleben' ist uns elementar deutlich geworden. Ein bisschen wie beim Älterwerden – wenn die ersten Freunde sterben, rückt einem der Tod näher. Die Nähe haben wir jetzt erfahren."

Besonders wichtig dafür, dass diese Narbe gut verheilen

kann, ist aber sicher das Urteil, das das Berliner Kriminalgericht im März 2004, kurz vor dem ersten Jahrestag, gesprochen hat: Lebenslänglich wegen Mordes für den Schützen. „Weil der Richter festgestellt hat, dass der Einsatz einwandfrei war, und damit können wir auch für uns abschließen", sagt der hagere Schulli mit dem blassen, zerknitterten Gesicht und dem Händedruck, der einem den Kaffee noch in der anderen Hand aus der Tasse schwappen lässt. „Bulette hat keine Fehler jemacht. 'N Zentimeter daneben, und er hätt'n Loch im Jochbein jehabt, 'ne Platte jekricht und am nächsten Tag mit uns jelacht."

Hätte irgendeiner von ihnen einen Fehler gemacht, hätten sie alle große Probleme gehabt. „Es war einfach Pech."

Aus Achims Perspektive sieht es ähnlich aus. Auch ihn entlastet das Urteil persönlich. Er hatte lange Zeit schwer daran zu knabbern, dass er den Todesschützen nicht gesehen hat. „Hätt' ich den sehen können, hätt' ich die Waffe gesehen, hätt' ich reagiert, keine Frage. Dafür bin ich da." Wahrscheinlich geschossen. Womöglich den Schützen erschossen. So dicht liegt das beieinander für SEK-Beamte. Auch daraufhin werden sie ausgebildet und trainiert: Dieses Dilemma auszuhalten und besonnen zu agieren. Besonderen Mut, findet Achim, erfordert das nicht. „Mut? Nein – Respekt. Vor jedem Einsatz. Sonst unterlaufen mir Fehler." Und noch ein Wort erscheint ihm unpassend. „Elitepolizisten? Weiß ich nicht. Wir sind einfach besser ausgebildet und machen vielleicht 'n bisschen *mehr* dafür, sag ich mal."

April 2004

Koffer in Berlin

Um 10 Uhr 52 laufen die Maßnahmen an. Beamte der Berliner Polizei am Flughafen Tegel „nehmen den Personen- und Fahrzeugverkehr raus", wie sie es nennen. Sie evakuieren die Fläche vor dem Eingang zu Gate 16/17 weg und sperren die Zufahrt ab. Die Kollegen von der Bundespolizei räumen inzwischen die Check-In-Schalter von Personal, Passagieren und Angehörigen. Die Flughafenfeuerwehr bezieht Position. Ohne Arzt zwar, aber mit Rettungssanitätern. Polizeihauptkommissar Dirk Brüssel und seine Kollegen von der Flughafenwache füttern die Informations- und Aktionskette mit möglichst präzisen Angaben. Alles, was die vereinigten Sicherheitskräfte ab jetzt tun, ist minutiös standardisiert, seit Jahren eingeübt und so in Fleisch und Blut übergegangen, dass man sich als einzelnes Rädchen dieser Maschinerie getrost darauf stützen und die eigenen Nerven auf pures Funktionieren konzentrieren kann.

Es herrscht Bombenalarm. Auslöser: „Ein großer schwarzer Stoff-Rollkoffer", erinnert sich Dirk Brüssel, „auf einem Gepäckwagen hinter dem Pfeiler da." Die Pfeiler tragen das Gebäude an dieser Stelle. Es ist Anfang August 2006. Keine zwei Wochen nach dem Fund zweier anderer großer dunkler Rollkoffer, die vollgestopft mit Explosivstoff und Zündvorrichtung in zwei westdeutschen Regionalzügen herumstanden. Bevor das Standardprogramm *an*läuft, ist ein anderes *ab*gelaufen, und das geht etwa so: Irgendjemand bemerkt irgendwo ein anscheinend herrenloses Gepäckstück – das kommt zur Zeit allein auf TXL zwei-, dreimal täglich vor – und sagt Polizisten oder den SECURITAS-Leuten Bescheid, die im Auftrag der Flughafengesellschaft patrouillieren. Die sehen es sich an: Hängt da ein Namensschild dran? Kommt man dran, ohne den Gegenstand zu bewegen? Ist er offen, kann man erkennen, was drin ist? Meistens taucht der Besitzer gleich wieder auf, peinlich berührt oder empört. Wenn nicht, folgen Durchsagen: Da und da steht ein so und so aussehendes Stück, der Besitzer möge sich bitte umgehend melden. Damit erledigt sich fast immer auch der Rest. Nur sehr selten steht danach ein Gepäckstück immer noch herrenlos da wie jener Rollkoffer vom August 2006.

„Wir haben's hin und wieder, dass Reisende hier in die Taxe steigen, drei Koffer einladen, der vierte bleibt stehen", sagt Brüssel. Vor der Zeitenwende namens 11. September 2001, hätte man den zum Fundbüro gebracht. Heute muss man mit dem Ernstfall rechnen. „Weiß der Bürger nicht weiter, ruft er seine Polizei, weiß die nicht weiter, ruft sie ihre Spezialisten", heißt das Prinzip. Es ist vorgeschrieben und dient der Entdramatisierung der Situation, auch wenn das paradox anmutet angesichts des „großen Bestecks", mit dem die Spezialisten anrücken. Ein ganzer Sprinter voll Hightech, etwa. Elektronik für verschiedenste Messungen und Analysen, ein komplettes digitales Röntgenlabor, ein 35 Kilo schwerer Schutzanzug plus Helm. Einstieg nur mit Hilfe von Kollegen. Wer da drinsteckt, sieht aus wie ein martialisch-düsterer Neil Armstrong nach erfolgter Mondlandung. Aber er ist geschützt, vorausgesetzt, der Anzug ist aus dem richtigen Material und kein Fake wie der jenes Moskauer Entschärfers, der im Sommer 2003 von einer Handgranate zerfetzt wurde.

Und dann ist da noch tEODor. Sein Name ist eine Synthese aus dem t der Firma TELEROB, die ihn zum Weltbestseller entwickelt hat, dem internationalen Kürzel EOD (*explosive ordnance disposal* – Kampfmittelräumdienst, wörtlich: Beseitigung von Explosivgeschütz) und der Endung von

Manipulator. tEODor ist ein Roboter auf Panzerketten, fernsteuerbar, mit Greifarm, Kameras und dem Gerät, das die meisten sprengverdächtigen Gegenstände kleinkriegt: dem Wassergewehr.

Die Spezialisten für solche Fälle sind die Entschärfer vom „Kompetenzzentrum Kriminaltechnik" des Landeskriminalamts. Die LKA-KT 62 erledigt die Beseitigung von USBV, das sind „unkonventionelle Spreng- und Brandvorrichtungen". Und zwar zu Lande und – als einzige in allen Länderpolizeien – auch unter Wasser. Im internationalen Kürzelwesen heißt sowas IED (*improvised explosive devices*) und kommt ursprünglich aus dem Militär. Heute tauschen IED-Spezialisten von Polizei und Militär aus, was sich an Erkenntnissen über den neuesten *state of the art* gewinnen lässt, und sind auch international vernetzt. Bis hinein in die „Truppenfarben": Weiß wie Salpeter, schwarz wie Holzkohle, gelb wie Schwefel. „Dis sind janz einfach die Ausjangsstoffe für Schwarzpulver", erklärt der Leiter der KT 62, den wir hier nur Micha nennen wollen. Er und sein handverlesenes Team gehören zu den besonders geschützten Berliner Polizisten, denn sie haben ein besonders gefährliches Gegenüber: Terroristen, organisierte Kriminelle und ausgeklinkte Individuen, die gar nicht so selten mit blindem Hass und ausgewachsener Paranoia im stillen Kellerlein an hochbrisanten Sachen basteln. Jener unauffällige Rentner zum Beispiel, der im September 2004 mit einer manipulierten Panzermine ins Landessozialgericht marschiert. Oder Leute, die Briefbomben an Politiker und Popstars schicken. Oder Jugendliche, die etwas zusammenpütschern, das in nüchternem Spezialistendeutsch „Selbstlaborat" heißt. Hauptsache, es fetzt geil. Wozu hat man das Internet mit all den Anleitungen?

Aber zurück zu unserem Koffer auf TXL. Ein Zweierteam der KT 62 ist eine halbe Stunde nach Alarmierung vor Ort und prüft. „Optisch, akustisch und mit technischen Jeräten", erklärt Micha. „Und wenn et keenen sicheren Anhalt gibt, dass det Ding *un*jefährlich ist, denn isset für uns jefährlich. Und denn jilt dis oberste Ziel: Zündkette unterbrechen!" Jetzt kommt das Wassergewehr zum Zug. Das heißt, ein Präzisionsschuss mit einer verblüffend winzigen Menge Wasser, die aber durch extremen Hochdruck zu Aerosol wird und den Koffer zerreißt, bevor ein eventueller Zündmechanismus funktionieren kann.

Um 12 Uhr 10 laufen die Maßnahmen zur Entwarnung an. Die Leute von der KT 62 ziehen sich zur Auswertung zurück. Sie sind keine Ermittler. Kriminaltechniker – ob sie es mit Fingerspuren oder DNA, mit Stoff-Fasern oder Schriften, mit IT-Software oder Waffen zu tun haben – sind Sachverständige. Sie treten vor Gericht als Gutachter auf und müssen, so verlangt es die Strafprozessordnung, unabhängig sein. Auch deshalb machen die KT-Entschärfer regelmäßig Schulungen nicht nur für Feuerwehrleute, Notärzte, Gefängnispersonal, Funkstreifenbeamte und Spezialpolizisten, sondern auch Kripo-Ermittler. Kurz alle, die auf eine USBV stoßen könnten. Etwa hundert Unterrichtseinheiten kommen jährlich zusammen, zusätzlich zu den Spezialaufgaben an Protokollstrecken für Staatsbesuche und etwa 650 Bomben-Einsätzen.

Oder „Bomben"-Einsätzen, wie meistens. Im schwarzen Rollkoffer auf TXL war nichts als „'n paar Kleidungsstücke und ganz normale Bedarfsartikel", rekapituliert Dirk Brüssel. Dokumente? Irgendetwas, das auf die Spur des Besitzers führt? „Ein Taschenkalender, scheint irgendwie aus Skandinavien gewesen zu sein. Ausweispapiere haben wir noch nie gefunden. Und bis jetzt hat sich hier zum Glück auch alles als harmlos herausgestellt." Eine Stunde, achtzehn Minuten, und dann bloß Fehlalarm – ist das nicht frustrierend? „Nö!" Thorsten Lange ist Leiter der Dienstgruppe des Abschnitts 14, in deren Zuständigkeit sowohl der Flughafen als auch die JUSTIZVOLLZUGSANSTALT TEGEL liegen. Denn *jeder* Einsatz ist auch Training. Zweimal hatten sie in diesem August die KT-Entschärfer da. „Obwohl wir hier sowieso lauter erfahrene Mitarbeiter haben, wie die Bundespolizei auch. Tegel ist 'n sehr kompakter Flughafen, da muss man schon genau wissen, durch welche Tür kommt man wo hin?"

Keiner von ihnen würde „mal 'ne Rüttelprobe" an einem fremden Koffer machen. Es könnte immer seine letzte Amtshandlung sein. So, wie ganz schnell ein Fuß weg sein kann, wenn man in der Bastelstube irgendeines „Bomben-Freaks" in Pulver tritt, das sich auf dem Teppichboden verteilt hat. Gerade bei Hobby-Bombern muss man damit rechnen, dass sie explosives Zeug verschütten, das sich an der Luft chemisch verändert und bei leisester Berührung hochgeht. „Aber Funkstreifen- und Feuerwehrleute sind viel jefährdeter als wir", sagt Micha. Deshalb heißt Regel Nr. 1 für alle: Nichts anfassen, nichts verlagern, Abstand halten. „Für uns jibt's keene *Fehl*alarme!" So unaufgeregt, wie sie ihre Einsätze erledigen, arbeiten sie auch die Alarm-Wellen ab, die nach jedem Anschlag, der durch die Medien geht, erstmal hochschlagen. Nach der Kofferbombe, die im September 2004 im Dresdner Hauptbahnhof entschärft worden war, „hatten wir in vier Wochen neunzehn Einsätze allein in Berlin." Unmittelbar nach 9/11 waren es 38, und auch zur Zeit geht die Welle wieder hoch. Für Micha ganz normal. „Ja, unsere Bevölkerung ist sensibel, und det ist 'ne *jute* Sache. Wir sehen dis so: Da hat jemand 'n ernsthaftet Problem, und wir jehn dis an. ‚Spaßvögel', die Verwirrung stiften wollen, sind äußerst selten."

Selten, aber doch manchmal aktiv. Bei Leuten, die mal eine Tüte im U-Bahnhof „stehenlassen", womöglich mit Wecker und raushängenden Drähten, ist Schluss mit lustig. Da verstehen gerade solche Polizisten, die am längsten „Straßendreck an der Schulter" haben und routinemäßig auf jeden Witz noch einen draufsetzen, überhaupt keinen Spaß. Den eigenen Namen IED mit „Ick Entschärf Dit" zu übersetzen und über Fernsehfilme zu spotten, bei denen ganze Super-Duper-Action zusammenschnurrt auf die Frage: „Der rote oder der blaue Draht?" ist das eine. Menschen in Angst und Schrecken zu versetzen, gar Leben aufs Spiel zu setzen, ist etwas ganz anderes.

Da wird auch Geld zweitrangig, obwohl jeder einzelne Einsatz einen vierstelligen Euro-Betrag kostet, vermutet Oliver Tölle, der Justitiar der Berliner Polizei, und zählt auf, was noch sehr viel teurer ist. Oder unbezahlbar. „Die Risiken, die durch Fahrten mit Eile entstehen. Die Folgen für die Bevölkerung – ganze Bahnhöfe müssen gesperrt werden, es gibt Geschubse, Kinder gehen verloren, Paniken, Traumatisierungen und, mein Gott, wenn da einer 'n bisschen schwach am Herzen ist, kann das für ihn böseste Folgen haben!"

Unmittelbar am Ort wird Ruhe zur „ersten Bürgerpflicht" für alle. „Man sollte die Neugier zügeln", wünscht sich Dirk Bürger, „und die Maßnahmen der Polizei dadurch unterstützen, dass man weit weg bleibt." Mittelbar dagegen ist alle Härte angesagt, die das Strafgesetzbuch hergibt, nämlich wenn sich zeigt, dass jemand die ganze Maschinerie losgetreten hat, bloß weil er mal sehen wollte, „wie schnell die Bullen da sind". Nach §145d StGB droht jemandem, der wider besseren Wissens eine Straftat wie Bombenexplosionen vortäuscht, eine Freiheitsstrafe bis zu drei Jahren. Dasselbe Strafmaß sieht §126 StGB für die „Störung des öffentlichen Friedens durch Androhung von Straftaten“ vor. Dazu zählen Tötungsdelikte bis hin zu Völkermord und Verbrechen gegen die Menschlichkeit, schwere Körperverletzung, Raub und räuberische Erpressung und andere „gemeingefährliche Verbrechen und Vergehen“. Ebenso strafbar ist deren Vortäuschung. „Da kann sich einer dann sehr schnell im Rahmen einer Straftat befinden“, warnt Tölle. Straftaten sind Offizialdelikte. Und dass Richter beim Strafmaß kleinlich sind, ist nicht sehr wahrscheinlich in „bombigen Zeiten“ wie unsern. „Wir sind alle Menschen, jeder kann mal seinen Koffer irgendwo vergessen“, sagt Tölle. „Die Strafverfolgung ist für die ‚Spaßvögel‘ gedacht, und die kann man relativ gut herausfinden.“

Und umgekehrt? Kann jemand, der sein Gepäck einfach vergessen hat und zerschreddert wiedersieht, Geld verlangen? „Versuchen kann er’s natürlich, aber das Polizeirecht gewährt Schadenersatz nur unter Billigkeitsaspekt“, sagt Jurist Tölle. „Man muss dann gucken, wer die Gefahrenlage gesetzt hat, und das ist, auch ohne Vorsatz, der Besitzer. Ich weiß doch heute, ich riskiere sofort Bombenalarm, wenn ich meinen Koffer alleine lasse. Und auch ein ‚Na, wenn schon!‘ lässt sich als rechtlich vollwertiger ‚Eventualvorsatz‘ einstufen.“

Es sind eben andere Zeiten als 1951, als Marlene Dietrich „noch einen Koffer in Berlin“ hatte, symbolisch und als Liebeserklärung an die Stadt. Heute hat man seinen Koffer im Auge oder einen Haufen Ärger am Hals.

Übrigens nicht nur in Berlin.

September 2006

Leichenfund nach Piratenart

Man stellt sich das so locker vor: Die Mordkommission ermittelt, dass in irgendeinem See zwei Leichen liegen könnten, und dann kommen mal eben die Polizeitaucher – hopp, ins Wasser und geborgen. Eine Stunde Arbeit und tschüs. Na gut, okay: ein Tag, Anfahrt, Auftakeln, Orten, Bergen und in Papierform-Bringen mitgerechnet. Aber so klinisch sauber und dramaturgisch elegant geht im richtigen Leben selten etwas zu, und in diesem Fall schon gar nicht.

Am 8. Januar 2003 wird in einem Wald im mecklenburgischen Mirow ein ausgebrannter HONDA gefunden. Die Spuren führen nach Berlin und legen ein Tötungsdelikt nahe. Das Auto gehörte einem Ukrainer, der mit einem anderen Ukrainer am 7. Januar bei einem Berliner einen Geländewagen kaufen wollte. Die siebte Mordkommission ermittelt zwei wahrscheinliche Täter, den deutschen Autohändler und seinen Bruder. Beide sind abgetaucht, beide werden Ende Januar von den Zielfahndern des LKA festgenommen, beide schweigen sich aus. Die Mordkommissare vermuten die Leichen der Ukrainer irgendwo in den mecklenburgischen Wäldern mit ihren vielen alten Bunker- und Militäranlagen. Aber zunächst sitzen sie drei Monate lang auf einem „Fall ohne Leiche".

Erst kurz vor Ostern macht der Bruder reinen Tisch. Er bestätigt, was die Siebte längst ermittelt hat: Sein Bruder, der Autohändler, hat die beiden Ukrainer erschossen, er selbst hat beim „Entsorgen" geholfen. Er löst auch das Rätsel einer sichergestellten Quittung für eine dreißig Meter lange Wäscheleine: Sie haben damit die beiden Leichen aneinander gebunden. Er erzählt schließlich auch, *wo* sie sie verschwinden lassen haben: Im Peetschsee zwischen Fürstenberg und dem Großen Stechlinsee im äußersten Norden von

Brandenburg, und *wie*: Mit Steinen beschwert von einer Schubkarre gekippt, durch ein Loch, das sie extra in die Eisdecke gesägt hatten.

Am 14. April bekommen die Taucher der 1. Technischen Einsatzeinheit der 1. Bereitschaftspolizeiabteilung den Auftrag und stehen gleich vor der ersten Hürde: „Der Peetschsee hat keinen Zugang", erzählt Frank „Bähri" Bähring, Polizeiobermeister und seit 2002 bei den Tauchern. „Die Wasserschutzpolizei kommt mit den großen Booten da nicht hin, wir mussten unsere eigenen kleinen Boote mitbringen." Also mit einem ganzen Konvoi ausrücken – bis Neuruppin über die Autobahn, danach über Bundes-, Land- und Dorfstraßen. „Am Ende haben wir uns durch den Wald gekämpft mit den schweren Fahrzeugen und Booten hintendran, und im Uferbereich war's ziemlich morastig."

Drei Stunden, um überhaupt am Tauchort anzukommen. Das Anziehen geht schnell, routiniert. „In fünfzehn Minuten is 'n erfahrener Taucher fertig", sagt Thomas „Otti" Otto, Polizeioberkommissar, seit 1990 dabei und stellvertretender Chef der Truppe. Dann kann er ins Wasser mit freundlichen fünfzig Kilo Zusatzlast am Leib: Atemluftflaschen, Maske mit „Tauchertelefon", Flossen, Tauchanzug mit Bleigewichten. Taucher arbeiten paarweise – einer geht an einer Leine runter, einer bleibt oben als Signalmann. Er hat seinen Taucher mit angezogen, er kontrolliert, dass alle Reißverschlüsse zu und alle Geräte funktionstüchtig sind, und er hilft auch beim Schleppen über Land. Beide sind in ständigem „Telefonkontakt" über die in der Maske steckende Hör-Sprech-Garnitur. Was immer der Taucher unten von sich gibt, der Signalmann hört mit und warnt seinerseits vor Booten, Bojen, Pollern und anderen Hindernissen. Vor allem aber führt er ihn an der straffen Leine. „Wenn die durchhängt, schwimmt der Taucher Schlangenlinien", erklärt Otti, „wir arbeiten wie Scheibenwischer im Halbkreissuchverfahren. Der Taucher geht einen Suchbereich ab, und wenn er da nichts findet, wird er einen Meter rangezogen, schwimmt in Gegenrichtung zurück und sucht da im Halbkreis."

Schon kleine Durchmesser dauern Stunden, wenn alles glatt geht. Im Peetschsee geht gar nichts glatt. „Wir hatten ein Gebiet aufgeteilt, damit mehrere Taucher gleichzeitig arbeiten können", erzählt Bähri. Aber keiner dringt bis zum Grund des Sees vor. Trotz Bleigewichten kommt niemand tiefer als sechzehn Meter. Der See ist etwa 23 Meter tief, da ganz unten liegen die Leichen, und dazwischen ist – Schlamm. Eine etwa sechs Meter dicke Schicht aus ineinander gesogenen, verhakten, vermanschten Naturalien und Zivilisationsmüll. Sowas ist normal in hiesigen Gewässern. Polizeitauchen ist harte Arbeit und das krasse Gegenstück zu Korallen-Gucken und Fischwärme-Bestaunen in lichten, bunten Ozeanen. „Wir heißen nicht umsonst Schlammrutscher", lacht Otti.

Bähri erinnert sich an den ersten Hoffnungsschimmer im Peetschsee: „Das Wasser oberhalb der Schlammschicht war relativ klar, somit konnte man schauen, ob vielleicht irgendwo ne Art Abdruck ist, wo 'n Körper reingegangen sein kann." Ohne Erfolg. „Das ist nach ner Weile schon ziemlich frustrierend, wenn man merkt, man kommt überhaupt nicht weiter", seufzt Mandy Elsner, POM'in und mit Bähri ein eingespieltes Team. Die beiden kennen sich seit der Ausbildung und haben den obersten Leitsatz verinnerlicht: „Ein Polizeitaucher hat zehn Augen: an jeder Hand fünf!" Hierzulande ist unter Wasser nämlich herzlich wenig zu sehen. „Wenn's ganz schlecht kommt", sagt Mandy, „sieht man die Hand vor Augen nicht. Die meisten Taucher machen die Augen deshalb auch einfach zu und tasten nur."

Aber genau das geht eben nicht im Peetschsee. Sie probieren es mit Stangen – vergeblich. Mit denen kann man sich nicht richtig vorwärts bewegen.

Gut zehn Tage vergehen so, zwischen Hoffnung und Frust, mit je sechs Stunden An- und Abfahrt, zig Tauchgängen und noch mehr Überstunden, über die auch Familienmitglieder der „Schlammrutscher" nicht gerade vor Begeisterung schäumen. Ein Sonargerät der Uni Cottbus ortet zwar korrekt alle möglichen Äste, löst das Grund-Problem aber ebenso wenig wie vier Spürhunde, die an mehreren Stellen der Seeoberfläche anzeigen.

Dann muss die Suche unterbrochen werden, denn mittendrin sind die Kreuzberger „Maifestspiele". Großeinsatz für alle geschlossenen Einheiten, also auch für die elf Männer und zwei Frauen der Tauchergruppe der 1.TEE, die – nebenbei – auch eine ABC-Schutz-Truppe ist. „Atomare, biologische und chemische Gefahrenabwehr ist unser zweitet Standbein", sagt Otti, „und mit Umweltkriminalität ham wir auch zu tun." Ölbehälter, Laborabfälle, für deren Entsorgung jemand kassiert, die er dann aber unterlassen hat. Sie befreien auch mal blockierte Schiffschrauben der Wasserschutzpolizei-Kollegen. „Aber zu 99 Prozent besteht unsere Arbeit aus Beweismittelsuche und Staatsbesuchen."

Beweismittel ist alles, was für eine Straftat benutzt wurde oder Spuren tragen könnte: Tatwerkzeuge, Tatwaffen von der Patronenhülse über Messer und Macheten bis zu Pistolen und Langwaffen, Diebesgut von Schlüsseln über Autoradios bis zu Tresoren, Autos, Fahrrädern. Auch Leichen können Beweismittel sein, und wenn nur, um einen Vermisstenvorgang ab- und Fremdverschulden ausschließen zu können. Die kleine Anastasia, die im Sommer 2006 im Tegeler Hafen in ein Entwässerungsrohr geraten und gestorben war, haben die Taucher der 1. TEE ebenso mitgesucht wie den 17-jährigen Leukämiepatienten, der im November 2005 aus dem Klinikum Buch weggelaufen war und sich wohl wirklich zum Sterben in einen der kleinen Teiche in der Nähe gelegt hatte.

Staatsbesuche heißt amtlich USBV und im Klartext alles, was einem Staatsgast und seinem Konvoi entlang der Protokollstrecke um die Ohren fliegen könnte: unkonventionelle Spreng- und Brandvorrichtungen an Brücken oder Schiffen. Danach dürfen sie tauchen, die dürfen sie lokalisieren. Anfassen dürfen sie sie nicht. Das dürfen nur die speziell ausgebildeten Entschärfer von der Kriminaltechnik, die seit ein paar Jahren eigene Taucher haben.

Nach den „Maifestspielen" geht es für Otti, Bähri, Mandy und Kollegen wieder zurück zum Peetschsee. Was tun? Wie zwei in einer undurchdringlichen Schlammschicht festgesogene Körper finden? Es gibt ein Gerät, das Taucher und Wasserschutzpolizisten nutzen, um ein Gebiet zu durchkämmen. Es ist eine Art riesige Harke mit Widerhaken, die man vom Boot aus durchs Wasser zieht. „Aber die hätte auch nischt jebracht", sagt Otti. „Die hätte bloß allet aufjewühlt und eventuell die Leichen verschoben, statt sie zu orten." Vor allem aber: „Die wär auch nicht tiefer einjesunken als bis circa sieben Meter überm Boden."

Trotzdem, das Prinzip ist elektrisierend, denn es gibt da ein Detail, das Hoffnung macht: die Wäscheleine zwischen den Leichen. Wenn man die erwischen könnte ... sich irgendwie drin verhaken... man müsste tief genug runterkommen ... und beweglich genug sein. Wer der geniale Kopf war, der auf die Idee mit dem Enterhaken kam, ist nicht mehr zu klären. Wahrscheinlich war's der kollektive Kopf, sagt Otti. Denn erstens gilt für Polizeitaucher ohnehin dasselbe wie für Fußballer: Spiele werden im Kopf gewonnen und dann erst durch Kraft und Kondition. Und zweitens ist Polizeiarbeit immer Teamarbeit, und dazu gehört gemeinsames *brainstorming*.

Herauskommt jedenfalls eine Art Piratenwaffe mit umgekehrten Vorzeichen: Sie befestigen einen Enterhaken – „Wurfanker heißtet bei uns!“ – mit drei etwa zwanzig Zentimeter langen Zacken an einer schweren Kette und hängen den mitsamt zwei Zehnkilo-Bleikugeln an ein fünfzig Meter langes dickes Seil. „Das ham wir dann vom Boot aus hinterherjezogen, mehrmals kreuz und quer durch den ganzen See.“ Immer wieder ruckt es, jedesmal holen sie bloß Äste und verschlungene Unterwasserpflanzen nach oben, lösen sie, harken weiter.

Tagelang. Keine Leine, keine Leiche. Dann irgendwann ruckt es wieder, diesmal scheint es etwas Schwereres zu sein, und dann haben sie sie. Gefunden jedenfalls schon mal. Das Hochholen ist dann noch ein bisschen Quälerei, die beiden Ukrainer waren nicht eben unterernährt, aber alle sind dankbar, dass ihr Dreizack wirklich die Leine erwischt hat. Und nicht etwa einen Kopf abgerissen. „Ich glaub“, sagt Otti, „da hätten denn doch manche grüne Gesichter jekricht.“

Die siebte Mordkommission kann die Ermittlungen abschließen, der deutsche Autohändler sitzt für acht Jahre in Haft, und in den Stolz der Polizeitaucher über ihr gelungenes Piratenstück mischt sich nur manchmal ein winziges Wermutströpfchen, findet Otti: „Klar, ’n Einsatz, wo man als Taucher oben auf ’m Boot sitzt und zuguckt, wat da hochjeholt wird, det is nun mal nicht dasselbe, wie wenn man selber auf ’m Grund sucht.“

August 2007

Schnüffler vom Dienst

Eve steht kurz vorm Abitur, Anschlussstudium geplant. Eve ist hochbegabt, schnell im Kopf, lernbegeistert und murrt nie über den Lehrstoff. Trotzdem findet Kai, findet auch Matze, ist ein bisschen Vorbereitung immer gut. Praktische Übungen mit dem Stoff, um den es bei der Prüfung gehen wird.

Der Stoff ist – Blut.

Eve ist sieben. Eine altdeutsche, deshalb etwas wuscheligere Schäferhündin. Bei solchen Persönlichkeiten heißt die Eignung fürs Abitur natürlich anders – Eve ist triebig und führig, und sie hat schon bei mehreren Praktika bewiesen, dass sie ranklotzen kann bis zur Fiebrigkeit. Nach zehn Wochen Grundschule für den Schutzhunddienst bei der Berliner Polizei und acht Wochen Fortbildung zum Leichensuchhund steht sie jetzt, nach acht weiteren Wochen Spezialtraining, kurz vor der Prüfung zum Blutspurensuchhund. Kai Pochert ist Eves Führer – so heißt das wirklich –, 41 und Polizeioberkommissar. Matze heißt vollständig Matthias Dahlke, ist auch POK, 40 und Ausbilder sämtlicher LSH/BSH, wie diese vierbeinigen Spezialisten gekürzelt werden. 35 der etwa 150 Polizeihunde in Berlin sind Spezialhunde, die meisten suchen nach Rauschmitteln, Sprengstoff, Brandbeschleunigern und Schmuggel-Zigaretten.

Matze holt einen Plastikcontainer mit allerlei Lappen und einem Beutel mit braunroter Flüssigkeit aus dem Wagen. „Is 'ne abgelaufene Blutkonserve, wir kriegen die aus Krankenhäusern", erzählt er, während er die Einweghandschuhe überstreift. Zum eigenen Schutz – altes Blut kann kontaminiert sein. Aber vor allem, weil die Spur, die er gleich legen wird, nicht von seinen eigenen Gerüchen überlagert werden darf. Echtes Fleisch haben sie auch in der Kühltruhe auf der Dienststelle, aber das ist natürlich von Tieren.

Matze Dahlke ist seit 1983 Polizist, seit 1990 bei den Hunden und wollte eigentlich zu Sprengstoff. Nur war dafür sein damaliger Hund nicht der richtige. Also hat er Rauschgift gemacht, „szenetypisch“ mit langen Haaren und ein paar Kilo leichter. Aber damals war er auch noch Raucher. Mitte der neunziger Jahre hat er sich zum Ausbilder ausbilden lassen, 1998 wurden er und Kai Pochert zum „Ursprung der heutigen Truppe“ und fingen an, die BSH/LSH-Abteilung aufzubauen. Die Mordkommissionen, begeistert von den ersten Versuchen, hatten größeren Bedarf an Hunden für latente Blutspuren angemeldet. „Dis war meine Stunde“, lacht Matze, „ick arbeite nämlich jern mit ‚weichen‘ Hunden. Bei einem sensiblen Hund muss ick Feingefühl reinbringen.“ Er hatte immer schon eine Witterung für Hunde, die als schwach galten, als nicht diensttauglich, und er hat sie gegen alle Widerstände durchgesetzt.

Trainiert wird an verschiedensten Orten in der Stadt, draußen und drinnen, fast täglich, nicht nur, wenn ein Abi ansteht. Diesmal baut Matze eine Spurenanlage auf dem Polizeigelände in der Spandauer Radelandstraße. Der stillgelegte Zellentrakt im Keller des ehemaligen Abschnitts 22 ist ideal: Kachelwände, Terrakottaböden, Holzbänke mit Metallschrauben, alles staubbedeckt und übersät mit Flecken, Schnipseln, Krümeln. Matze knipst den Blutbeutel auf und drückt einen winzigen Tropfen auf eine braune Flurfliese. Dann nimmt er einen Gaze-Tupfer und saugt ihn auf. Übrig bleibt ein etwas dunklerer Fleck, kaum zu sehen. Spur Nummer eins. Mit dem Tupfer geht er jetzt durch die Zellen. Lässt sich Zeit beim Suchen, das Blut soll ruhig trocknen. Wischt schließlich einmal kurz über eine glänzende Schraube in einer Holzbank. Spur Nummer zwei, schon völlig unsichtbar fürs menschliche Auge. Die dritte Spur bringt er auf einen gekachelten Türrahmen auf, in Bauchhöhe. Mit dem inzwischen fast trockenen Tupfer. Auch die nicht mal zu ahnen.

Dann geht er nach draußen zum Bambi-Fahrzeug. „Bambikräfte", so nennen sie die Diensthundabteilungen intern. Bambifahrzeuge stehen zum Beispiel bei brisanten Fußballspielen mit den „Wannen" Spalier. Mit diesem hier sind drei der fünf vom BSH/LHS-Team angereist – Eve im vollklimatisierten Spezialanhänger, und hinten im Transporter Matzes Laika und Kischa von POM Timo Reschke. Vorfreudiges Gebell. Schäferhundtimbre. Nur Laika blafft eher wie einer der kleinen wendigen Jack Russells vom Rauschgift. Aber das ist in Ordnung, Laika ist eine Malinoise, eine belgische Schäferhündin, benannt nach der Stadt Malines. „Die machen det öfter", winkt Matze ab.

Alle drei Hündinnen bersten vor Tatendrang. Dabei waren sie erst vor kurzem in einem harten Einsatz, neun Stunden lang. Immer abwechselnd fünf bis zehn Minuten Schnüffeln, dann mindestens genauso lange Pause. „Dis is so anstrengend wie 'n Marathon für Menschen", sagt Matze. Sie haben die Wohnungen von Verdächtigen durchsucht, die an einer tödlichen Messerstecherei am 30. Dezember 2006 auf der Potsdamer Straße beteiligt gewesen sein könnten. Zufällig wieder im Auftrag der zweiten Mordkommission, wie bei Kai Pocherts allerersten Einsatz im Oktober 1999, damals noch mit Ori, der inzwischen gestorben ist. „Dis war direkt von der Übung in 'n Echtbetrieb", erinnert er sich, „wir waren beede ziemlich aufjeregt, der Hund und ick! Aber ick *wusste* ja, wat er kann."

In einer Parkanlage in Friedrichshain wird frühmorgens ein Toter entdeckt, mit blutigen Schuhabdrücken am Kopf und an verschiedenen Stellen des Körpers. Die zweite Mordkommission übernimmt und fordert sofort die Hunde an. „Wenige Meter hinter der Leiche war eine erste augenfällige Spur, eine Bierbüchse", erzählt Ingo Kexel, Leiter der Zweiten, „und es fanden sich mehrere solche Büchsen, aus dem Park hinausführend." Tatsächlich markieren die Hunde den Weg des Täters oder, wahrscheinlicher, *der* Täter aus dem Park bis an die Straße. Befragungen bei Anwohnern ergeben, dass in irgendeinem Haus gegenüber Leute wohnen, „die schon öfter des nächtens durch Zecherei und Heil-Hitler-Rufe aufgefallen waren".

Die Hunde finden das Haus. Jetzt werden sie durchs Treppenhaus geführt und kratzen immer wieder an Stellen, an denen kein menschliches Auge irgendetwas sieht. Zuletzt an einer Wohnungstür. Die inzwischen parallel gelaufenen Ermittlungen bestätigen: Aus dieser Wohnung war das rechtsradikale Gegröle gekommen. „Wir haben dann zügig gestürmt und fünf, sechs junge Leute gefunden, die gerade dabei waren, ihre bebluteten Kleidungsstücke zu reinigen und sich über die Tat zu unterhalten." Mordaufklärung samt Festnahme der Täter in zwölf Stunden – ein Traum. „Die waren auch erstaunt, wie schnell wir aufgetaucht sind", freut sich Kexel heute noch.

Die vierbeinigen Schnüffler vom Dienst können Mordermittlungen enorm beschleunigen. „Wenn ich 'ne Wohnung habe, die aussieht wie 'n Bombentrichter, und überall liegen Textilien rum, dann ist 'n Hund, der an einem Stapel eindeutig anzeigt, einfach unglaublich hilfreich", sagt Kriminalhauptkommissar Kexel. Dann wird zuerst *dieser* Stapel von der Kriminaltechnik bearbeitet. Hunde finden sogar so minimale Spuren, dass die KT zwar per Vortest Blut ausmachen kann, aber erst im Labor den Zellkern vervielfältigen muss, bevor sich daraus ein genetischer Fingerabdruck gewinnen lässt. Für Ingo Kexel sind Spezialhunde heute Standardprogramm. Die Berliner Mordermittler haben sich früh stark gemacht für den Ausbau der Abteilung. Sprengstoffhunde zum Beispiel finden Schmauchreste nach Schüssen an verborgensten Dingen, Rauschgifthunde Stoff trotz beißendster „Tarngerüche". So wie die Mädels vom BSH-Team Blut noch wittern, das mit scharfen Putzmitteln weggeschrubbt wurde.

Hier im Keller der Radelandstraße geht es jetzt um Fingerführigkeit. Filigranarbeit für Mensch und Tier. Eine Spur auf Fliesen ist schnell mal überlaufen, wenn man nicht Quadratzentimeter für Quadratzentimeter die Hundenase drüberführt, immer hinter dem behandschuhten Finger her. Was Hund und Mensch wieder und wieder trainieren, ist der totale Einklang. Finger und Nase müssen gleich schnell sein, den Rhythmus gibt der Hund vor. Seine Nase muss wirklich überall schnüffeln, und sein Mensch muss erkennen, ob er das auch wirklich tut oder bloß irgendwo irgendwas anzeigt, weil er auf die Belohnung spekuliert. „Doch, doch, ein Hund kann einen auch austricksen wollen", sagt Kai.

„Und der beste Hund ist nur so gut wie der Mensch", ergänzt Matze. Weshalb der Mensch nicht nur hervorragend ausgebildet sein muss – er muss erstens selbst kriminalistisch denken können und zweitens exakt informiert werden. Tatortarbeit à la: „So, Bello, jetzt check mal den Raum durch!" gibt es nicht. „Wir planen vorher systematisch jeden Raum, je nachdem wie wir eingewiesen werden", erläutert Matze. Die Spezialkenntnisse haben sie sich selbst draufgeschafft: Leichenkunde, die Einflüsse von Wind und Wetter, Tierfraß.

Sie glauben im Zweifelsfall eher ihren Hunden als Menschen und werden immer wieder darin bestätigt. Zum Beispiel 2005, als die vermisste und tot vermutete Frau des „Todesfliegers vom Reichstag“ gesucht wurde und die Hunde an einem Kohlenstapel mitten im Zimmer, einer Wand und einem Sofa „deutliches Anzeigeverhalten zeigten“, obwohl der Ort schon kriminaltechnisch bearbeitet war. Es *war* Blut auf der Tapete, unter einer dicken neuen Schicht Farbe, es *war* Blut auf dem gründlich gereinigten Sofa, und die Leiche *lag* vergraben unter den Kohlen. Zwischen 1.500 und 1.800 Euro gibt Berlin pro Tier aus, weit weniger als andere Bundesländer. Die Ausbildung kostet das Vielfache, und sie fängt nach dem Blutspuren-Abi erst richtig an, sagt Matze. „Die Feinarbeit dauert ein Jahr und länger.“

Eve darf jetzt raus aus ihrer Klima-Box, einen Schluck trinken und spielen. Der Spieltrieb ist das Fundament der Berliner Ausbildung. „Zuckerbrot“ muss die „Peitsche“, die anfangs auch nötig ist, ganz schnell ersetzen, sonst wird aus einem Hund nie ein Spezialist. Kai und Eve rangeln um einen Lappen, mit lautem Getöse und heftigem Körpereinsatz. „Eve is immer aufjeregt, die will immer beschäftigt werden, und dis is jenau das, was wir brauchen für so ’ne Arbeit“, brüllt Kai über ihr vorfreudiges Bellen weg. Auch er ist in seinem Element. Kai Pochert arbeitet seit 1988 mit Hunden und lebt wie alle Hundeführer mit seinen Tieren zusammen. „Manchmal hat man dann zwei zu Hause“, lacht er, „den pensionierten und den Nachwuchs.“ Mit rund zehn Jahren gehen Diensthunde in Pension. Ab da fallen Steuern und Arztkosten an, aber die 72 Euro Kostgeld pro Monat weg. Furchtbar gerecht findet das niemand, (weil die Hundeführer das aus eigene Tasche bezahlen müssen) „aber das is man dem Hund schuldig“, sagt Kai achselzuckend. „Wenn man so lange mit ihm verbracht hat, und der hat einen schon verteidigt – det schweißt doch unheimlich zusammen."

Er ist mit Eve bis in den Flur getollt, auf dem sie suchen soll. Matze deutet auf eine Fläche von zwei, drei Quadratmetern. Noch einmal Zerren am Spielzeug-Lappen, dann das Kommando „Aus!" Eve rückt den Lappen raus und legt sich flach, gespannt. Kai teilt im Kopf die Fläche ein, während er die Handschuhe anzieht. Eve wackelt erregt mit dem Hinterteil, hechelt, kann sich kaum flach halten. „Eve?" Jetzt darf sie aufstehen, rennt japsend zu Kai, führt die Nase dicht an seine Finger und folgt exakt den Linien, die Kai knapp über dem Boden zieht. Irgendwo da liegt Spur Nummer eins. Inzwischen fast unsichtbar. Eves Schnuppern ist das einzige Geräusch im Raum, bis Matze Kai anbrüllt: „Schneller, schneller!" *Er* weiß, dass Eve gerade an der Spur vorbeischnüffelt, Kai nicht.

Nochmal dieselbe Fläche. Nochmal Hochkonzentration. Adrenalin. Gebannte Stille bis auf das Schnüffeln. Kais Handschuhfinger ziehen jetzt schnellere Linien – und plötzlich fängt Eve wie wild an, auf dem Boden zu kratzen und zu jaulen, kriegt sich kaum wieder ein. Kai jault genauso laut, knuddelt sie, tätschelt sie und rückt den Lappen wieder raus. Eve hat korrekt angezeigt und darf spielen.

Die Menschen machen Manöverkritik. Führigkeit, Aufmerksamkeit, Präzision – alles wunderbar, ist Matzes Fazit, aber: Warum hat Eve nicht beim ersten Mal angezeigt? „War *mein* Fehler", sagt Kai, „Eve is irre schnell, und ick bin erstmal langsamer jeworden, das hat sie verwirrt." Arbeit mit Hunden ist eine hochemotionale Sache. Und nicht jeder männliche Diensthundführer ist ein Bauchmensch wie Matze, der mit jedem Hund sofort in Hundesprache turtelt.

Kai musste das erstmal lernen. „Ick hab mich zuerst geniert, vor all den Kollegen drumrum“, grinst er.

Erfolg hilft, zumal wenn man auch bei den spektakulären Fällen zu den „Instrumentarien, die perfekt ineinandergreifen“ gehört, die für Ingo Kexel das Spannendste an Mordermittlung sind. Und vermutlich auch der Hauptgrund für die extrem hohe Aufklärungsrate der sieben Berliner Mordkommissionen. Aber Erfolg ist nichts, worauf Leute wie Matze und Kai sich ausruhen. Sie sind längst dabei, das Spielfeld ihrer Hunde zu erweitern. Bisher umfassen die „humanen Geruchskomponenten“, auf die sie spezialisiert sind, nur Blut und Leichen in Innenräumen und in der Landschaft. In Zukunft sollen sie auch Vermisste und Tote im Wasser aufspüren können. Die ersten Probeläufe bei der Wasserschutzpolizei waren ein neuer Erfolg. „Wir arbeiten am Multihund“, lacht Matze stolz, bevor ihm Laika auf den Arm springt, gierig auf *ihren* Sucheinsatz im Keller.

Umwerfend, diese Vierbeiner. Und echt nichts für Fliegengewichte.

Dezember 2007

EthniCity

Das Multi-Kulti-Delikt
Zwangsräumung
Tilidin-Chic
Mädchen, Mädchen!
Lichtenrader Vormärz
Zwischenstopp für wilde Kerlchen

Vielfalt macht das Leben bunt. Es gibt kein Großstadtleben ohne ethnisches Gemisch. *Mestizaje es grandeza.* Wir essen nicht nur „beim Chinesen" (Vietnamesen, Italiener, Mexikaner, Jugoslawen, Libanesen, Spanier, Türken ...), wir trinken nicht nur Rum, Tequila, Sake und Weine aus Südafrika, wir essen auch von Tellern, die von Menschen aus aller Herren Ländern gewaschen wurden und lassen unsern Dreck von „Ausländern" wegmachen. Auf unsern Baustellen malocht die halbe Welt, unsere Autos werden seit über fünfzig Jahren von halb Europa zzgl. Anatolien produziert, unsere Rentenkassen füllen „Gastarbeiter".

Vielleicht tut sich Deutschland mit Immigration so schwer, weil es in naher Vergangenheit auf so grausame Weise selbst Menschen zu Immigranten gemacht hat, indem es sie in die Emigration getrieben hat. Vielleicht hat deshalb hierzulande das Wort Migration immer so einen verdrucksten oder beleidigten Beigeschmack.

Es gibt kein ethnisches Gemisch ohne Reibung. Es gibt keine friedliche Koexistenz im Innern, wenn die Mehrheitsgesellschaft sich auf eine Lebenslüge versteift: Wir sind kein Einwanderungsland! Auch Selbstbetrug hat kriminelle Folgen. Manche sind so absehbar, dass man die Uhr danach stellen kann, andere bergen Überraschungseffekte.

Das Multi-Kulti-Delikt

„Doch, ja – der Dezember war, wenn man das mal so sagen will, 'n *guter* Monat für Taschendiebe“, sagt Heike Walter. Die Adventszeit bringt nicht nur Touristen nach Berlin, sie zieht auch die Bewohner von Stadt und Speckgürtel in ARCADEN, PASSAGEN und auf sonstige Einkaufsmeilen. Zur Schnäppchenjagd und Geschenkesuche. „Viele Leute haben dann viel Bargeld in der Tasche, und das wissen die Täter natürlich.“ Heike Walter ist Kriminalhauptkommissarin und SB-Leiterin des LKA 711. SB steht für Sachbearbeitung und ist eine der beiden Säulen des Kommissariats aus sechzig Kriminal- und Schutzpolizisten, das bis März 2007 kurz und treffend EG Tasche hieß. Die KHK'in hat ihr Büro ganz am Ende eines langen Flurs, hier stehen die meisten Türen offen, in der EG Tasche wird gern und direkt kommuniziert. Von einer Postkarte an der Wand grinst ein weltberühmter Glatzkopf – Pierluigi Collina, der Schiedsrichter. Der hatte zwar 2006 gar nicht mehr gepfiffen, aber die Karte hat mit beidem zu tun – Fußball-WM und EG Tasche. Letztere wurde im August 2005 gegründet, weil erstere auch Berlin zum Mekka für Taschendiebe zu machen drohte. Soviel weise Voraussicht und die Bereitschaft zur Investition in ein großes Team hochqualifizierter Spezialisten haben sich bezahlt gemacht – auch für Signor Collina respektive *la signora* Giovanna. Der nämlich wurde die Handtasche geklaut, quasi unter den Augen der Weltöffentlichkeit, vor einer Pressekonferenz in einem Hotel. Den kecken Dieb hatten nur die Fahnder der EG Tasche schon im Visier gehabt, die Flucht per U-Bahn nutzte ihm dann nichts mehr.

Fahndung ist die zweite Säule. Einige der dreißig operativen Schupos hatten Kriminalität auch vorher schon in Zivil bekämpft, so wie Oliver Lobrecht, Spitzname Lobe. „Man muss ’n bisschen verrückt sein für’n Dienst in Zivil“, lacht der Polizeioberkommissar und dreht den Zündschlüssel. Der Zivi-Kleinbus steht jetzt an einer Neuköllner Ausfallstraße. Der BMW mit bulgarischem Kennzeichen und vier Männern drin, dem der POK seit einer halben Stunde folgt, ist auf eine Tankstelle gefahren. Zwei der Männer kommen ihm bekannt vor. Er lässt den BMW nicht aus den Augen. „Um 18 Uhr stehtet Essen uff’m Tisch, da muss ick zu Hause sein – sowat jeht nicht.“ Einer der Männer steigt aus, den kennt er nicht. Aber er kennt einen *modus operandi*, den Täter aus Bulgarien gern an Tankstellen nutzen: Mit einem großen Euroschein bezahlen und dabei den Tankwart so blödquatschen, dass der am Ende, ohne es zu merken, das Doppelte rausgibt. Das Aktionsfeld von Trick- und Taschendieben hat Schnittmengen. Und beide lassen sich immer wieder neue Tricks einfallen. „Ein guter Zivilfahnder hat ’n Blick für Leute, das is’n Erfahrungswert.“ Menschenkenntnis plus Argwohn plus langer Atem plus Souveränität. Man muss mit ein paar unschönen Tatsachen umgehen können, ohne daraus klammheimlich Vorurteile zu basteln: Taschendiebstahl ist in Berlin die Domäne von Ausländern. Sie kommen aus Rumänien, Polen, Bulgarien und vom Balkan, aus Algerien und aus Chile, und die Südosteuropäer sind fast alle Roma. Die kann man zwar mit der politisch-korrekt-offiziösen Floskel „reisende ethnische Minderheiten“ umschreiben, aber erstens klingt das auch nicht so anders als das „fahrende Volk“ von früher, und zweitens denkt auch dabei jeder sofort: Zigeuner. Außerdem ist noch lange nicht jeder tatsächlich ein Rom, den *wir* hier Roma nennen. Zigeuner sind eine differenzierte Ethnie und eine der größten ethnischen Minderheiten in Europa. Zwei der geschätzten acht Millionen Angehörigen leben in Rumänien, und dort werden sie auch bis heute auf das Brutalste diskriminiert. „Die Klau-Kinder, die wir hier in den 90er Jahren hatten", seufzt Heike Walter, „konnten einem nur leid tun." Von Erwachsenen abgerichtet zum Klauen und verprügelt bei zu wenig Einnahmen oder ins Elend zurückgeschickt. Kinder, die immer wieder erwischt wurden und keine Stunde später weitermachten.

Jugendliche, die sich als Kinder ausgeben, weil ihnen dann nichts passieren kann, kommen heute nicht mehr. Das liegt an der länderübergreifenden Zusammenarbeit. Anhand der Fotos der EG Tasche hat die rumänische Polizei ihre echten Identitäten ermittelt. Sie stehen jetzt in INPOL. Das deutsche Pflaster ist zu heiß geworden. „Letztet Jahr hatten wir ooch Klau-Kids", erzählt Lobe, „aber da waren weit und breit keene Erwachsenen zu sehen." Die neue Generation klaut auf eigene Rechnung und sorgt – auch das gehört zu den unschönen Fakten von Kriminalität – nach Kräften mit für den hiesigen wirtschaftlichen Aufschwung. „Die ham teure Klamotten und Handys, die fahren ooch mit Taxi durch die Jegend." Und haben korrekte Quittungen zur Hand. „Die ham eben nur jelernt, von der Hand in den Mund zu leben, die sagen sich: Wir ham ja nüscht zu verlieren. Wir wollen ooch 'n Stück vom Kuchen abhaben."

Der bulgarische BMW ist doch uninteressant. Die beiden Männer, die Lobe zu kennen glaubte, sind doch andere. Auch sonst ist nichts auffällig. Also zurück. Richtung Hermannplatz. „Ick vermute mal, ick bin der größte Feind des Datenschutzes", kichert der Lobe, „aber für uns sind Überwachungsvideos dis A und O." Kameras in Warenhäusern, Hotels und Bahnhöfen, an Geldautomaten und großen Plätzen liefern Bilder von Tätern. Und von neuen Tricks.

Sie helfen den Fahndern beim Observieren und Festnehmen und der Auswerteeinheit beim Erkennen von Mustern und Strategien. Sie sind Beweismaterial und haben die Berliner Justiz überzeugt, dass Taschendiebstahl kein Bagatelldeliktchen ist. Und nicht zuletzt dienen sie auch der Prävention. Aus den Erkenntnissen entstehen die Flyer in fünf Sprachen. Und kaum fallen irgendwo – in Supermärkten, Bussen und Bahnen – Aktivitäten auf, nimmt die EG Tasche Kontakt mit den jeweils Verantwortlichen auf. Zur Zeit gibt es eine Serie in Buslinien im Süden. Der öffentliche Nahverkehr, vor allem die U-Bahn, ist Haupt-Tatort, und umgekehrt ist das häufigste Delikt im ÖPNV noch immer Taschendiebstahl. *Vor* Sachbeschädigung und weit vor Körperverletzung, auch wenn um letztere die Medien den meisten Wind machen. Die Arbeit der Fahnder ist deshalb nie genau vorausplanbar.

Jetzt zum Beispiel sind zwei Zivilfahrzeuge unterwegs, ein unauffälliger dunkler PKW mit drei Fahndern und ein genauso unauffälliger, genauso dunkler Kleinbus mit zweien. Alle fünf verfolgen ein Quartett, zwei Männer, zwei Frauen, das auf der Hermannstraße seltsame Zickzackkurse durch Geschäfte macht und merkwürdig lange scheinbar unschlüssig an Wühltischen und Kleiderkarussells verharrt. Die zwei Frauen sind polizeibekannt und offenbar neuerdings wieder aktiv. Aus Bulgarien. Daher kommt seit der EU-Erweiterung eine kleine neue Welle.

Die folgenden fünf Stunden wird nur noch jeweils ein Beamter im Auto sitzen, immer wieder anhalten, beobachten, über Funk und Handy hin und her kommunizieren. Die anderen drei sind draußen, latschen scheinbar zufällig Straßen entlang oder fummeln auf Grabbeltischen herum, rennen plötzlich los, verschwinden für zehn, zwanzig Minuten in einem Bus, steigen wieder aus. Nur wer sehr genau hinsieht, kann erkennen, dass sie ständig die Lippen bewegen und winzige Ohrstöpsel haben. Eine halbe Stunde lang steht alles still, dann kommen die beiden Frauen allein aus einem Wohnhaus geschlendert. Mit großen, leeren Einkaufstüten. Ideal als Blickschutz für lange Finger wie als Zwischenbunker für die Beute. Gerade hatte einer der Fahnder-zu-Fuß endlich doch in die Bratwurst gebissen. Bratwurst ade. Weiter geht's. Die beiden Fahrzeuge immer hinterher, drumrum, vorweg. Inzwischen haben sie ein paar Autos mit bulgarischen Schildern notiert, die in der Nähe des Wohnhauses parken, sich das Klingelbrett genau angesehen, Kennzeichen und Namen durchgegeben und ein paar zufriedene „ach nee, kiek ma an!" gehört. Festnahmen wird es heute trotzdem nicht geben. Die beiden Frauen holen gerade zwei kleine Kinder aus einer Kita ab. Die Tüten sind jetzt voll. „Die machen heut nischt mehr", sagt der Fahrer im PKW, „vielleicht morgen, da, wo se vorhin sondiert ham." Und die Fahnder auch. Wieder ein paar neue Mosaiksteinchen für Fahndung und Auswertung. Wirkliche Kriminalität passt nun mal nicht in eine Stunde inklusive Werbeblöcke, kann aber entschieden lehrreicher sein.

Taschendiebstahl ist ein uraltes Handwerk im wörtlichen Sinn und hat – anders als Scheckbetrug, zum Beispiel – die digitale Revolution überlebt. Fast müsste man Taschendiebe unter Artenschutz stellen, wenn sie nicht auch gewisse grausame Untugenden der Globalisierungsanbeter übernommen hätten. Auf die „gute alte Diebesehre" nämlich, für die Gewalt und Gemeinheit gegenüber Schwächeren verpönt sind, die stattdessen auf Fingerfertigkeit und Menschenkenntnis setzt, kann man sich leider nicht mehr verlassen. „Da wird denn älteren Frauen ooch schon mal die Tasche jewaltsam entrissen“, sagt Lobe, „oder sie suchen sich extra jebrechliche Opfer aus, die mit ihrem Rollator in ’n Supermarkt kommen und ihre Tasche dran zu hängen haben.“ Weil sie die nicht tragen könnten und Halt brauchen.

Ein paar echte altmodische Profis gibt es allerdings auch noch. Sogar solche mit einer gewissen Grandezza. Chilenen zum Beispiel. Spezialisiert auf die Frühstückssäle von Luxushotels, „milieukompatibel“ gekleidet und äußerst geschickt. „Die sind zwar rar“, sagt Lobe, der inzwischen zwei junge Männer im Blick hat, die etwas zu leere und sehr große Umhängetaschen spazieren führen, „aber umso dreister und schwer zu kriegen.“ Auf den Jacke-Jacke-Trick in besseren Restaurants dagegen sind Algerier spezialisiert. „Die suchen sich den Platz so aus, dass sie mit’m Rücken zum Opfer sitzen, das se sich vorher ausjeguckt haben. Das Opfer hat seine Jacke über’n Stuhl jehängt, und genauso hängen die ihre Jacke ooch hin und tun dann so, als ob se da drin wühlen, tatsächlich ham se aber die Fingerchen in der Jacke des Opfers und ziehen die Geldbörse.“ Und wenn sie ganz cool sind, fleddern sie die sofort und stecken sie in aller Ruhe zurück.

Die EG Tasche ist bundesweit die einzige derartige Spezialtruppe und war von Anfang eine Erfolgsstory. Nach drei Monaten hatten sie die ersten hundert Festnahmen, inzwischen sind es über tausend. Knapp die Hälfte der Täter bekommt Haftbefehl oder wird in einem besonders beschleunigten Verfahren abgeurteilt oder abgeschoben. Taschendiebstahl hat traditionell die niedrigste Aufklärungsquote. Wenn die mal fünf Prozent beträgt, sind alle froh. Die EG Tasche hat die Berliner Statistik auf 5,2 % im Jahr 2006 verbessert und liegt 2007 bei gut 7 %. Im Jahr 2006 gingen die Taten sogar um fast Prozent zurück, trotz der WM mit ihrer Fanmeile und den vielen „reisenden Opfern“. Aber das ist nur das Hellfeld – die Taten, die verfolgt werden können, weil sie angezeigt wurden. Das Dunkelfeld könnte nach vorsichtigen Schätzungen dreimal so groß sein und bundesweit eine Viertelmilliarde Euro Schäden im Jahr verursachen. Die sprichwörtliche Portokasse, verglichen mit den Schäden, den Wirtschaftskriminalität wie Steuerflucht und Geldwäsche so anrichtet. Für die Opfer allerdings hat diese „Wirtschaftskriminalität ohne Nadelstreifen" böse Folgen: Nicht nur das Geld ist weg, sondern auch Papiere, die wiederzubeschaffen viel Rennerei und neue Kosten bedeutet, und vor allem das Sicherheitsgefühl.

Ethnische Deutsche übrigens sind in Berlin im Promillebereich als Taschendiebe aktiv. Warum? „Keene Ahnung", lacht Lobe, bevor er die beiden Männer mit den großen Taschen über Funk den Kollegen-zu Fuß-beschreibt, „ick vermute mal – nich fingerfertich jenuch?"

Januar 2008

Zwangsräumung

Das Räumungsurteil des Amtsgerichts Schöneberg vom 10. April war am 19. April zugestellt worden. Und Gernot Groth hatte wie üblich selbst noch zweimal mitgeteilt, dass und wann er kommt. Aber von Sebastian Bäcker keine Reaktion.

Am 6. September 2001, morgens um zehn Uhr, steht Gerichtsvollzieher Groth vor Bäckers Wohnungstür. Zusammen mit dem Schlossermeister Jörg Herrmann, mit dem er seit zehn Jahren zusammenarbeitet, und der Hausverwalterin. Vor dem Haus warten die Möbelpacker mit einem großen LKW. Fuhrunternehmer und Schlosser machen einen Teil ihres Umsatzes mit Zwangsräumungen, manche sind sogar komplett auf solche Aufträge umgestiegen. Das ist krisenfest, gerade bei der gegenwärtigen Lage. Ruin bei den *einen* verhindert Ruin bei *anderen.* Man darf das nicht persönlich sehen.

Groth klingelt. Mehrmals. Groth klopft. Auch mehrmals. Laut. Das ist seine Routine. Gemächlich. Fünf bis zehn Minuten lang. Aber nichts rührt sich. Wahrscheinlich ist der junge Mann, der im November 2000 zum letzten Mal nachweislich die Miete bezahlt hat, gar nicht da.

Auch Herrmann klopft und klingelt ein paarmal, bevor er das Türschloss unter die Lupe nimmt. „Die Tür hatte noch'n Zusatzschloss, det war zwar *nicht* verschlossen, aber der Schlossbeschlag hatte'n sehr juten Zylinder drin. Und der hatte'n speziellen Aufbauschutz, sodass man nicht mit 'ner normalen Bohrmaschine öffnen konnte", weiß er noch immer ganz genau. Jörg Herrmann ist ein Mann in den besten Jahren. Kein Hüne, aber groß, sportlich, sichtbar trainiert, mit hellbraunen, offenen Augen und Glatze. Ein bisschen wie der mittlere Yul Brynner sieht er aus, erst recht, wenn er die makellosen weißen Zähne entblößt, was er normalerweise oft tut. Er lacht normalerweise auch gern. Er liebt seinen Beruf, den er seit dreizehn Jahren macht, und kennt seinen Wert. Fachleute wie ihn, die das „beschädigungsfreie Öffnen speziell von Sicherheitsschlössern" beherrschen, gibt es nur wenige in Berlin.

Jörg Herrmann setzt also die Hartmetallfräse an, um den Zylinder zu öffnen. „Det macht erstmal viel Krach und kost' ooch Zeit – also, ick hab schätzungsweise zehn Minuten jebraucht. Eher zwölf." Die Fräse macht einen solchen Heidenlärm, dass zwei Treppen höher Mieter aufmerksam werden. Nur aus der Wohnung, die geräumt werden soll, kommt immer noch kein Lebenszeichen.

Endlich ist die Tür offen. Groth und Herrmann treten in den kleinen Flur der Einzimmerwohnung und versuchen, sich ein Bild zu machen. Niemand zu sehen. Die Wohnzimmertür steht leicht offen. Während Groth sich in die andere Richtung wendet, will Herrmann sich das Wohnzimmer vornehmen. „Und denn hab ick *ein'* Schritt reinjemacht, und in dem Moment seh ick von rechts 'n Schatten kommen, und mit dem Schatten merk ick, dass ick wat in'ner Brust habe. So." Es ist die zwölf Zentimeter lange Klinge eines Küchenmessers. Sie steckt tief zwischen seinen Rippen. Aber nur kurz, denn Sebastian Bäcker zieht das Messer wieder raus und holt nochmal aus. Den zweiten Stich kann Herrmann mit der Hand abwehren, was ihm eine weitere blutende Wunde einträgt. Aber noch hat Bäcker das Messer. „Er hat wieder Anlauf jenommen, wieder zum Brustraum hin – und ick hatte nur *eine* Möglichkeit: ihn wegtreten." Der Tritt gegen Bäckers Knie verschafft Herrmann die entscheidende Atempause. „Ick hab ne kurze Drehung jemacht, jebrüllt: ‚Der hat'n Messer!' Hab den Jerichtsvollzieher, der direkt hinter mir war, mit rausjerissen und die Tür zujezogen."

Jörg Herrmann hat unverschämtes Glück. Die Klinge war haarscharf zwischen Herzbeutel und Lunge eingedrungen. Und einer der Möbelpacker ist ausgebildeter Sanitäter. Der macht ihm sofort einen Druckverband und verbindet ihm die Hand. Vielleicht rettet ihm das das Leben. Denn der Notarztwagen braucht etwas länger durch das Knäuel aus Polizeiautos und LKW, das die kleine Straße verstopft. Herrmann wird sofort operiert und überlebt. Seit dem Tag trägt er eine Schutzweste über seinem Overall.

„Zwei, drei Millimeter höher, und er wär nich mehr!" Gernot Groth schüttelt immer wieder den Kopf. Der Obergerichtsvollzieher, der nächstes Jahr 65 wird und sein letztes Dienstjahr bestreitet, sitzt in seinem Frohnauer Garten, wo die Vögel zwitschern wie im Bilderbuch und seine Frau Gisela die Idylle nur einmal kurz akustisch mit der Espressomaschine unterbricht. „Und da rutscht Ihnen wat weg, dis sahr ick Ihnen janz ehrlich." Bei der Erinnerung an den Tag vor fast zwei Jahren wird seine Stimme leiser und – porös. So als sei die ruhige, abwägende Vernunft, mit der Groth seit 35 Jahren in einem der unbeliebtesten Berufe arbeitet, nur ein dünnes Gewebe, das sich über unendlich traurige, beängstigende, schmerzliche Erfahrungen spannt. Ein langes Arbeitsleben lang.

Sebastian Bäcker dagegen ist blutjung, wenn man nach Jahreszahlen geht. Aber er hat in seinen 19 Lebensjahren mehr erlebt als die meisten dreimal so alten Deutschen. Brüche, die einem das „innere Millimeterpapier", das man sich mühsam von klein auf konstruiert, auf einmal unter den Füßen wegziehen. Er ist in Kasachstan geboren und aufgewachsen. Ein Landkind, immer draußen, kein Baum zu hoch zum Klettern. Wie kleine Jungs auf dem Land so sind. Kleine Mädchen auch – seine ältere Schwester Marina etwa. Die wird auch nach dem tiefen Schnitt sein „Kumpel“ bleiben.

Der Schnitt kommt jäh. Die alleinerziehende Mutter hat von Verwandten gehört, dass man in Berlin besser leben könne. Auch wenn man erstmal nur Russisch spricht. Deutsch lässt sich lernen, arbeiten kann man überall, und arbeiten *kann* sie, hart und ausdauernd. So wird Sebastian Bäcker mit zehn Jahren jäh von seinem Zuhause und seinen Freunden abgeschnitten, in eine fremde Großstadt verpflanzt und – seines Namens beraubt. Er heißt eigentlich Sergej. Mit zehn Jahren *ist* man auch schon Sergej, nicht irgendein Sebastian.

Wie gut Sergej in der Schule sein könnte – wen interessiert das? Sebastian jedenfalls ist ein schlechter Schüler. Es dauert ewig, bis er genug Deutsch kann. Er bleibt sitzen, macht seine Schularbeiten nicht, fängt an zu schwänzen. Bald gehört er zu einer der Jugend-Cliquen, die abends auf Berliner Spielplätzen rumhängen. Lauter unbehauste Kids wie er, die mit dem Zufall namens „deutsche Vorfahren“ nichts anfangen können und mit denen umgekehrt die deutschen Zeitgenossen nichts anfangen können. Nichtjüdische russlanddeutsche Jugendliche sind „Problemfälle“ – integrationsresistent und desintegriert, oft alkoholisiert und aggressiv, oft kleinkriminell. Ohne neues inneres Millimeterpapier kriegt man keinen neuen Boden unter die Füße, verliert sich der Sinn für Recht und Unrecht im „is doch allet wurscht“. Ein Einwanderungsland, das partout leugnet, eins zu sein, macht es allen Immigranten allzu leicht, jede Verantwortung von sich wegzuschieben. Die wollen mich ja nicht, also tun die *mir* doch Unrecht. Die mögen mich ja nicht, also werde ich *nie* was in deren Gesellschaft. Was soll ich mich anstrengen? Und meine Mutter kann auch bloß meckern, strafen und Arbeitsmoral predigen!

Mutter Bäcker findet kaum etwas beschämender, als auf jemand anderen, womöglich den Staat angewiesen zu sein. Sie schafft stattdessen wie ein Berserker, aber irgendwann ist nur noch Krach. Und Ende. Marina fliegt mit siebzehn raus, Sebastian mit achtzehn. Marina schafft die Verwandlung vom „fremden Käfer" in einen „integrierten Gregor Samsa". Sebastian nicht. Er braucht das, was ihn in den Augen seiner Mutter zum Versager macht. Vielleicht *hilft* ihm die Hilfe deshalb nicht. Das Jugendamt betreut ihn, beschafft ihm einen Ausbildungsplatz und sogar die kleine Wohnung. Er bekommt ein bisschen Geld zum Leben. Aber er sackt immer tiefer in eine unerklärliche Apathie. Nach zwei Jahren schmeißt er die Lehre, reagiert auf kein Hilfsangebot mehr, richtet sich ein in einem Strudel aus Enttäuschtheit über sich selbst und Trotz gegenüber seiner Mutter. Die alten Kontakte brechen ab, als ihm das Telefon abgestellt wird. Er verkriecht sich. Marina ist seine einzige Verbindung zur lebendigen Welt. Seine Oma bringt ihm manchmal etwas zu essen. Trinken tut er nicht mehr. Sein Leben besteht aus Schlafen und Fernsehen und verliert irgendwann sogar den Tag- und Nachtrhythmus. Nicht dass er nichts mehr mitkriegt. Auch die Räumungsklage hat er gelesen, aber – was soll man da machen?

Dabei ist die kleine Parterrewohnung keine von denen, mit denen man „einen Menschen erschlagen" kann, wie Heinrich Zille das genannt hat. Das Haus ist zwar ein fader 60er-Jahre-Bau, aber der steht im schönsten Friedenau inmitten wohliger Bürgerlichkeit. Klassische Traufhöhe, hundertjährige Häuser mit Souterrains, in denen früher die Hauswartsche saß und heute Garagen sind. Vorgärten, Belétage, schmiedeeiserne Balkone, die Dächer ausgebaut mit Atelier-Fenstern, alte Bäume, spielende lachende Kinder. Hier in den schmalen Straßen mit den süddeutschen Weinbaunamen verursacht der orangene BSR-Müllwagen Totalstau und hängen Nachbarn beobachtend aus dem Fenster.

Wie die Bilder täuschen können – auch hier war Gernot Groth schon oft, sogar in dieser Wohnung. „Räumungsvollstreckungen sind gang und gäbe", sagt er, „so alle vierzehn Tage eene. Und neun von zehn Wohnungen kenn ick schon." Wenn er sie *nicht* kennt, muss er vorher aus allen möglichen Quellen Informationen saugen – wer ist der Mensch, der da seine materielle Existenz weggerissen kriegen soll? Bei Sebastian Bäcker hatte es nicht den geringsten Hinweis auf Gefahr gegeben. Ein zurückhaltender, stiller junger Mann sei das.

Für die Kriminalhauptkommissarin Christel Nowinski von der 5. Mordkommission des LKA ist er eigentlich noch ein Kind. „Wenn der *mein* Sohn wäre – ich hätte den nicht allein leben lassen. Der *konnte* das gar nicht bewältigen." Zweimal vernimmt sie ihn. Angaben zur Tat macht er kaum. „Er hat nur gesagt: ‚Was soll ich sagen? Ich war's.' Erst bei Fragen nach sich und seinem Leben taut er ein bisschen auf." Aber dafür hat hier niemand Verwendung. Es gibt ja keinen Klärungsbedarf. Die Beweislage ist selten klar und zweifelsfrei und die Akte wohl die dünnste, die die Fünfte je hatte.

Auch in seiner Verteidigerin ruft Sebastian Bäcker fast mütterliche Gefühle hervor. „Er war mittelgroß, eher von zarter Natur mit ausgesprochen kindlicher Ausstrahlung, sehr blass und – scheu", als sie ihn in der U-Haft kennenlernt. Er hatte durch Moabiter Mundpropaganda von ihr gehört. Dabei ist Ulrike Zecher durchaus kein „Muttertier".

Sie hat die juristische Fachzeitschrift STRAFVERTEIDIGER mitgegründet und war vierzehn Jahre lang im Vorstand der VEREINIGUNG BERLINER STRAFVERTEIDIGER. „Ich bin das, was man Frontsau nennt. Ich kämpfe gern, und Strafverteidigung ist meine Leidenschaft. Da kann man tatsächlich durch persönlichen Einsatz noch etwas erreichen." Also nimmt sie das Pflichtmandat an, das ihr am Ende höchstens fünfzehn Euro pro Stunde eingebracht haben wird. Umsatz – nicht Honorar. Damit lässt sich keine Kanzlei finanzieren. Aber Pflichtverteidigung ist für Ulrike Zecher nun mal „unser Sozialbeitrag – und der ist ganz wichtig für die Rechtskultur." Basta.

Sie setzt einen Gutachter durch, der tatsächlich einen Draht zu Sebastian Bäcker bekommt. Sein Gutachten trägt dazu bei, die Anklage wegen heimtückischen Mordversuchs in eine Verurteilung wegen versuchten Totschlags in Tateinheit mit gefährlicher Körperverletzung zu überführen. Die 9. Große Strafkammer des Berliner Kriminalgerichts, eigentlich bekannt für relativ harte Urteile, setzt das Strafmaß auf drei Jahre und drei Monate in einer Jugendstrafanstalt fest. Vielleicht hat die innige, tränenreiche Umarmung, mit der Mutter und Sohn Bäcker mitten im Prozess den Durchbruch zueinander geschafft haben, dazu beigetragen. Frau Bäcker hatte sich vorher tapfer sehr unangenehme Details über ihr eigenes Versagen angehört. Vielleicht war es aber auch der Entschuldigungsbrief, den Sebastian Bäcker Ulrike Zecher als erstes an Jörg Herrmann schreiben lassen hat. Er hatte sich tatsächlich sofort „bemüht, ernsthaft und im Rahmen seiner Möglichkeiten, den Schaden wiedergutzumachen", wie es in der Rechtsprechung zum Täter-Opfer-Ausgleich heißt. So etwas muss strafmildernd berücksichtigt werden. Bäcker hat auch das Schmerzensgeld, das seine Anwältin von einer Berliner Boulevardzeitung erstritten hatte, sofort Jörg Herrmann zukommen lassen wollen. Fotos von Angeklagten, erst recht von jugendlichen, dürfen nicht veröffentlicht werden. Die Zeitung hatte das trotzdem getan. Und sie hatte mit den Bildern Täuschung begangen, nämlich Bäcker direkt neben Herrmann abgebildet – so dimensioniert, dass Bäcker mindestens ebenso groß wirkt wie Herrmann und obendrein noch selbstzufrieden grinst.

Jörg Herrmann hat nie reagiert auf Bäckers Angebot. Er wollte, sagt er heute, einfach nichts mehr damit zu tun haben. Obwohl – „so persönlich seh ick det eigentlich jar nich. Sind immer ooch Schicksale, die dahinter stehen. Und es wird ja nich jeder gleichermaßen damit fertig." Wenn Leute ihr Hab und Gut verlieren – „det jeht eben an die Substanz. Da kann allet passieren. Mich hat ooch schon mal ne 65jährige Frau mit'm Messer attackiert." Angst hat er trotzdem nie gehabt und auch jetzt nicht. Auch abstumpfen, sagt er, „is nich drin, auf keinen Fall. Im Jegenteil: Man wird sensibler. Man achtet auf *noch* mehr Details."

Von Bewaffnung wollen beide nichts wissen. Aber auch Gernot Groth hat seine Konsequenzen gezogen. Er prüft heute noch genauer, wer die Klientel jeweils ist, und hat jetzt immer ein Tonband dabei. Gleichzeitig wehrt er sich heftig gegen jede Hysterisierung. „Es *is* nicht unser täglich Brot, dass sowat passiert! Dis macht vielleicht *ein* Promille aus!" Dennoch treibt ihn die Sache weiter um. Vielleicht weil er älter ist, überlegt er laut. Und bestimmt wegen der Verantwortung, die er als Gerichtsvollzieher für die anderen hat. „Dis hat mich eigentlich am meisten niederjedrückt – dass ick dem Schlosser nicht helfen konnte. Im Grunde jenommen war dieser junge Mensch da bereit, 'n andern Menschen zu töten. Dis müssen Sie sich mal vorstellen! Aber was wollen Se denn machen? Dis Leben jeht ja weiter."

Auch für „diesen jungen Menschen da". Sebastian Bäcker scheint die (Re-)Sozialisierung, die ihm im Jugendknast angeboten wird, angenommen zu haben und neuen, erwachsenen „Boden unter die Füße" zu bekommen. Er beendet jetzt seine abgebrochene Ausbildung, er hat seine verlorengegangenen Familienbande wiedergefunden, er pflegt wieder Kontakte. Er scheint sich, nach allem, was Ulrike Zecher hört, Linie für Linie neues, „erwachsenes" Millimeterpapier zu konstruieren. Das wird eines Tages auch fest genug sein müssen, dass Sebastian Bäcker aushalten kann, wenn manche Menschen am liebsten nie wieder von ihm hören würden. Weder von Sebastian noch von Sergej.

Juli 2003

Tilidin-Chic

Neu ist der Stoff wirklich nicht. „Anfang der 80er Jahre war der schon in Pariser *banlieues* angesagt." Jürgen Schaffranek macht seit dreizehn Jahren Straßensozialarbeit in der Berliner Drogenszene, seit fünf Jahren bei GANGWAY E.V. Er selbst war 2002 zum ersten Mal direkt damit konfrontiert, und zwar durch Mitarbeiter von Jugendeinrichtungen wie auch durch jugendliche *user* selbst. „Die kamen ganz massiv: ‚Eh, du hast doch Ahnung von Drogen – ich will vom Tilidin weg und schaff's einfach nicht mehr!'"

Tilidin? Ein starkes Schmerzmittel aus der Gruppe II der WHO-Liste: „schwache Opioid-Analgetika". Wer zum Beispiel nach Operationen oder Verletzungen Schmerzen hat, für die Morphin zu stark wäre, die aber mit Aspirin oder Paracetamol oder Ibuprofen nicht mehr wegzudrücken sind, bekommt Opioide. Ebenso Menschen mit Dauerschmerzen – Krebspatienten zum Beispiel. Anderthalb Millionen Verordnungen brachten im Jahr 2005 gut 100 Millionen Euro Umsatz, hat der BUNDESVERBAND DER BETRIEBSKRANKENKASSEN errechnet. In Internetapotheken kann man zwischen über 130 verschiedenen Produkten wählen, die Hersteller sind Pharmariesen wie PFIZER, MERCK, RATIOPHARM, SANDOZ genauso wie mittelständische und kleine Firmen.

Der Stoff war auch hierzulande schon einmal eine echte Modedroge, und das ist noch länger her. Damals hieß er Valoron. Die „Kinder vom Bahnhof Zoo" klauten Valoron-Tropfen aus Krankenhäusern oder ließen sie sich verschreiben. Das war entschieden billiger und problemärmer als Heroin. Es dauerte zwar eine Zeit, bis die Junkie-Szene raushatte, dass man sich Valoron nicht in die Vene drückt – man muss es schlucken, denn das eigentliche Opioid entsteht erst bei der Verstoffwechselung durch die Leber –, aber dann lief der Laden. Allerdings fiel der rasante Absatz auch bald auf. Die Preise wurden drastisch erhöht und Ärzte vor allzu freizügigem Verschreiben gewarnt. Als all das nichts half, bekam Valoron einen suchtbremsenden Antagonisten eingebaut: Naloxon. Seitdem darf es – egal unter welchem Namen – in Deutschland nur noch als Kombinat verkauft werden, erkennbar am großen „N" neben dem Markennamen.

Anfang 2002 rollte in Berlin die nächste Modewelle an, und sie schwappte nicht nur zu GANGWAY und anderen Streetworkern, sie brachte auch die Polizei ins Rudern. „Wir hatten ab Februar 2002 erhebliche Probleme mit einer Gruppe Jugendlicher, die Geschäftseinbrüche beging, und zwar überraschend kaltblütig", erzählt Polizeihauptkommissar Karlheinz Gaertner. Er war damals Leiter der FAO, einer zivilen Einheit für Fahndung, Aufklärung, Observation der Direktion 5 (Kreuzberg-Neukölln-Friedrichshain). Die Gang bestand aus einem guten Dutzend Jungs arabischer und türkischer Herkunft. „Die haben sich'n Jaguar geborgt, sind hier durch die Jegend jefahren, haben sich Gullydeckel jeschnappt, in Jeschäfte jeworfen und Handys rausjeholt." Hier heißt Neukölln-Nord. Soweit, so normal im damals berüchtigten Kiez. Diese Jungs jedoch waren zum Teil *sehr* jung und bis dato nur durch „jugendtypische Bagatelldelikte" aufgefallen. Schwarzfahren, Klauen. Zur neuen Brutalität kam noch eine neue Masche: „Die sind mit bis zu 160 km/h die Karl-Marx-Straße, die Hermannstraße langjebrettert, rote Ampeln spielten für die überhaupt keene Rolle." Die Raserei gefährdet nicht nur alle, die zufällig zur selben Zeit auf denselben Straßen unterwegs sind, sie macht auch Polizeiarbeit zum unkalkulierbaren Risiko. Verfolgt man die Raser, treibt man sie erst recht zur Raserei – blockiert man sie, muss man damit rechnen, dass sie durchstarten und einen übermangeln. Eigensicherung ist auch eine Dienstvorschrift, und Polizeifahrzeuge sind nun mal keine Boliden.

Crash kids waren seinerzeit bundesweit ein Lieblingsaufreger der Medien. Aber diesen jetzt auch in Neukölln grassierende Wahnsinn auf Rädern hielt die FAO zunächst bloß für eine neue unangenehme Ausweitung der Kampfzone. Richtig stutzig wurde Kalle Gaertner, der heute im Rollbergabschnitt A 55 Dienst tut, erst bei der Festnahme der Kids. „Die waren scheinbar völlig schmerzfrei, wir mussten die mit zwee, drei Mann bändijen und zu Boden bringen, dabei waren det schmächtje Kerlchen", erzählt er, noch immer halb fassungslos, halb belustigt, „unter normalen Umständen hätt man jesacht: ‚Na, saach ma, Burschi, wat machst *du* denn nu hier? Komm, wir bringen dich nach Hause zu Muttern.'" Mit der Kooperation von Eltern war hier leider nicht zu rechnen, wie sich bald herausstellte, die waren entweder komplett desinteressiert am Gebaren der Sprösslinge oder selbst tragenden Säulen der Neuköllner Kriminalitätsstatistik. Oder beides. Überraschenderweise allerdings hatten die Kids bei Vernehmungen plötzlich so gar keine große Klappe mehr, sondern Schweißausbrüche und Panikattacken. „Die konnten ooch überhaupt nich still sitzen. Und dann fiel uns auf, bei Kontrollen in Diskotheken und Gaststätten zum Beispiel, dass die türkischen und arabischen Jugendlichen janz oft so kleene braune Fläschchen bei sich hatten." Halb oder ganz leer. Tilidin.

Zur selben Zeit sammelte Jürgen Schaffranek die ersten Erfahrungen mit Aussteigern und stieß auf genau die Fakten, die auch Kalle Gaertner und die FAO nach und nach ermittelten. Tilidin wird vor allem von männlichen Jugendlichen mit muslimischer Tradition genommen. Warum? „Weil's ja keine *Droge* ist, sondern ein Medikament, und das kriegt man ja vom Arzt", fasst Schaffranek die Selbsttäuschung zusammen. Drogen zu nehmen, erst recht solche, die unter die Haut gespritzt werden, ist für traditionelle Muslime mindestens unehrenhaft. Außerdem fallen Drogen unter das Betäubungsmittelgesetz, und die Beschaffung von BTM ist kriminell und wird schärfer verfolgt. Ein Fläschchen mit Pharmaetikett dagegen, „das ist unglaublich leicht verdeckbar", sagt Schaffranek. Weshalb das, was am meisten in Berliner Jugendstrafanstalten geschmuggelt wird, auch keineswegs mediennotorische BTM-Drogen sind. Es ist Tilidin. Wer will das kontrollieren? So rezeptpflichtige Fläschchen. Und wenn man damit doch mal erwischt wird, dann schlimmstenfalls wegen unerlaubten Besitzes eines verschreibungspflichtigen Medikaments.

Aber wie kommt man überhaupt dran? „Relativ einfach", sagt Kalle Gaertner, „wir hatten damals mehrere Apotheker, die det so abjegeben ham, ohne Rezept, für fuffzig Euro bar auf die Hand. Und wir hatten einige Leute, die ham Rezepte jestohlen und jefälscht, mit'm Computer, teilweise richtich super jemacht." Und lukrativ. Bei einem einzigen Fälscher haben sie mal 1.500 Rezepte sichergestellt. Auf 80 Prozent aller 2006 entdeckten gefälschten Rezepte stand Tilidin.

Inzwischen erfolgt die Beschaffung vor allem durch OK. Organisierte Kriminalität im großen Stil, „die sich von der Heroinszene kaum noch unterscheidet", beschreibt Jürgen Schaffranek. „Da gibt's fest etablierte Dealer, der Szenepreis ist 40 bis 60 Euro pro 50-Milliliter-Fläschchen, die haben auch kein Etikett mehr, die werden aus Kanistern abgefüllt." Die Kanister kommen – bisher – vor allem aus Tschechien, Polen und den Niederlanden, illegal natürlich. Das Verteilerzentrum ist nach wie vor Neukölln, aber die Käufer kommen auch aus dem Rest der Stadt. An welchen Delikten von Jugendlichen der Stoff noch alles beteiligt war, hat bisher noch niemand systematisch untersucht. Dass der Amokschütze von Erfurt und der Amokmesserstecher vom Berliner Hauptbahnhof auch auf Tilidin waren, kam zufällig heraus, über deren Freunde und Internetchats. Auch ein junger Mann, der sein kleines Kind misshandelt hat, hat Tilidin-Missbrauch vor Gericht gestanden. Aber was ist eigentlich mit den *„happy slappings"*, Schulschlägereien, Raubüberfällen, mit all den plötzlichen „unerklärlichen" Gewalteruptionen? Kalle Gaertner hat damals einen Flyer gemacht und ist durch Schulen getingelt, um Lehrer aufzuklären und aufmerksam zu machen. Jürgen Schaffranek schätzt die Zahl der *user* in Berlin auf 300 bis 350. Ziemlich unangenehme Zahlen, auch wenn Tilidin bisher nur in Berlin im größeren Maßstab *en vogue* zu sein scheint.

Wie wirkt der Stoff überhaupt? „Erstmal euphorisierend", beschreibt Jürgen Schaffranek, „die Leute sind von dem ganzen Druck, den sie im Alltag haben, losgelöst, man kann alles händeln, und man wird, anders als bei Koks, gelassen." Dass man sich mit Tilidin „Mut antrinkt" für kriminelle Touren, hält er nicht für sehr plausibel. Er hat auch schon von ein paar Kids gehört, dass sie enttäuscht waren, weil sie gar nicht so schmerz*un*empfindlich wurden, wie sie gehofft hatten. Der Zusammenhang von Tilidin und Brutalisierung könnte also noch andere Gründe haben.

Frank Wendt, Mediziner am INSTITUT FÜR FORENSISCHE PSYCHIATRIE der FREIEN UNIVERSITÄT BERLIN, hat in einem Prozess sechs junge Angeklagte begutachtet, die über ein Jahr lang regelmäßig Tankstellen und Kioske überfallen hatten, „sehr effizient, muss man wohl sagen." Sie waren auch auf Tilidin. Aber nach seiner Beobachtung eben nicht nur. „Es gibt keinen reinen Tilidin-User, und Tilidin ist auch nicht erste Wahl – die meisten fangen mit Alkohol oder Cannabis an“, sagt Dr. Wendt. Zu einer solchen polytoxischen Gemengelage gehört alles, was der Markt hergibt und – was im eigenen Milieu, der eigenen Clique angesagt ist: Andere Medikamente wie Benzodiazepine, Amphetamine, Designerdrogen.

Drogen haben viele Dimensionen, die soziale ist nicht die unbedeutendste. „Die entspannte Euphorie, in die Tilidin einen erstmal versetzt“, sagt Schaffranek, „führt zum Beispiel dazu: Man kann damit beim Vögeln den Orgasmus verzögern. Ein Supereffekt für Jugendliche.“ Der aber bald total umkippt. „Dann kommen Gewichtsverlust, Krampfanfälle, Schlaflosigkeit, und zwar heftig und mit denselben Entzugssymptomen wie bei Heroin-Junkies.“ In dieser Phase verabschiedet sich die Libido dann komplett, der Potenzdruck der anderen Jung-Machos aber nicht. Deshalb hat Kalle Gaertner bei Festnahmen Sprüche gehört, die ihn anfangs schlicht sprachlos gemacht haben: „*Ick* fahr Jaguar, *ick* kann mir Viagra leisten und die besten Nutten – det erzählt mir ’n Vierzehnjähriger! Mir blieb erstmal der Mund offenstehen“, lacht er kopfschüttelnd. Sie haben auch das ermittelt. Zimmer im Luxushotel. Polnische und russische Prostituierte, die wer weiß woher für absurden Sex mit kindlichen Frühgreisen gebucht worden waren.

Viagra mit vierzehn. Tilidin-Chic. Wann die Modefotografen *den* wohl entdecken?

Tilidin-Abhängigkeit ist auch ohne all das teuer. Harte *user* kommen auf zwei Fläschchen pro Tag, das macht über hundert Euro. Die können nur kriminell beschafft werden, mit den bekannten sozialen Kosten. Soll man also Tilidin in den BTM-Katalog aufnehmen? „Auf keinen Fall", sagt Jürgen Schaffranek, „es löst das Problem in keiner Weise, es kriminalisiert die Leute nur weiter." Und es macht den wirklichen Schmerzpatienten ihre Leiden noch leidvoller. Man muss vielmehr die Entzugs- und Therapiemöglichkeiten endlich ausbauen. Gute Erfahrungen damit gibt es seit 25 Jahren – in eben jenen Pariser *banlieues*, und zwar mit opiatgestützten Entzügen. Nur, in Deutschland bewegt sich jeder Arzt, der solche Entzüge bei *Opioid*-Abhängigkeit macht, in einer rechtlichen Grauzone. Erlaubt sind sie offiziell nur bei *Opiat*-Abhängigkeit.

Dezember 2007

Mädchen, Mädchen

Arzu schlägt sofort zu. Als Nicole aus der Kabine ans Waschbecken kommt, haut ihr die 15-Jährige die Faust in den Rücken, reißt sie an den Haaren zu Boden und tritt nach. Voll in die Nieren. „Machsu nie wieda, Nutte!" Dann zieht sie ihre kleine Schwester aus der Mädchentoilette der HERTA-SOBECK-GESAMTSCHULE in der Osloer Strasse in Berlin-Wedding. Aslı ist vor zwei Wochen 14 geworden.

Nicole geht in Aslıs Klasse. Sie ist ein Jahr jünger als Aslı und trotzdem die bessere Schülerin. Sie hat ein Handy von der Sorte, die Aslı gern hätte. Öner hat so eins. Dabei hat die Nicole nicht mal Brüder. Auch keinen Vater. Typisch deutsche Schlampe. Sowas hat sich nicht vorzudrängeln aufs Klo. Bestimmt geht die zur Lehrerin. Aslı und Arzu finden es besser, sich an diesem Tag nicht mehr in der Schule blicken zu lassen. Am GESUNDBRUNNEN-CENTER ist sowieso mehr los. Findet Hülya auch. Die älteste der drei Schwestern Öztürk steht in einer Ecke des Schulhofs und raucht. Wenn das Öner wüsste! Macht sie erst, seit die Öner in den Knast getan haben. Die Scheißdeutschen. Bloß weil er diesen Arne verprügelt hat. War doch nich die Schuld von Öner! *Musst' er doch!* Der wollte ja nicht zahlen für den Stoff. Sowas gehört bestraft. Is so. Macht Öner bei Hülya und Arzu und Aslı ja genauso. Wer die Ehre gefährdet, gehört bestraft. Wir sind Türken, keine ehrlosen Deutschen.

Als die Schulklingel die Pause beendet, sind sie auf dem Weg zur U-Bahn. Drei Teenies in weiten *baggies*, die auf den Hüften hängen. Sweatshirts. Schals in Beşiktaş-Farben. LIDL-Sneakers. Hiphop-Klamotten. Gangsta-Gang. Zweimal lange braune Haare, einmal kurze mit gelben Spitzen. Dreimal geballte Aggressivität.

Der 14. November 2002 ist ein Donnerstag ohne Sonne. Feucht, kalt, grau. Bloß nicht nach Hause. Hat sowieso keiner Zeit. Großvater steht im Laden, Stiefgroßmutter an der Kasse. Die wollen bloß, dass wir helfen. Spinat in Plastiktüten packen. Äpfel abwiegen. Weil Öner ja weg ist. Oder noch schlimmer: putzen. Gemüse, womöglich Fenster.

Wird sowieso schlimm am Wochenende. Jede Menge Besuch. Und vor allem der hässliche Vogel aus Mutters Dorf. Den sie für Arzu ausgesucht haben. Den Arzu aber nicht will. Der weiß nicht mal, dass man sich coole Klingeltöne auf Handys laden kann. Öner wollten sie ja auch verheiraten. Hat aber irgendwie geschafft, das zu verhindern. Hülya sagt, sie haut ab, wenn sie das nicht auch schafft. Diesen Trottel nimmt sie jedenfalls nicht. Lehrer! Ausgerechnet!

Ey, die Schlampe da sieht gut aus. Guckt schön ängstlich. Packt die gerade einen Discman weg? Die U-Bahn ist fast leer. „Haste zufällig 'n Handy bei?", fragt Aslı. „Will nur mal was probieren." Das schmale blasse Mädchen mit den roten Haaren schüttelt den Kopf. Arzu reißt ihr den Rucksack weg, zieht ein Handy heraus und den CD-Player. „Na also! Und wo sind die Ohrdinger?"

Zu sehen ist kaum etwas, weil Arzu und Aslı davor stehen, während Hülya das blasse Mädchen zusammenschlägt. Aber zu hören. „Gehört sich das, meine Schwester anzulügen?" Noch ein Schlag ins Gesicht mit dem Handrücken. Das blasse Mädchen blutet aus Nase und Platzwunden an der Schläfe. Aslı sieht sich um. Niemand der wenigen Fahrgäste rührt sich. Jetzt schlägt auch sie zu. Faucht. „Nutte! Schlampe! Hure!" Tritt ihr in den Bauch. Arzu findet ein Portemonnaie im Rucksack. Zwei Euro, ein paar Cents, eine BVG-Monatskarte. Hanna ist sechzehn wie Hülya. Sie schluchzt nur tonlos, als Hülya zischt: „Sagsu was, bissu tot!"

Hanna hat eine Gehirnerschütterung, ein gebrochenes Nasenbein, Platzwunden an der Schläfe und nur noch Angst. Aber ein Arzt holt die Geschichte aus ihr heraus. Sie ergibt die erste Anzeige wegen eines Gewaltdelikts, zunächst „gegen Unbekannt". Als die Kripo anfängt, auch in den Schulen zu ermitteln, stößt sie auf die drei Schwestern. Die beiden ältesten fallen schon länger auf – haben einen Lehrer angegriffen, beleidigen Lehrerinnen, drohen deutschen Mitschülerinnen Prügel an. Die jüngste hat schon zweimal geklaut, eine CD und Geld. Alle drei werden elf Raubdelikte, teilweise in Tateinheit mit gefährlicher Körperverletzung, sieben vorsätzliche Körperverletzungen, drei Sachbeschädigungen, vierzehn Schwarzfahrten und neun Beleidigungen begangen haben, als sie Anfang März 2003 vorläufig festgenommen werden. Ihre Opfer sind alle Deutsche. Die Großeltern, bei denen die Schwestern seit dem tödlichen Autounfall ihrer Eltern leben, fallen aus allen Wolken. Alles nur, weil Öner nicht mehr auf sie „aufpassen" kann. Ihr Sohn Öner, der 19-jährige Onkel der Mädchen. Vor dem haben sie Respekt. Er ist eine Art Familienoberhaupt. Aber den haben die Deutschen ins Gefängnis gesteckt.

Das Jugendschöffengericht in Moabit verurteilt die Schwestern im Juni 2003 zu achtzehn, fünfzehn und zwölf Monaten Jugendhaft, die zur Bewährung ausgesetzt werden können, wenn sich alle Drei in den nächsten vier Monaten vorbewähren. Dazu werden sie unter die Aufsicht eines Bewährungshelfers gestellt, müssen an einem Anti-Gewalt-Training teilnehmen, regelmäßig zur Schule gehen und jede vierzig Stunden Freizeitarbeit absolvieren. Alternativ eine Familientherapie.

Der Jugendrichter sieht ein „erschreckendes Ausmaß an krimineller Energie und Respektlosigkeit gegenüber Autoritäten wie Gleichaltrigen", und ahnt Schlimmes. „Die Drei stecken ganz tief in ihren dissozialen Strukturen."

Hülya, Arzu und Aslı Öztürk und die HERTA-SOBECK-GESAMTSCHULE gibt es nicht. Ich habe sie erfunden, weil reale Vorbilder nicht kenntlich gemacht werden dürfen. Bei unmündigen Tätern steht der Jugendschutz im Vordergrund. „Wir wollen deren Entwicklung nicht noch weiter gefährden", erklärt Justizpressesprecher Björn Retzlaff. „Deshalb sind wir grundsätzlich sehr zurückhaltend mit Auskünften, deshalb sind Jugendgerichtsverhandlungen nicht öffentlich." Die Jugendlichen sollen eines Tages in die Gesellschaft zurückgeholt werden. Aber wie holt man jemanden zurück, der nie drin war?

Die geschilderten Familienverhältnisse jedenfalls sind leider real. Auch die dritte Generation türkischer Immigranten lebt zu einem großen Teil abgeschottet von der Gesellschaft um sie herum in patriarchalischen Strukturen, zu denen auch Gewalt gehört. Und solche Taten *werden* begangen – auch von Mädchen. Jugenddelinquenz ist zur Zeit ein ganz heißes Eisen. Manche Medien tun so, als sei es praktisch normal, dass junge Menschen sich gegenseitig „abziehen", verprügeln, erpressen oder sonstwie terrorisieren. Das ist falsch. Jugenddelinquenz nimmt seit Ende der 90er Jahre des letzten Jahrhunderts ab. Sie tut das auch in diesem Jahr, 2003, und die meisten der von der Berliner Polizei im Jahr davor registrierten gut 17.000 jugendlichen Tatverdächtigen „bewegen sich im Bereich ‚leichte Kriminalität'", fasst Elke Plathe zusammen, „Schwarzfahren, Ladendiebstahl." Elke Plathe ist Kriminaloberrätin und im LKA unter anderem zuständig für Prävention.

Mädchen begehen etwa ein Viertel aller Straftaten von jungen Menschen unter einundzwanzig, Jungen drei Viertel.

„Der Anteil von Mädchen hält sich über die Jahre weg konstant so, mit einer ganz leicht steigenden Tendenz", sagt Plathe. „Bei Gewaltdelikten ist er noch geringer, wobei wir festgestellt haben, dass da ihr Anteil von 7,1 Prozent im Jahr 2001 gestiegen ist auf 9,2 Prozent im Jahr 2002."

Dass neuerdings das angeblich „gewaltferne Geschlecht" durch Gewaltdelikte auffällt, hat auch Retzlaff beobachtet. „Die zuständigen Staatsanwälte haben mir das ausdrücklich bestätigt. ‚Abziehdelikte' gibt es seit ein, zwei Jahren auch bei Mädchen. Ebenso Mädchengangs, die mit Serienstraftaten in Erscheinung treten. Aber ‚Abziehen' bleibt ein typisches Jungendelikt." Auch Jungengewalt ist keine genetische Konstante. Der junge Kriminalkommissar Nikolai Grommisch hat lange in der Sofortbearbeitung der Direktion 3 (Mitte-Tiergarten-Wedding) gearbeitet und manche Jung-Machos in der Arrestzelle erst pöbeln und randalieren hören und dann weinen sehen. „Die sind oft seelisch am Boden zerstört und schluchzen: ‚Wenn mein Papa das erfährt, schlägt er mich tot!'"

Bis vor kurzem hatte die Staatsanwaltschaft, zusätzlich zur allgemeinen Jugendabteilung, eine Spezialabteilung für Jugend*gruppen*gewalt. Seit einem halben Jahr gibt es eine zweite, die speziell „jugendliche Intensivtäter" bearbeitet. Eine erste Konsequenz des wochenlangen Medienrummels um die beiden Serientäter „Sawis" und „Mahmoud". Mittelfristig erhofft man sich in Moabit davon auch Erkenntnisse über Entwicklungen.

Denn verlässliche Daten gibt es bisher kaum, weder bei Justiz und Polizei noch bei öffentlichen Einrichtungen, die mit „Problemkids" zu tun haben. Ist Jugendkriminalität wirklich *intensiver* geworden? Oder wird vielleicht heute mehr angezeigt? Wer genau sind diese jungen „Mehrfach-"

oder „Serientäter“? Woher kommt ihre kriminelle Energie? Von den Tatverdächtigen des Jahres 2002 waren etwa 13.000 deutsche und 4.000 nicht-deutsche Jugendliche. Aber die Adjektive benennen bloß Staatsangehörigkeiten, nicht ethnische Zugehörigkeiten. Dass die große Mehrheit der Täter einen deutschen Pass hat, heißt allerdings auch etwas, das kaum jemand gern hört: Die Delinquenz nicht-deutschstämmiger Jugendlicher ist keineswegs „importierte Kriminalität“, sondern einheimische. Hausgemacht.

Ethnische Minderheiten sind ein besonders heißes Eisen. Die deutsche Mehrheitsgesellschaft hat sich einerseits jahrzehntelang partout nicht als Einwanderungsgesellschaft begreifen und über Integration nachdenken wollen und fürchtet andererseits jeden Ruch von Intoleranz und Rassismus. „Im Grunde hat es eine Integrations*vermeidungs*politik gegeben“, sagt Seyran Ateş. Die Rechtsanwältin übernimmt oft die Pflichtverteidigung von türkischstämmigen Frauen und Mädchen. Sie hat Gewalt am eigenen Leib erfahren, als sie im Alter von sechs mit drei Brüdern und einer Schwester von ihren türkisch-kurdischen Eltern nach Berlin verpflanzt wurde. Integrationsvermeidung, sagt Seyran Ateş, bedeutet vor allem Bildungsvermeidung. Fehlende Bildung bedeutet Chancenlosigkeit. Die tägliche Erfahrung, von den Mehrheitsdeutschen keineswegs als Landsleute, sondern als minderwertig betrachtet zu werden, verstärkt das Ohnmachtsgefühl.

„Fast 95 Prozent aller Probanden der Bewährungshilfe haben keinen Schulabschluss“, erklärt Jochen Behrmann. Er war selbst Bewährungshelfer, ist ausgebildeter Sozialpädagoge und heute Leiter der Abteilung „Hilfen für delinquente junge Menschen“ des Landesjugendamts. „Daraus resultiert ein ausgeprägtes Unterlegenheitsgefühl.“ Und daraus wiederum aufgestaute Wut, die sich prügelnd entlädt, wenn Kids schon in der Familie lernen, dass Gewalt das probate Mittel der Durchsetzung ist, und nirgendwo andere Mittel kennenlernen dürfen. Die Instrumente demokratischer Gemeinschaften nämlich – soziale Kompetenz, friedliche Koexistenz, Konfliktlösung durch Kompromisse.

„Ich bin auch verprügelt worden, von meinem ältesten Bruder, und ich hab auch zurückgeschlagen, in der Volksschule", erzählt Seyran Ateş, die ihre Lebensgeschichte in zwei Büchern veröffentlicht hat. Eine exemplarische Geschichte und eine mit Happyend. „Bis ich irgendwann feststellte, dass ich mit Gewalt wenig erreiche. Aber *ich* hatte das Glück, dass ich Anerkennung durch die Schule bekam, ich war Schulsprecherin mit fünfzehn. Und ich wusste bald: Meine einzige Chance, mich durchzusetzen, ist Wissen. Wissen ist eine Art von Macht."

Junge türkische Deutsche als Gewalttäterinnen. Die Minderheit der Minderheit. Warum soll man sich damit beschäftigen? Ganz einfach, weil sich eine aufgeklärte Gesellschaft an ihren Außenseitern erweist oder eben scheitert. Hülya, Arzu, Aslı und viele andere „leben in einer extremen Zwangslage zwischen der Familientradition, die ihnen fast keinen Spielraum lässt", und der Mediengesellschaft, die sie trotz aller Abschottung, trotz allen antrainierten anti-deutschen Ressentiments auch darüber informiert, „dass anderswo auf der Welt Frauen die gleichen Rechte haben wie Männer", sagt Seyran Ateş. „Sie werden hin und her geschubst wie *punching balls*, das ist sehr verwirrend."

Auch Elke Plathe vermutet, dass die leichte Zunahme von Mädchengewalt einen Zusammenhang mit den Entwicklungen der Mehrheitsgesellschaft haben. „Mädchen werden insgesamt selbstbewusster, sie wehren sich. Mädchen fühlen sich aber auch vermehrt benachteiligt. Das könnten

Gründe sein." Machogebaren und Faustrecht als Kompensation für verbotene weibliche Freiheit, Rassismus als Antwort auf verweigerte Integration – kann eine Gesellschaft sich das auf Dauer leisten?

Nein, sagt Seyran Ateş vehement: „Diese Mädchen müssten aus dem ganzen Gefüge raus, in dem sie jetzt stecken, und neue Lebensmodelle kennenlernen!" Was für ein Gefüge ist das? Zum Beispiel ein Kiez wie der in Wedding, um die Soldiner und die Koloniestraße herum. Hier fahren die „Wannen" der Bereitschaftspolizei verstärkt Streifen, erst recht seitdem ein spitzes Metallrohr nur knapp die Halsschlagader eines Kollegen verfehlte, der ein Parkticket an eine Windschutzscheibe geklemmt hatte. Der Täter: ein Jugendlicher „mit Migrationshintergrund". Erfahrene BePos, die diesen Kiez von früher kennen oder mit Lehrerinnen verheiratet sind, die hier arbeiten, beschreiben ihn so: „Hier treffen das verschlafene Reinickendorf und der vordere Orient aufeinander, hier gibt es immer noch die echte Berliner Eckkneipe, hier sind aber auch ganze Blocks fest in türkischer Hand und die Schulklassen manchmal zu achtzig Prozent nichtdeutschsprachig. Die Gegend ist kurz vorm Umkippen."

So rächt sich, wenn man Probleme „auszusitzen" versucht, anstatt sie anzupacken, solange sie noch nicht versteinert sind. Brutale, auch organisierte, großkalibrige Kriminalität ist inzwischen voll erblüht in solchen Kiezen. Aber noch sind sie nicht „politisiert" im Sinn militanten religiösen Fundamentalismus'. Entwurzelte Kinder allerdings sind dessen bevorzugte Beute, überall auf der Welt. Kinder sind die leichtesten Opfer. Wer autoritäre, gewalttätige Strukturen, die sich auf den Islam berufen, aufbrechen will, muss nicht bis nach Afghanistan oder in den Irak. Das geht zu Hause und beginnt bei der Frage: Wollen wir diese Kinder weiter solchen Gefahren aussetzen? Oder wollen wir, dass sie freie Bürger eines freien Landes sind? Beziehungsweise, wie Seyran Ateş es formuliert: „Deutschland muss sich wohl endlich auch mal fragen: Was haben wir diesen Kindern getan, dass sie uns so hassen und so gewaltbereit sind?“

November 2003

Lichtenrader Vormärz

Den 19. Jänner ging etwas zu Bruch.

Die metrum-getreue, fast datum-korrekte Paraphrase auf den Anfangssatz von Georg Büchners LENZ scheint der zwingende Einstieg in diese Geschichte. Ihr Ort ist ein Gymnasium, das nach dem Dichter benannt ist und in einem stillen Winkel am äußersten südlichen Rand von Berlin liegt, in Lichtenrade. Der gutbürgerliche, friedfertige Mittelstand lebt hier, gern in Häuschen mit Grundstück. Auch viel öffentlicher Dienst, nicht nur im Ruhestand. West-Berliner Polizisten zieht es traditionell in die sanften Vororte fern vom Asphalt, auf dem sie täglich die Dreckecken aufräumen helfen.

Es war der 19. Januar 2007, und zu Bruch ging außer den Knochen eines Menschen die Illusion, es gebe eine heile richtige Welt innerhalb der gewalttätigen falschen. Aber hier bricht die Parallele ab. Büchner hat den inneren Zustand eines kranken Individuums erzählt. Die Geschichte hier handelt von den Folgen des kranken inneren Zustands einer Gesellschaft für ihre Individuen.

Es ist ein typischer Tag jenes Winters, nicht klirrend kalt, früh dunkel. Die 7. bis 10. Klassen der GEORG-BÜCHNER-OBERSCHULE feiern ihre jährliche Schulparty. „Die älteren haben sowas ja nicht mehr nötig“, sagt augenzwinkernd Günter Koschmieder, der stellvertretende Schulleiter, „die gehen schon in die Disco.“ Aber knapp zwei Dutzend der Älteren organisieren die „Security“ für die Fete. An der GBO wird oft gefeiert – Weihnachten, Abi, Schulpreis-Verleihung für besonderes Engagement.

Um sechs Uhr geht’s los. Die Aula füllt sich mit Musik und dreihundert Kids. In der Cafeteria links vom Eingang sorgen Eltern für die Verpflegung. „Damit die Kids sich 'n schönen Abend machen können", lacht Michael Müller. Sein Sohn geht zur GBO, er ist Elternvertreter und wirft heute die Würstchen auf den Grill. Ein Bär, groß und stark und der Typ Beschützer, mit dem man vergnügt durch jeden Wald stapft. Ein Seebär ist er wirklich – er segelt. Er macht auch Jiu-Jitsu, hat früher American Football gespielt und steht heute noch im Hockeytor.

Die Security hat sich etwas einfallen lassen, um die Regel durchzusetzen: Rein dürfen nur GBO-Schüler, Schulfremde brauchen einen Bürgen von der GBO, der sie mitnimmt. Das hat Räson. Die GBO ist eine offene Schule, innerlich wie geländetechnisch. Sie hat keine Zäune oder gar Mauern. Kids von anderen Schulen „kommen nachmittags öfter rein, schmeißen Papierkörbe um, randalieren", sagt Koschmieder. Oder machen in Graffiti-Künstler. Und neuerdings gehört *party breaking* zum Freizeitrepertoire erlebnisorientierte Jugendlicher. Also bauen die Security-Schüler eine Schleuse, an der sie Schülerausweise checken können. Sie spannen Flatterband um die beiden Säulen vorn an der Steinfläche vor der gläsernen Eingangstür und binden damit auch stählerne Gerüstbaustangen fest.

Die Schupos vom Abschnitt 47 genau gegenüber der Schule hatten am frühen Abend in Gestalt eines Funkwagens auf dem Parkplatz vor dem 60er-Jahre-Flachbau „Präsenz gezeigt" und kommen öfter vorbei. Zwei Zivilpolizisten sind unsichtbar mit beim Fest. Und auch Koschmieder, der in seinem Büro im ersten Stock über Stundenplänen brütet, geht alle Viertelstunde nach unten, die Lage peilen. „Da kamen ein paar Jungen, ganz lieb eigentlich, die hatte keiner mit rein genommen: ‚Herr Koschmieder, Herr Koschmieder! Sie kennen mich doch, ich bin doch 'n Netter, lassen Sie mich doch rein!‘ Aber wir haben unsere Regeln. Es geht eben nicht.“

Müller hat beim Würstchenwenden vor der Cafeteria die Glastür im Blick. Hin und wieder gibt es verbale Scharmützel. „Aber die Schüler ham die immer selbst jut runterjekocht, erklärt, warum det so ist, und denn war jut.“ Müller kann nicht anders, er muss die Lage im Auge behalten. „Is eben ’ne Jacke, die man immer anhat“, seufzt er, halb amüsiert. Müller ist seit 23 Jahren Polizist, Kriminalhauptkommissar in der Direktion 4, die den ganzen Berliner Südwesten umfasst, und seit fünf Jahren arbeitet er just in der Dienststelle, die vor allem mit Jugenddelinquenz zu tun hat: VB III/1 – Raubdelikte, Jugendgruppengewalt, Landfriedensbruch.

Sein Blick scannt auch an diesem Abend professionell alle, die Trouble zu machen versuchen. „Ist det Klientel? Kenn ick die vielleicht aus’m Dienst? Kennen die *mich*?“ Bei einigen ist er sicher, dass sie ihn erkennen. Aber das ist okay – auch seine Arbeit besteht zum großen Teil aus Prävention, er macht sie in Zivil, nicht verdeckt. Er hat auch ein großes außerdienstliches Herz für Jugendliche, er macht mit ihnen Erlebnispädagogik auf der THOR HEYERDAHL, einem bildschönen Dreimast-Toppsegelschoner. „So’ne Woche auf der Ostsee, da lernen auch die Verstocktesten Teamgeist.“ Er kann gut mit Jugendlichen, er respektiert sie grundsätzlich. Schon bevor sie dann doch kapiert haben, dass, wenn man Segel zu setzen hat, *alle* am Tampen ziehen müssen.

Der richtige Mann am richtigen Platz, scheint es. Ideal in Zeiten, in denen nicht mehr nur Synagogen und Politiker besonders geschützt werden müssen, sondern sogar Schulen und Feste. Aber an diesem Abend schlägt die Ironie des Schicksals grausam zu. „Wir hatten den Abend richtich jut über die Bühne jebracht, das Grillen war beendet, die Cafeteria klarjemacht", erzählt Müller, „ick hab Mülltüten zum Auto jebracht, und plötzlich hör ick an der Tür irgendwie Stress. Ick dreh mich um und sehe, da schlägt einer in die Ordner." Im Reflex rennt er los, outet sich als Polizist, geht dazwischen und – ab da sind seine Erinnerungen nur noch Fragmente, kleine Fetzen, „Stand-Bilder ohne Bewegung". Er weiß nicht mehr, dass er den Schläger packt und nicht mehr loslassen will oder wie er genau getreten und geschlagen wird. Von einer wilden Horde Jungen, die eine Stahlstange losgerissen haben und damit auf ihn losgehen. Ein Hieb trifft sein Auge mit voller Wucht. „Das ist so *ein* Bild, das ick noch hab, wie dieser Schlag aufs Auge kommt."

Die ganze Szene dauert nur ein paar Minuten. Dann haben Schüler und Erwachsene den gefällten Bären hinter die Glastür gerettet.

Auch Koschmieder hat nur Erinnerungsfetzen. Das Kommando „alle rein, Türen zu" hat er noch im Ohr. Er weiß noch, dass er irgendjemanden mit Handy am Ohr gesehen hat, die Polizei rufen. „Ich hab hier an der Tür gestanden und ... ja – Panik gekriegt. Sag ich ganz ehrlich." Und ganz leise, noch ingrimmiger. Diese kurze Panik nagt an ihm. Dabei sind in dem Moment einfach zwei unvereinbare Emotionen in ihm aufeinander gekracht wie tektonische Platten bei einem Erdbeben: das wunderbare Hochgefühl, den Abend als geglückt abhaken zu können, mit dem er unten ankam, und der Horror, der ihm da plötzlich ins Gesicht springt. Aus dem Chaos von Kopflosigkeit und Starre hat er die grellste Erinnerung. „Der Herr Müller hier innen über einen Tisch gebeugt, schmerzverzerrt, blutend, und sein Sohn, der neben ihm stand und seinen Vater angeguckt und furchtbar geweint hat. Das Bild kriege ich nicht mehr aus dem Kopf."

Michael Müller blutet aus vielen Kopfwunden, ein Oberarmknochen ist innerlich kompliziert gebrochen, ein Schultergelenk lädiert. Ein halbes Jahr braucht sein Körper, um sich einigermaßen zu erholen. Manche Schmerzen dauern bis heute, sein Sehvermögen ist noch immer eingeschränkt. Er knabbert mit professioneller Hilfe nach und nach den Trauma-Berg klein, den jener Abend nicht nur in seiner Seele aufgetürmt hat. Und ganz allmählich gelingt es ihm, das Erlebte „in Schubladen zu sortieren" und vieles „über den Sport zu kompensieren". So wie er es immer gemacht hat und wie es auch der Junior macht. Beim Hockey. Und vor allem bei den asiatischen Kampfsportarten, die Kraft mit Kunst verbinden und Regeln mit Ehre.

Neun Jugendliche werden gleich nach dem Gewaltexzess festgenommen. Fünf davon, 15 bis 18 Jahre alt, kommen vor ein Jugendgericht. Die Anklage: gefährliche Körperverletzung und versuchter Totschlag. Anfang September 2007 wird der Jüngste freigesprochen, die vier anderen verurteilt zu zwei bis dreieinhalb Jahren Jugendhaft. Alle stammen aus türkischen und arabischen Familien der – ja: *Mittelschicht*. Nicht aus den notorischen „Dreckecken" namens Problemkiez und Unterschicht. Aus Lichtenrade allerdings auch nicht. Sie waren, vermutlich per Handy von jemandem auf der Party animiert, aus Tempelhof, Schöneberg, Neukölln angereist und hatten schon im Bus Randale gemacht. Uniformierte Kapuzenmachos. Solche Typen haben zur Zeit einen Lieblingsspruch, der das Zeug zum deutschen Hiphop-Hit-Refrain hat: „Fass misch nisch an, isch bin Araba!"

Weder Müller noch Koschmieder oder die GBO gehören zu den Leuten, die solche Typen hassen. Die GBO hat die begehrte Plakette „Schule gegen Rassismus – Schule mit Courage" von der AKTION COURAGE E.V. verliehen bekommen, und wenn hier an der Wand der Aula „Fröhliche Weihnachten“ in allen Herkunftssprachen der Schüler steht, dann gehören dazu Schriftzeichen, sagt Koschmieder begeistert, die er noch nie gesehen hat. Gesehen hat er allerdings Emails, die ihm der Eintritt in die NPD empfahlen, weil er öffentlich das „südländische Aussehen“ der Täter erwähnt hatte. Es ärgert ihn. „Wir möchten gerne multi-kulti sein, aber wir finden keine richtigen Regeln dafür. Aber Integration funktioniert doch nur so, dass es Grenzen gibt, die *für alle* gelten, und dass alle die anerkennen.“ Der Prozess, sagt er, war deshalb so wichtig. „Für die Schüler und auch für mich. Das war ein Signal: Die Gesellschaft nimmt das nicht hin.“

Michael Müller arbeitet wieder. Noch vorsichtig, solange er kann, aber auf seiner Dienststelle, die ihm so am Herzen liegt, weil er da „etwas bewegen“ kann. Für die Opfer und bei den Tätern. „Aus solchen Vorfällen darf nicht nur die reißerische Überschrift werden“, sagt er und kann heute noch nicht fassen, dass zwei Journalisten sogar vor seinem Klinikbett aufgekreuzt waren. Ihm geht es um jene kranken Stellen, die er täglich im Dienst erlebt. Jugendgewalt, Desintegration, Verrohung aus Frust und Langeweile wären sehr wohl heilbar. „Was man im Jugendbereich einspart, fällt einem später auf die Füße. ’N Knastplatz ist teurer.“ Ganz zu schweigen von dem, was allein Prozesse kosten. „Da ist ja nicht nur Polizei bei, da sind ooch die Jugendämter, die Jugendgerichtshilfe, die Staatsanwaltschaft, das Gericht selbst ... Det is ’n Moloch. Wenn ick *das* Geld in die Jugend investiere, kann ick ne janze Menge tun!“

Menschen fallen nicht als Straftäter vom Himmel, und auch nicht erst im Alter von vierzehn. Müller sieht das in engagierter Nüchternheit. „Da müssen wir alle, als Gesellschaft, überlegen: *Wo* investier ick mein Geld?“

Büchners LENZ endet mit dem trostlosen Satz: „So lebte er hin." In dieser Geschichte tut das niemand. Alle, die es getroffen hat, scheinen glücklich aufgefangen worden zu sein. Die nächste GBO-Party ist in Planung. Günter Koschmieder prophezeit kampflustig: „Dann müssen wir eben vielleicht ein paar Mann professionelle Security dazukaufen."

Und Michael Müller wird weiter jungen Menschen beizubringen versuchen, dass das Faustrecht abgeschafft ist und man Probleme ohne Gewalt lösen kann. „Ja, na sicher. Ick werd mich doch durch so 'n Jeschehen nicht aus meinem Ich drängen lassen!"

September 2007

Zwischenstopp für wilde Kerlchen

„Ein Schrank, ein Regal, ein Tisch, ein Stuhl, ein Bett", zählt Frau Cienskowski auf. „Eine Unterhose auf der Heizung, Kritzeleien auf der Wand, und was uns *hier* erwartet –", sie zieht die Tür zu einem Extraräumchen auf, „keine Ahnung." Ein Blick hinein. Aufatmen. Klo sauber, Zahnbürste und -pasta artig im Becher auf dem Waschbecken. Das gilt längst nicht für alle achtzig Hafträume im UHB KIEFERNGRUND am äußersten Südrand von Berlin. Neun Quadratmeter Unfreiheit in der Untersuchungshaft für junge Männer zwischen 14 und 18, die entweder sehr viele oder sehr schlimme Taten begangen haben und wegen Flucht- oder Verdunklungsgefahr hier auf ihren Prozess warten müssen. Neun Quadratmeter mit Gitterfenster und schwerer Metalltür, die hinter ihnen zugesperrt wird.

„Schön ist anders." Frau Cienskowski lässt den Schlüssel von außen ins Schloss gleiten. Jugendfreizeit mit Hoteltouch ist das hier *nicht*. In Hotels riecht es im allgemeinen auch besser. „Och, der Haftraum roch doch noch ganz gut!" Nicht nach pubertärem Testosteronchaos. Nicht nach Angst und emotionalem Elend, dem vorherrschenden Bukett. Nur schal nach nichts. Auch achtet kein Hotel der Welt so pingelig darauf, dass sich die schweren großen Schlüssel in den Schlössern drehen lassen wie warme Messer in Butter. Wenn hier mal was hakt, wird der Häftling sofort verlegt und das Schloss repariert. „Jemanden nicht schnell genug aus seinem Haftraum zu kriegen, wenn's brennt, oder umgekehrt nicht schnell genug rein, wenn er draußen Ärger macht, das könnte hier dramatische Folgen haben!"

Frau Cienskowski ist diplomierte Sozialpädagogin und seit vier Jahren die eine der beiden Gruppenleiter für vier

Wohngruppen, die die Häftlinge betreuen, vom Aufnahmegespräch bis zur Verlegung. Sie hat vorher dreieinhalb Jahre lang „unbegleitete minderjährige Ausländer“ betreut, das heißt, illegal ins Land gekommene junge Menschen ohne Papiere, die oft tatsächlich längst – aber nur durch teure Altersnachweise belegbar – erwachsen sind. Sie wusste schon gleich nach der Ausbildung, seit dem Praktikum in der JUGENDSTRAFANSTALT BERLIN, dass sie nach Kieferngrund wollte. „Das ist meins!“

Hier wird prinzipiell gesiezt, und Vornamen des Personals sind tabu. Das sorgt für nonchalantes und gleichzeitig resolutes Reden. Und so bewegt sie sich auch zwischen den schweren Jungs, die oft einen Kopf größer sind, mit ihren dicken dunklen Locken und den schönen offenen braunen Augen. Flachst aufmunternd den einen an, macht dem andern kühl klar, dass sie seine Lügerei durchschaut, und zitiert ihn in ihr Büro. Sie lässt keine Sekunde locker, sie hat jeden im Kopf, mit seinen Verfehlungen und Leistungen, mit seinen Tricks und seinen zarten Stellen. Am liebsten würde sie jedem zum Abschied sagen: „Du schaffst das!“ Die allermeisten kommen ja auch wirklich nie wieder, aber manch einen kriegt man nicht mehr zurück in ein normales Leben oder überhaupt erstmal hinein. „Das ‚magische dritte Auge‘ muss immer offen sein, gerade wenn man zu dem Inhaftierten eine gute Beziehung aufgebaut zu haben glaubt.“ Der geht auch grundsätzlich *vor*, nie hinter einem. „Man darf sich nie darauf verlassen, dass man’s mit Kuscheltierchen zu tun hat!“

Eine emotional wie mental anstrengende Balance. Wärme und Strenge, manchmal im sekundenschnellen Wechsel. Jeden kleinsten positiven Umbruch rauskitzeln, jede kleinste Regelverletzung sofort und konsequent sanktionieren. Bei

Jugendlichen soll die U-Haft nicht nur ein geordnetes Gerichtsverfahren sicherstellen, sie ist vor allem auf pädagogische Ziele verpflichtet. Oberste Maxime der Jugendjustiz ist, aus dem Ruder gelaufenen Kids dazu zu verhelfen, künftig ein straffreies, sozialverträgliches Leben zu führen. Die U-Haft ist zwar nur ein Zwischenstopp, längerfristig arbeiten lässt sich erst später in der Strafanstalt. Aber schon der kurze Zwischenstopp kann kriminelle Dynamiken unterbrechen: Ein Segen für beide – den jungen Menschen, der aus der Gewaltspirale rauskommt, und die Gesellschaft, die dann vor ihm sicher ist.

Für den Häftling übersetzt sich das in klare Regeln und ein ständig von allen – den Sozialpädagogen, Lehrern, Ausbildern und Sporterziehern wie den Justizvollzugsbeamten – kontrolliertes Stufensystem. Die Stufen bestimmen, wie er hier drin seine Zeit verbringt. Bewertet werden Hygiene und Sauberkeit, Sozialverhalten gegenüber dem Personal und untereinander, Arbeitswille und – disziplin und „Vereinbarungsverlässlichkeit". Bei Stufe 0 gibt's nur die eine Pflichtfreistunde draußen, eine halbe „Versorgungsstunde" drinnen und Anstaltskleidung, bei Stufe 1 eine zusätzliche Stunde Freizeit, bei Stufe 2 anderthalb und bei Stufe 3 drei Stunden. Freizeit heißt Aufschluss, beobachtetes Fernsehen im Flur der Wohngruppe, eigene Klamotten. Strikt verboten sind Drogen, Alkohol, Handys und Tätowierungen machen (lassen). Besuch darf zweimal im Monat kommen. Wer noch nicht 16 ist, hat Schulpflicht, wer älter ist, muss arbeiten – als Putzmann des Gruppenflurs, zum Beispiel. Tut er das nicht, wird er für die Haftkosten zur Kasse gebeten.

Wer sich gut einfügt, kann einen der begehrten Jobs bekommen, Essen austragen und Tische abräumen im gemeinsamen Speisesaal zum Beispiel. Wer sich nicht an die Regeln hält, wird runtergestuft und im hartnäckigsten Fall in den besonders gesicherten Haftraum auf der anderen Seite des Kleiderbügelgebäudes gesperrt. Ohne Hörkontakt, allein mit einer Schaumgummimatratze und einer Extrastange mehr als griffweit vor dem vergitterten Fenster. Von allem, was ein Häftling in Kieferngrund tut oder lässt, erhalten seine Richter Kenntnis.

„Kuschelpädagogik“ kann da nur jemand vermuten, der nie so eine Anstalt von innen gesehen hat. Aber wie kommt Frau Cienskowski auf „Kuscheltierchen“? Ausgerechnet in Kieferngrund, wo fast jeder einsitzt, der als „Monster“ und „Killer“ durch die Schlagzeilen geistert? Medien-Promis wie Keith, der einen Siebenjährigen erschlagen, Erol, der einen 23-Jährigen erstochen, Nidal alias „Mahmoud“, der jahrelang dutzende Gewalt- und Rohheitsdelikte begangen und dessen „Karriere“ Polizei und Staatsanwaltschaft animiert hat zum Aufbau der „Intensivtäterkartei“ und zur täterorientierten gemeinsamen Ermittlung?

Etwa 500 solche Täter sind inzwischen in Berlin aktenkundig. Viele von ihnen stammen aus den berüchtigten „libanesischen“ Familien. „Oh ja!“, lächelt Herr Akkad, und dazu blitzen seine Augen halb ironisch, halb kampflustig. „Die kennen wir hier als Generationen, vielleicht sehen wir deren Enkel auch noch.“ Libanesen sind sie nicht, und schon gar nicht Palästinenser, die durch die „Flüchtlingslager-Kultur des Überlebenskampfs“ brutalisiert wurden. Sie sind, wie die „EG Ident“ – eine spezielle Ermittlungsgruppe des Berliner LKA zur Aufklärung der wahren Identitäten dieser Familien – in jahrelanger Puzzlearbeit nachgewiesen hat, arabischsprechende Kurden aus einem bestimmten Zipfel in der Südtürkei. Und man tritt ihnen gewiss nicht zu nahe mit der Feststellung, dass sie sich ausschließlich für die Ausübung krimineller Geschäfte interessieren, von Sozialhilfebetrug bis Drogenhandel und Kapitalverbrechen. Den Ehrgeiz etwa der italienischen, irischen, jüdischen Mafia-Migranten Anfang des letzten Jahrhunderts in den USA, in der neuen Gesellschaft anzukommen und ihre Kinder „etwas Besseres" werden zu lassen, haben sie nicht. In dieses Milieu wachsen ihre Kinder hinein. „Um die kümmert sich keiner", sagt Akkad, „die ‚erziehen' sich selbst." Nach dem Muster der Erwachsenen, die auch keine Regeln akzeptieren außer den eigenen. Und bei denen sie lernen, dass Grenzziehung identisch ist mit Gewalt.

Herr Akkad *ist* gebürtiger Palästinenser, Muslim, seit 1971 in Berlin, approbierter Psychotherapeut mit Zusatzausbildung in Verhaltens- und Traumatherapie und seit 2001 Leiter dieser Anstalt. Ein deutscher Beamter also. Dass er Arabisch spricht, ist nicht das einzige kommunikative Pfund, mit dem er freudig wuchert. Kommuniziert wird in Kieferngrund ständig und quer durch alle Ebenen: Bei der täglichen Mitarbeitersitzung, bei jeder Begegnung auf Fluren, Sportplätzen, im Speisesaal. Dass die Häftlinge gemeinsam mit ihren „Meistern" – so nennen sie die Vollzugsbeamten – und Erziehern essen, hat Akkad eingeführt. Anfangs gegen heftigen Widerstand der Meister. „Wir bringen den Kindern Esskultur bei", sagt er, ganz unironisch. „Das kennen sie nämlich nicht, Tischmanieren, gemeinsam essen." So banal können Breschen sein und dennoch Welten eröffnen. Die Jungs, die früher auf den Fluren ihr Essen runtergeschlungen haben und auf die Meister losgegangen sind, wenn's nicht geschmeckt hat oder zu wenig war, haben gelernt, sich mit dem Koch darüber zu verständigen oder Nachschlag zu holen. „Und wir können natürlich auch beim Essen ihr Sozialverhalten beobachten – wie benehmen sie sich, wie gehen sie miteinander und mit uns um", sagt Akkad. Er kommt wie die Gruppenleiter meistens kaum zum Essen, weil ihm der eine Häftling strahlend zubrüllt, dass er gerade irgendwo eine Eins bekommen hat, der nächste irgendetwas fragt, dem dritten ein deutlicher Vortrag gehalten und dem vierten Trost oder Lob gespendet werden muss.

Selbstverständlich sitzen auch ethnisch-deutsche und Straftäter aus dem Rest der Welt hier. Entwurzelt sind sie alle, Wurzeln haben sie höchstens in Parallelgesellschaften, aus denen niemand sie früh genug rausgeholt hat. Deutschland ist eben nicht Amerika. Es zieht seine Zuwanderer nicht rein, es stößt sie ab, mit vielen kleinen Gesten. „Letzte Woche kam ein Häftling zu mir und sagte ganz stolz: ‚Herr Akkad, ich kann nichts dafür, haben die Lehrer auch gesagt: Ich bin *unbeschulbar*!'", erzählt der Chef, und wieder blitzen seine Augen. Er hat dem Jungen nur kurz und scharf klargemacht, dass man auf sowas nicht stolz ist, sondern sich dafür schämt. „Er hat *kein* Wort mehr gesagt, und er arbeitet jetzt hervorragend mit, sagt der Lehrer." Attribute wie unbeschulbar oder hyperaktiv wegen ADS oder legasthenisch hält Akkad für allzu oft falsch ausgestellte Freibriefe. „Wenn Lehrer nicht dagegenhalten und solche Schüler schließlich von der Schule treiben, dann haben *die* gewonnen." Dann verstecken sie sich dahinter, statt ihre Fehler zu begreifen und sich zu ändern. „So fangen Parallelgesellschaften an ..." Egal welcher Ethnie.

Alle jugendlichen Häftlinge in Kieferngrund haben Taten von sehr erwachsener Brutalität begangen, manche sogar getötet. Sie versuchen auch hier drin immer wieder, den wilden Kerl zu geben. Aber sie sind fast alle *auch* immer noch Kerlchen. „Kuscheltierchen" eben, die weinend in ihren neun Quadratmetern sitzen, weil sie noch nie im Leben allein mit sich und „der ganze Scheiß, was isch hab gemacht“ gewesen sind. Und wenn man hört, wie oft hier *habibi* – Liebling auf Arabisch – durch die Flure schwirrt, und sieht, wie die Mega-Macho-Riesenbabys mit ihren Muskelhemden und der Bushido-Platte auf dem Kopf ständig Körperkontakt suchen, dann fällt einem als Liebhaber des liberalen Berliner Lifestyles ein freundliches „rumschwuchteln“ ein, und man kriegt Bild und Ton nicht synchronisiert mit der bitteren Realität, dass genau solche Jungs auch „Schwule klatschen“. Dabei ist es ganz einfach. Es steckt beides in ihnen, und es kommt alles darauf an, was von beidem sich zum roten Faden ihres Lebens zwirbelt – das Zerstörerische oder das Vitale. Die meisten sind noch nicht fest verschraubt im Gewaltgewinde, aus dem sie kommen. In Kieferngrund werden sie in die Gegenrichtung gedreht. Mikrometer für Mikrometer.

„Gerade“, sagt Herr Akkad, „führen wir ein, dass nur noch Deutsch gesprochen wird, auch untereinander.“ Wer dann in der Schule, der Werkstatt, beim Sport, beim Essen etwas Nichtdeutsches plappert, wird runtergestuft und in seine neun Quadratmeter gesperrt. Vor einer Woche haben sie angefangen. „Klappt wunderbar. Alle sprechen Deutsch, und wir tragen dazu bei, dass die Kommunikation besser wird und die Integration vorankommt.“

März 2008

Unsere Bücher im Internet:
www.pendragon.de

2. Auflage

Originalausgabe
Veröffentlicht im Pendragon Verlag
Günther Butkus, Bielefeld 2008

Lektorat: Günther Butkus
Umschlag und Herstellung: Michael Baltus
Umschlagfoto: Uta Zeißler (www.muito.de)
Satz: Pendragon Verlag auf Macintosh
Gesetzt aus der Adobe Garamond
Druck: AALEXX Buchproduktion GmbH, Großburgwedel
ISBN 978-3-86532-104-6
Printed in Germany